VOCES
MIGRANTES

Carlos Arango Juárez
Omar López Zacarías
Jorge Mújica Murias

VOCES
MIGRANTES

Carlos Arango Juárez
Omar López Zacarías
Jorge Mújica Murias

El BeiSMan Press

VOCES
MIGRANTES
Carlos Arango Juárez
Omar López Zacarías
Jorge Mújica Murias

© 2016: Carlos Arango Juárez, Omar López Zacarías, Jorge Mújica Murias

© 2016: El BeiSMan Press

Serie: testimonios

ISBN-10: 1530128188
ISBN-13: 978-1530128181

Imagen de la portada: *Voces migrantes*, Roy Villalobos, artista gráfico. Creó la imagen *La Estatua Internacional de la Libertad*, símbolo e imagen de miles de carteles del movimiento inmigrante en Chicago y a nivel nacional.

Las fotografías incluidas en Voces migrantes *son cortesías de Analía Rodríguez, José Guzmán, Andy Thayer, Tony Castro, María de Lourdes Solís y algún otro compañero que las compartió y a quien tal vez nunca le dimos crédito. Nuestro agradecimiento a todos ellos y nuestras disculpas a quienes hemos olvidado.*

Este libro está dedicado a todos los que hicieron posibles las marchas de la Primavera del Inmigrante, a los cientos de miles que marcharon para hacer la historia, y a los activistas y compañeros que dedicaron horas a su organización.

Está también dedicado a los que no marcharon porque no pudieron, porque no les fue posible llegar aunque hubieran querido.

Y está dedicado también a todos los inmigrantes, a los trabajadores internacionales en particular, y en general a las 232 millones de personas en el planeta que viven en un país distinto al que los vio nacer. Algún día esa diferencia no tendrá importancia alguna.

7

Índice

** AMNISTIA INCONDICIONAL **
** A LOS INDOCUMENTADOS **

:: Derechos Plenos Ahora ::

MARCHA
OCTUBRE 14, 2000
WASHINGTON, D.C.

POR

1.- DERECHOS HUMANOS Y CONSTITUCIONALES PARA TODOS

2.- DERECHOS CIVILES Y ACCION AFIRMATIVA

3. EDUCACION BILINGUE Y GRATUITA DE KINDER A UNIVERSIDAD

4. SERVICIO MEDICO UNIVERSAL Y GRATUITO

5. COMITES DE MONITOREO POLICIAL Y MIGRA; PENALIZAR A LOS VIGILANTES EN LA FRONTERA

6. SUBIR EL SALARIO MINIMO HASTA QUE CUBRA LAS NECESIDADES HUMANAS

7. AMNISTIA GENERAL INCONDICIONAL/CIUDADANIA EXPEDITA

COORDINADORA 2000-MEDIO OESTE
1620 W. 18TH St. 2nd Fl Chicago, IL 60608
(312) 563-0015

El movimiento inmigrante existía mucho antes del 2006

Prólogo: Un año en las calles

Kari Lydersen

2006 fue el año de las marchas históricas del movimiento por los derechos de los inmigrantes que surgió desde las raíces en Chicago, sorprendiendo a los políticos, los medios de comunicación y las organizaciones tradicionales. Tomó por asalto la ciudad para impulsar un movimiento nacional que mostró el poder, la falta de miedo y el potencial de los inmigrantes documentados e indocumentados en Estados Unidos.

Tres líderes inmigrantes —Carlos Arango Juárez, Omar López Zacarías y Jorge Mújica Murias— escriben la crónica del movimiento, sus orígenes y sus consecuencias. En su relato comparten detalles preciosos y desde una perspectiva amplia ubican al movimiento en la historia, integrando desde el fondo de sus archivos un solo documento que detalla las lecciones aprendidas.

Por desgracia, la ola masiva de marchas inmigrantes que inundó el país desde la primera en Chicago el 10 de marzo de 2006 hasta la última en 2007, no resultó en una reforma inte-

11

gral del sistema migratorio o en triunfos significativos para los derechos de los inmigrantes, al menos hasta la publicación de este libro en 2016. Los autores describen cómo el movimiento que comenzó de manera espontánea y unificadora, inspirado por la convicción y energía pura, prácticamente se evaporó entre el divisionismo, la politiquería, los juegos del poder político y las promesas incumplidas.

Los autores no lavan la ropa sucia en casa, sino que la sacan al balcón, con nombres, apellidos y descripción de situaciones mayores y menores que representan, según ellos, la venta abierta del movimiento por los derechos de los inmigrantes. Pero el libro no es un ejercicio de amargura. Por el contrario, es un recuento de tres líderes vitales con profunda experiencia política en los dos lados de la frontera, que escriben directa y transparentemente sus puntos de vista y, tenga uno interés o no en los detalles, arrojan luz en los errores, en las victorias y en el potencial del Movimiento 10 de Marzo.

Aunque no hubo cambios legales o de sistema significativos después de las marchas, sí cambiaron el debate migratorio en Estados Unidos y aseguraron que los políticos, los patrones y otros poderes institucionales fueran incapaces de considerar de nuevo a los inmigrantes como una población de personas invisibles y fácilmente explotables. El movimiento también unió a los inmigrantes latinos con comunidades de otras regiones del mundo y les abrió la tribuna a personajes, como el Reverendo Jesse Jackson y otros líderes de los derechos civiles, para combatir la idea de que los inmigrantes les roban los trabajos a los estadounidenses, especialmente a los afroamericanos.

Voces inmigrantes nos hace viajar a los excitantes momentos en que el movimiento nació, como un ascua ardiente en medio de un frío invierno en Chicago, y que rápidamente se convirtió en un incendio alimentado por la draconiana legislación anti-inmigrante HR 4437, propuesta por el legislador republicano de Wisconsin, James Sensenbrenner, al Congreso de Estados Unidos.

Los autores nos llevan a dar una vuelta rápida por décadas anteriores, con eventos relevantes como la aprobación del Tratado de Libre Comercio de América del Norte que provocó una ola migratoria y el surgimiento del levantamiento zapatista de resistencia; hasta la California del gobernador Pete Wilson y su Proposición 187, que también mandó olas de inmigrantes de aquél estado a Chicago. Nos llevan de regreso a la legislación anti-inmigrante del Presidente Bill Clinton y al movimiento que se le opuso; hasta la esperanza que trajo el nuevo milenio y el cambio brutal en la política estadounidense por los ataques del 11 de Septiembre. Nos remontan al surgimiento de los Minuteman y otras fuerzas racistas y anti-inmigrantes; hasta el "robo" de la presidencia al candidato del PRD, Andrés Manuel López Obrador, entre otros eventos políticos mexicanos con consecuencias en Estados Unidos.

Los autores estuvieron activos y en primera fila en muchos de estos momentos y movimientos. Jorge Mújica Murias trajo su experiencia política y periodística desde México a Chicago, y continuó con los pies firmemente plantados en las dos geografías y en ambas áreas, profesional y política. Carlos Arango Juárez sobrevivió su prueba de fuego en la Plaza de Tlatelolco en México en 1968, y dirigió la legendaria Casa Aztlán, entre muchas de sus actividades en Chicago. Omar López Zacarías es un organizador comunitario con décadas de experiencia, siendo Ministro de Comunicaciones de los Young Lords, organización juvenil latina ligada a las Panteras Negras, hasta ser electo como miembro del Consejo Consultivo del Instituto de los Mexicanos en el Exterior (CC-IME) en 2005. Fue el "activista cero" en palabras de Mújica, del Movimiento 10 de Marzo. Martín Unzueta y muchos líderes y activistas clave también tienen una presencia prominente en este libro.

Aquí se refleja la variedad de influencias políticas y de estrategias, desde el leninismo hasta el perredismo de México, pasando por el liderazgo de César Chávez y la cacareada historia del movimiento obrero sindical de Chicago. El libro se desarrolla desde una burbuja en Casa Aztlán hasta incontables reuniones en el barrio de Pilsen, en Casa Michoacán y el restaurante Nuevo León. Resalta cómo se nutrió con la búsqueda de los clubes de fútbol y las asociaciones de oriundos hasta incorporar a docenas de vecinos y activistas. Y nos recuerda cómo algunos locutores, entre ellos El Pistolero y El Chocolate, usaron los medios de comunicación para impulsar la causa, transformando sus programas de crudos chistes sexistas hacia plataformas organizativas de la comunidad. También nos recuerda cómo el movimiento se alimentó con el espíritu de una marcha anterior en el Barrio de las Empacadoras, barrio de inmigrantes en el sur, y cómo los organizadores decidieron marchar el 10 de marzo hasta el asiento mismo del poder político, en el centro de Chicago.

La narrativa nos lleva por los eventos que culminaron en esa fecha cuando Mújica esperaba, con optimismo, a unas 80,000 personas en la marcha. El número se multiplicó varias veces, con cada tren y cada camión descargando manifestantes en el Parque Unión, a unas calles del Consulado General de México y de las oficinas de varios sindicatos. Llegaron manifestantes por docenas y luego centenares, sorprendiendo incluso a los organizadores. Los autores nos señalan cómo las decisiones se tomaron al vapor, en momentos de euforia, y cómo se olvidaron importantes detalles como proveer baños para los asistentes o la importancia de un sistema de sonido. Nos recuerda cómo aún con la sorpresa de la policía ante la orden de parar la marcha, inmigrantes de todo el mundo siguieron marchando en una lenta y poderosa corriente de gente que llenó las calles de Chicago, y que en el momento de cruzar el río, la "frontera" del centro de la ciudad, ya tenía la atención de todo el mundo.

El libro continúa con la detallada descripción de otros eventos de 2006 a 2007 y la extensión de la "fiebre marchista" de Chicago al resto del país. Un hecho relevante es el primero de mayo, cuando los trabajadores inmigrantes abandonaron sus trabajos y caminaron por la ciudad, muchos con el completo apoyo de sus patrones. También recuenta los paros estudiantiles, las cada vez más complicadas reuniones organizativas y las maquinaciones políticas. Recuerda el boicot a la cervecería Miller, que había donado dinero a Sensenbrenner y que terminó pidiendo perdón a los inmigrantes, así como la ocasión de mayor controversia, cuando envió a las Chicas Miller a la reunión de activistas en la marcha de 80 kilómetros de Chicago hasta Batavia. Y cómo olvidar las declaraciones del presidente en curso, George W. Bush, sobre la obtención de la ciudadanía de los inmigrantes que estaban de este lado de la frontera. Esto demostró, hace notar Mújica, que no eran el cabildeo, los viajes a Washington, las interminables llamadas por teléfono y los faxes lo que hacía la diferencia, sino la tradicional y poderosa presencia de la gente en las calles.

Voces migrantes muestra cómo cada evento fue una victoria importante. Pero también narra la involución del movimiento, cuando los grupos y los individuos que se habían unido el 10 de marzo se dividen en estrategias separadas, concepciones políticas y procesos distintos. Específicamente, los autores condenan la canalización del Movimiento 10 de Marzo a la política electoral, a la idea de que "hoy marchamos y mañana votamos" y afirman, terminó por ceder su poder como movimiento a los políticos, que hicieron poco o nada para impulsar los derechos migratorios. El Movimiento, que los políticos de Chicago trataron de aprovechar de una u otra manera para lucirse, terminó como una herramienta del partido demócrata, no muy diferente al republicano en la concepción de los autores.

Un punto crítico ocurrió con la presentación de la propuesta de ley STRIVE en 2007. Mújica y la mitad del movimiento la vieron como el resurgimiento velado de la Sensenbrenner, mientras la otra mitad del movimiento la apoyó.

El libro también lamenta la pérdida de oportunidades valiosas, como el ejemplo de Elvira Arrellano al buscar refugio en una iglesia, sin desatar una tendencia similar a nivel nacional como fue el caso del movimiento santuario de la década de 1990. Y describe también el absurdo que siguió a los años después de la Sensenbrenner: la cascada de cartas "No Match" del Seguro Social que los patrones usaron como pretexto para destruir a las organizaciones sindicales; las miles de muertes en la frontera; y el surgimiento de la crisis de los niños centroamericanos. Peor aún, la presentación en el Congreso de la propuesta de ley SB744 por la "Pandilla de los Ocho" senadores de ambos partidos en 2013.

La promesa de campaña del presidente Obama por una reforma migratoria en sus primeros 100 días quedó en un distante recuerdo a mediados de 2014. La propuesta de la Pandilla de los Ocho fue denunciada como una "Sensenbrenner con legalización" que incluía medidas draconianas de aplicación de la ley y que dividía a los inmigrantes entre deseables e indeseables. Así como la orden ejecutiva de Obama que proporcionó un alivio parcial y temporal para algunos jóvenes "Dreamers" (DACA), también criticada por muchos como débil y demasiado restringida.

Arango, López y Mújica aportan historias con análisis y críticas a quienes ayudaron a derrotar al movimiento, pero también proporcionan ideas para que los movimientos futuros no caigan en los mismos errores.

Mientras tanto, aún con el colapso del Movimiento 10 de Marzo, la fuerza y la audacia de los inmigrantes se mantienen. Las mismas fuerzas que dieron vida al movimiento en un principio lo alimentarán en el futuro. En su aportación, Mújica describe movimientos laborales de base exitosos en Chicago, como la huelga de Cygnus Packing, la ocupación de la fábrica Republic Windows and Doors y la lucha por la sindicalización de las trabajadoras de las tiendas de segunda mano Unique.

Aunque el movimiento del 2006 fue retirado de las calles, el recuento de los tres autores aviva la confianza de que las fuerzas orgánicas, ese carbón que ardió aquél año, aún está vivo y caliente, manifestándose en diferentes formas. Y que con la chispa correcta, esperamos, estará listo para lanzarse a la calles y hacer historia una vez más.

Trabajamos duro, no somos criminales. Parque Unión, 10 de Marzo de 2006

Apoyando la marcha desde el balcón.

La tormenta perfecta
¿Cómo se vivió?

Omar López Zacarías

> "Somos Trabajadores, No Somos Criminales"
> —Consigna de la Primavera del Inmigrante

La noche del 16 de febrero de 2006, en una reunión comunitaria celebrada en el local de la Federación de Michoacanos, 16 líderes, activistas y representantes de organizaciones votamos a favor de convocar a una protesta masiva el día 10 de marzo para mostrar nuestra oposición al proyecto de ley HR4437, mejor conocida como "la Sensenbrenner".

Este proyecto de ley había sido aprobado en el Congreso de la Unión dos meses antes y pretendía criminalizar a todo inmigrante indocumentado en Estados Unidos, y a todo aquel que prestara ayuda o apoyo. En ese momento no nos preocupó el hecho de que teníamos exactamente 22 días para informar a la comunidad acerca del peligro que representaba este proyecto de ley, y a la vez, convencerla de que marchar era la mejor forma de combatir tan extremosa medida. Al final, se movilizaron y marcharon cerca de 300,000 inmigrantes, sus familiares y personas que las apoyaban. Mucho del éxito de esta movilización fue resultado de una inesperada unidad entre los líderes y las diversas posturas políticas e ideológicas para unir a la comunidad por un objetivo común: derrotar la HR4437.

El despliegue abrumador de tanta gente marchando las 7.1 millas desde el punto de partida en el parque Unión, localizado en la intersección de las calles Ashland y Lake, hasta la Plaza Federal en el centro de la ciudad, fue una respuesta sin precedente de parte de la comunidad inmigrante de Chicago y sus suburbios. La marcha del 10 de marzo fue la más numerosa que Chicago había presenciado, hasta que fue superada dos meses más tarde por la marcha del Primero de Mayo, en la que participaron cerca de medio millón de personas.

El evento del 10 de marzo comenzó a la una de la tarde y duró cerca de cinco horas, paralizando el centro de la ciudad y embotellando carros, trenes y autobuses a la hora pico al cierre de la jornada laboral. Esa noche los medios principales de difusión le dieron amplia cobertura. Todo centro urbano y pueblos con una población de inmigrantes en la nación americana recibieron las imágenes de la primera de una serie de marchas que dejó perpleja a la nación entera. El éxito de la marcha de Chicago envió la señal a otras ciudades con alta concentración de inmigrantes, reconociendo que la comunidad estaba lista para movilizarse. Entre el 7 de marzo y el 10 de abril de 2006, se registraron 50 movilizaciones en todo el país con una proyección total de 3 millones 555 mil, 200 manifestantes. Los Ángeles salieron a las calles el 25 de marzo, dos semanas después que Chicago, y se convirtió en la ciudad con mayor convocatoria, registrando 500 mil manifestantes. Por su lado, Pueblo, Colorado, se expresó con 500 personas el 10 de abril de 2006 en una de las manifestaciones con menos participación.

El grito que millones de trabajadores le mandaron a Sensenbrenner: "Somos Trabajadores, No Somos Criminales" se oyó alrededor del mundo. Después de la marcha del 10 de marzo quedó claro que los organizadores de Chicago habíamos articulado efectivamente el sentir de una comunidad y que habíamos establecido el tema y el ritmo para que otras ciudades marcharan en lo que llegó a conocerse como "La Primavera del Inmigrante".

Lo que colmó el plato

Como en todo movimiento de masas, la movilización de Chicago no se dio de la noche a la mañana. Más bien fue la expresión cualitativa de los esfuerzos de muchos organizadores durante varios años, junto a las condiciones por el mandato de dos presidentes.

Por años, las organizaciones defensoras del inmigrante se habían mantenido al tanto del proceso legislativo y cabildeaban las propuestas en el Congreso, fueran benéficas o no para el trabajador indocumentado. Varias organizaciones de base abogaron consistentemente y ayudaron a muchas familias con problemas migratorios, de tal forma que el trabajo y el conocimiento de la grave situación del problema de la inmigración siempre estuvo presente en nuestros círculos. Este conocimiento también estaba presente entre los grupos de derecha, quienes llevaron a cabo una campaña antiinmigrante por más de una década.

La administración del presidente Bill Clinton respondió estableciendo el programa 287g, conocido como el "Programa de Comunidades Seguras", con el cual las agencias policiacas locales recibieron entrenamiento para hacer el trabajo de agentes de inmigración. Es decir, los guardianes de la ley en las municipalidades están facultadas para detener a cualquier persona que "aparente no estar legalmente en este país y pedirle las pruebas de residencia legal necesarias, con facultades de arresto en caso de no proporcionar la identificación apropiada. El presidente Clinton estableció este programa con carácter opcional para las municipalidades, pero más tarde, George W. Bush lo convirtió en obligatorio.

En junio de 2005, ocho meses antes de las megamarchas, dos locutores de una radio local en Chicago que competían entre sí, midieron el *rating* de su popularidad junto con dos activistas de inmigración y convocaron en sus transmisiones a una marcha a la que acudieron 50 mil personas. El trabajo de las organizaciones de base y las experiencias de la comunidad inmigrante ayudó a que tal número de personas respondiera al llamado. Desafortunadamente, esta marcha no tuvo consecuencias políticas porque sus organizadores nunca definieron un propósito claro, más allá de los *ratings* radiales, y no hubo el mínimo involucramiento de los líderes comunitarios para lograr un proceso organizativo.

La marcha se confinó a un solo barrio de la ciudad, lo que limitó su impacto. Sin embargo, a la vez que se veían expresiones esporádicas desde la base tales, las organizaciones establecidas seguían su trabajo de concientización sobre la causa migrante. La intensificación del problema en ambos lados, gobierno e inmigrantes, creó las condiciones y la atmósfera para que el congresista Jim Sensenbrenner (R-Wisconsin) guiara la HR4437 por el carril rápido en la Cámara Baja. El 16 de diciembre de 2005 a las 10:30 P.M., la Cámara de Representantes del Congreso de Estados Unidos aprobó el proyecto de ley con 239 votos a favor y 182 en contra, tan solo con la abstención de 13 congresistas. De estos 239 votos a favor de la ley, 36 fueron emitidos por demócratas, incluyendo al congresista de Illinois, Bill Lipinski.

La aprobación de este proyecto de ley "invisible" arremetió como un golpe de mazo a la comunidad inmigrante. Llegó con total sorpresa. Ninguno de nuestros "campeones del inmigrante" en el Congreso advirtió a las organizaciones de abogacía sobre esta ley y nos informaron hasta que el hecho se había consumado. Las organizaciones nacionales como LULAC y el Concilio Nacional de la Raza y las organizaciones del status quo locales como la Coalición pro Derechos de los Inmigrantes y Refugiados de Illinois, incluso el congresista Luis V. Gutiérrez, se quedaron dormidos en el timón. La batalla frente a esta ley quedó en manos de la comunidad. Así que activistas viejos y jóvenes, sin ataduras a partidos políticos, empleos o subsidios, combinaron esfuerzos para derrotar la HR4437.

Los líderes inmigrantes de nuestra comunidad

Cuando la HR4437 se aprobó en el 2005, los activistas mexicanos y todo el liderato de las federaciones de oriundos y la Confederación de Federaciones Mexicanas (CONFEMEX) estaban ocupados con el primer ejercicio del voto en el extranjero para elegir al presidente de México, oportunidad convertida en ley por el Congreso mexicano.

La ola de inmigrantes que llegó a Chicago en las dos últimas décadas había hecho que muchos de sus líderes miraran a México con mayor interés, más allá de los problemas locales de salud, educación, vivienda, empleos e inmigración. El voto de los mexicanos desde el extranjero absorbía casi todas sus actividades, por lo que empezar a luchar contra la HR4437 requería una perspectiva diferente —otro marco de referencia— e interpretar y encontrar el vehículo apropiado para captar la atención de la comunidad en torno a la Sensenbrenner, y comenzar a organizarse. En estas condiciones, junto a mi colega de lucha, Carlos Pérez, y su amigo Manuel Morales, comenzamos a hablar sobre una respuesta a la HR4437.

Mi activismo en Chicago comienza en la década de 1960. En los últimos 15 años me dediqué a establecer la principal organización de prevención del VIH/SIDA en la comunidad latina de Chicago. Mi enfoque en el campo de la salud me mantenía en contacto con la comunidad inmigrante en Chicago. Fue alrededor del 2000 que comencé a prestar servicios pro bono de asistencia técnica a la Federación Hidalguense de Illinois, una de las Federaciones de Oriundos en Chicago. Esto me ayudó para re-establecer contacto con viejos activistas y con toda una nueva generación de líderes mexicanos. Pero, aún más importante, me familiaricé con las federaciones de oriundos que se habían convertido en la estructura organizativa que agrupa a la comunidad de acuerdo a sus respectivos lugares de origen. El trabajo con los hidalguenses me dio un indicio del enorme problema migratorio.

En ese tiempo los trabajadores indocumentados no solo se habían estructurado en una forma altamente sofisticada a través de sus federaciones, lo que les permitía un contacto directo con su lugar de origen y les daba un sentido de integridad; también habían alcanzado una suficiencia y seguridad económica al ser parte de la economía de servicios y de la bonanza de construcción de viviendas en el país. La vida de una familia indocumentada tenía un sentido de continuidad segura aún con el riesgo del estatus indocumentado. El fantasma de la detención y la deportación no parecían ser tan amenazantes antes del 2005. La aprobación de la HR4437 cambió todo.

En septiembre de 2005 fui electo al Consejo Consultivo del Instituto de los Mexicanos en el Exterior (CC-IME) por la circunscripción de Chicago, junto con otros ocho líderes. El CC-IME es un cuerpo de líderes comunitarios electos por la comunidad mexicana en el estado de Illinois para aconsejar al presidente de México a través del Instituto en asuntos que afectan a los mexicanos inmigrantes.

El tema de la ley Sensenbrenner fue discutido y se desarrolló un sentido de urgencia entre los nueve consejeros. Cuando la Coalición pro Derechos de los Inmigrantes y Refugiados de Illinois convocó a una conferencia de prensa en diciembre para denunciar la aprobación de la HR4437, los consejeros del IME en Illinois votamos a favor y mostramos nuestro apoyo.

La lista de invitados reflejaba la mentalidad de la Coalición. Solo fueron invitados oficiales electos y asistieron una estación de televisión y un par de semanarios en español. Me presenté como consejero electo acompañado de Carlos Pérez para mostrar apoyo. Fui confrontado en la entrada de las oficinas de la Coalición por el director ejecutivo, quien cuestionó nuestra presencia en el lugar. Yo asumí su pregunta como retórica y ambos nos quedamos hasta el final de la conferencia, e incluso aparecimos en el noticiero de las cinco de la tarde. Me resultó obvio, por la reacción del director ejecutivo de la Coalición, que las organizaciones institucionales envueltas en la defensa del inmigrante aun sentían que ese asunto era de su propiedad y no requerían el involucramiento de la comunidad. Para mi grata sorpresa, cada uno de los oficiales electos condenó la ley en términos claros y la colocaron en el contexto debido. Desafortunadamente la cobertura en televisión y prensa escrita fue mínima. La comunidad seguía en la oscuridad ante lo que les esperaba con la entrada en vigor de la HR4437.

Listos o no...

En las últimas tres décadas mantuve contacto con Carlos Pérez, viejo amigo y estratega. Juntos nos convertimos en veteranos de muchas luchas, haya sido en contra de una superintendente de la junta de educación de Chicago o contra instituciones comunitarias descarriadas. Escribimos documentos ofreciendo ideas y planes que mejorarían nuestra comunidad. Se los presentamos a políticos de bajo nivel y hasta a una alcaldesa, para luego ver que los aplicaban sin nosotros. Siempre nos quedamos "afuera", o más bien, siempre nos dejaron fuera. Parece que hemos tenido una percepción diferente de las situaciones que no están armonizadas con el liderazgo en nuestras comunidades. Varias veces le dije a Carlos que nuestra salvación era "no encajar con aquellos que no quieren cambiar el statu quo". Hasta la fecha nos consideran "de afuera" e insistimos que "estando afuera" estamos bien acompañados. A través de estas luchas y con el paso de las décadas aprendí a escucharlo y a aprender de su análisis político. Por lo regular tenía razón y mi papel era adecuarlo a la realidad política del momento como en el caso de la HR4437. Su planteamiento sonaba un poco extremo como muchos otros, pero dio en el blanco. Me dijo "éste es el peor proyecto de ley de la derecha aprobado por el Congreso". Y previó que criminalizaría, no solo a las familias indocumentadas, sino a todo aquel que entrara en contacto con cualquier migrante sin importar que fueran maestros, abogados o doctores cumpliendo con sus funciones.

En ese momento acordamos actuar. Él insistió que yo debería confrontar el tema al ser consejero del IME y por mi historia de activismo. En el contexto de la comunidad mexicana, ser consejero del IME era de peso, especialmente con las asociaciones de oriundos. Mi historia como organizador radical de la década de 1960 en Chicago también me daba credibilidad con los activistas veteranos. Decidimos informar a la comunidad y planeamos realizar una conferencia de prensa con vasta cobertura mediática para correr la voz. Entonces volvimos a nuestro viejo hábito del desvelo, hablando y planeando hasta acordar que la conferencia de prensa sería frente a las oficinas del congresista Bill Lipinski, el demócrata que votó a favor de la HR4437, a pesar de que un gran porcentaje de sus constituyentes eran inmigrantes polacos y mexicanos.

Me sentí obligado a compartir la idea con los consejeros del IME, incluyendo a Javier Salas, un locutor matutino que había sido escogido como coordinador en el CC-IME. Entonces convocamos a una reunión en el Restaurante Los Dos Laredos en la intersección de las calle 26 y Sacramento. Se presentaron algunos de los consejeros y acordamos convocar inmediatamente a la conferencia de prensa, delegándome tal responsabilidad. Carlos y yo la programamos para el 28 de diciembre de 2005. Contactamos con la red de líderes comunitarios y les pedimos que estuvieran presentes. Solicité a mi hija Deborah que nos ayudara con el comunicado de prensa y su seguimiento por su experiencia, conocimiento y pasión por la política. Deborah ha trabajado con el presidente de la Cámara Baja de la Legislatura de Illinois y estableció el programa para erradicar el grafiti en Chicago en la administración del Alcalde Richard M. Daley. Su conocimiento y contacto con la prensa fueron muy valiosos.

La conferencia de prensa

La mañana del 28 de diciembre de 2005 estaba fría y húmeda —32 grados Fahrenheit con un viento de 40 millas por hora. No era una mañana ideal para una conferencia de prensa al aire libre. Una vez que pisabas la banqueta fría y húmeda, las suelas delgadas de los zapatos parecían convertirse en chicharrones congelados, y al menos que estuviera usando orejeras, también se convertían en chicharrones congelados. Pero los líderes de importancia llegaron arropados y listos para responder a la prensa. Para añadirle más estrés, en el camino nos detuvo uno de esos trenes larguísimos y lentos que viajan a nivel de calle por los barrios del suroeste de la ciudad. Mientras esperaba que pasara el último vagón del tren, mi hija me informó por celular que los principales medios habían confirmado su asistencia. Una vez que pasó el último vagón, aceleramos por la calle Archer hacia la oficina del congresista Lipinski. Cerca de la franja comercial donde se ubica la oficina vimos cómo se instalaban todos los medios: CBS canal 2; NBC canal 5, ABC canal 7, WGN canal 9, y el canal 32 de Fox News, Telemundo y Univisión; NewsRadio 780, WSBZ Radio Público, el *Chicago Sun -Times*, el *Chicago Tribune*, el diario *Hoy*, al igual que los semanarios de habla hispana. No muy lejos de las oficinas de Lipinski, al otro lado de la cerca que separa la franja comercial y la calle, vimos a dos hombres y a una mujer representando a los Minuteman. Inmóviles por el frío nos observaban a distancia con una actitud desafiante.

Comencé la conferencia de prensa agradeciendo su presencia y en seguida di la palabra a los líderes comunitarios quienes condenaron la ley Sensenbrenner y advirtieron sobre sus consecuencias. El director ejecutivo de la organización Latinos of the Southwest (LOS), Héctor Rico, dramáticamente mostró su credencial de elector y declaró que trabajaría para que cada voto latino fuera en contra de Lipinski en las próximas elecciones. La amplia cobertura en los medios de difusión alertaron esa noche a la comunidad y las organizaciones conocieron la seriedad del problema. La exitosa conferencia de prensa marcó el principio de un "jaloneo" entre las organizaciones establecidas y los grupos de abogacía de base emergentes por tener el liderazgo. Hasta este momento la gente nueva involucrada en el movimiento no conocía nuestro trasfondo organizativo. Estaban perplejos al ver que "desconocidos" convocaran una conferencia de prensa exitosa, cuando en su experiencia, había sido el trabajo de las organizaciones establecidas.

Al terminar caminamos al restaurante Los Gallos para calentarnos con una taza de café mexicano con canela. Juan Salgado, el presidente de la junta de directores de la Coalición pro Derechos de Inmigrantes y Refugiados de Illinois se unió al grupo. Su "mantra" todo ese tiempo fue "¿cómo lo hicieron?" En ese punto comenzaron serios esfuerzos de los líderes corporativos para aislarnos y evitar que asumiéramos el liderazgo. No se percataban que el movimiento estaba fuera

La manta del PRD de Illinois contra la Sensenbrenner, 10 de marzo
de 2006

de la politiquería a la que estaban acostumbrados y que no lo
podían manipular. El movimiento de base estaba por rebasar a
toda organización convencional junto con sus líderes, no sólo
en Chicago, sino en toda la nación.

¡A marchar!

Los días de fiesta navideña forzaron un respiro con todo el aje-
treo, excepto entre los líderes de los partidos políticos mexicanos en Chicago: el Partido Acción Nacional (PAN), el Partido
Revolucionario Institucional (PRI) y el Partido de la Revolución Democrática (PRD). Continuaron su trabajo en las elecciones presidenciales. En ese tiempo yo era miembro del PRD,
el partido más progresista de izquierda en México. El PRD en
Chicago agrupa a los mejores activistas y operadores políticos
mexicanos en el Medio Oeste estadounidense. Su liderazgo
tiene una rica historia de luchas políticas y sociales que da-
tan del movimiento estudiantil de 1968 y la lucha clandestina
urbana y rural radical de la década de 1970 en México. Sus
experiencias de organización fueron clave a medida que la lucha contra la HR4437 se intensificaba. Localmente, otros líderes habían hecho mucho trabajo con las familias de inmigrantes como Emma Lozano y Elvira Arellano, dos prominentes
mujeres involucradas en la lucha inmigrante. Emma adquirió
su experiencia organizativa en Chicago, lugar donde creció.
Elvira, inmigrante de Michoacán, esperaba ser deportada y
como resultado aprendió a organizar rápidamente. Su objetivo
era la unificación de familias separadas por las deportaciones.
Casa Aztlán, bajo la dirección de Carlos Arango, era otra organización que brindó asistencia a los inmigrantes. UNIR hacía
lo mismo y muchas otras organizaciones mantuvieron vivo el
tema de la inmigración por décadas.

A fines de enero de 2006, activistas de California convocaron una conferencia nacional sobre la inmigración en Riverside
para desarrollar una estrategia ante la HR4437. La mayoría de
los activistas de Chicago no tenían recursos para asistir, quienes participaron fueron Emma Lozano de Centro Sin Fronteras
y Marcia Soto como presidenta de CONFEMEX. No pasaba un

solo día sin que Carlos hablara de la necesidad de tomar acción. Aproveché el periodo en diciembre para reunirme individualmente con líderes y exponer la razón para manifestarnos. Busqué a algunos de las federaciones, como Julio César Cortés de la Federación Hidalguense, quien meses más tarde me confesó que después de nuestra reunión pensó que estaba medio loco. También me acerqué a dirigentes de las ligas organizadas de futbol y hablé con todo grupo, chico o grande, que estuviera dispuesto a movilizar a sus seguidores.

El 2 de febrero de 2006, Carlos, Manuel y yo nos reunimos en el Restaurante Nuevo León en la calle 18 para celebrar mi cumpleaños. Nuevamente, Carlos comenzó a insistir en tomar acción contra la HR4437. Antes de terminar mi carne asada ya habíamos reconocido que la conferencia de prensa era tan sólo la mitad del camino. Debíamos dar seguimiento y convocar a una movilización masiva como la única opción para presionar y detener la HR4437. La pregunta seguía siendo ¿quién lanzaría la convocatoria? Carlos y Manuel insistieron en que yo era esa persona y les insistí en primero llevar la idea al PRD y que fuera el partido quien lo hiciera.

Al día siguiente me reuní con los líderes en Casa Aztlán, Martín Unzueta, Jorge Mújica y Carlos Arango. Les propuse que organizáramos una marcha con al menos 10,000 manifestantes en el centro de la ciudad para protestar contra la HR4437. Me responsabilizaron de compartir la propuesta con los otros dos partidos y hacer un llamado combinado.

Posteriormente me comuniqué con Artemio Arreola, miembro del sindicato Service Employees International Union (SEIU) quien también era miembro de la Federación Michoacana y consejero del IME. Artemio como miembro del PRI en Chicago no estuvo de acuerdo en que los tres partidos fueran quienes convocaran. Su posición hizo innecesario buscar a Salvador Pedroza del PAN. Le propuse convocar a reunión el día 16 de febrero de 2006, con el nombre de Comité Ad Hoc contra la HR4437 a la cual asistieron 16 personas. Fue un grupo compacto representado por proveedores de servicios sociales, organizaciones de abogacía y asociaciones de oriundos. Entre ellos estaba Emma Lozano, quien acababa de regresar de la conferencia en Riverside y reportó la decisión de movilizarse contra la HR4437 el 10 de marzo junto a los centros urbanos con mayor concentración de inmigrantes. Los presentes votamos a favor de la fecha. También se acordó cambiar el lugar para la concentración de la Plaza Daley a la Plaza Federal y congregar a los manifestantes en el Parque Unión.

Comenzó la carrera contra reloj. Como la movilización dejó de ser propiedad para un par de activistas insomnes, el Comité Ad Hoc en Contra de la HR4437 tuvo la difícil tarea de organizar una movilización masiva en 22 días. Las reuniones de coordinación crecieron exponencialmente a medida que pasaba el tiempo. Para el tercer día se aprobó la estructura de comités: timón, alcance, prensa y propaganda, logística, seguridad y finanzas. Dicha estructura integró al creciente número de participantes y permitió el involucramiento de los líderes de organizaciones y federaciones en el proceso.

El comité de prensa y propaganda de inmediato convocó su primera reunión para comenzar la diseminación de información a la comunidad. Marcia Soto y José Luis Gutiérrez junto a otros activistas, se reunieron en el negocio de Marcia en la Calle Cermak, para establecer el mecanismo de comunicación. Marcia sugirió titularla "La Marcha por la Dignidad" y que la gente se vistiera de blanco. Siguieron reuniones diarias en Casa Michoacán, largas y hasta altas horas de la noche, seguidas por reuniones con mi propio círculo de colaboradores para prepararnos.

Asambleas generales y grupos de trabajo

Cada comité reportó sus avances en las reuniones nocturnas. Casa Michoacán, localizada entre las calles 18 y Blue Island, se convirtió en el centro neurológico del esfuerzo organizativo. El comité de alcance comenzó a proveer reportes sobre docenas de nuevas organizaciones, iglesias y grupos que se adherían al proceso. Grupos fuera del área metropolitana comenzaron a organizarse: Aurora, Elgin, Waukeegan, Glen Ellyn, West Chicago, e incluso localidades fuera del estado de Illinois pedían información para participar. Los estados de Michigan, Wisconsin e Indiana comenzaron a organizar contingentes para viajar a Chicago el 10 de marzo. Todos en las reuniones, sin faltar uno, sin importar a qué comité pertenecían, salían con cientos de volantes e invitaban a otros a participar en las reuniones. Las estaciones de radio en español hablaban de la marcha todos los días. Javier Salas del programa *Nuevo Día* de Univisión, entrevistaba a personas diariamente y recibía cientos de llamadas. El "Pistolero", otro locutor, también promovía la marcha.

A medida que pasaban los días, comenzaban a manifestarse las tendencias políticas y las estrategias de los participantes. Aunque no había nada que discutir o cambiar sobre el viernes 10 de marzo, los diálogos largos, saludables y candentes tomaban lugar mientras el Comité Ad Hoc luchaba por desarrollar una posición ante la reforma migratoria. Los organizadores experimentados sabían que marchar era solo la mitad del mensaje, la otra mitad debía incluir nuestra solución al problema. Ya que el principal énfasis era parar la HR4437, no se le dio mucha atención a la reforma migratoria.

En una de las reuniones del comité timón, algunos participantes propusieron el *slogan* "Amnistía para todos los inmigrantes indocumentados". El activista y escritor Francisco Piña argumentó que la palabra *amnistía* implicaba perdón por algo que se había hecho mal. Insistía que venir a Estados Unidos sin documentos no era un crimen por el cual pedir perdón. Ocurrieron muchas y largas discusiones en la asamblea general para elegir el lenguaje correcto. Como el moderador en las asambleas generales, recibí presión para impedir la participación de algunas personas con muy buenas opiniones políticas. En una ocasión, Gabe González, uno de los operadores de la Coalición pro Derechos de los Inmigrantes y Refugiados de Illinois, se me acercó casi demandando que cortara la discusión. Pero la gente estaba ahí para contribuir con su tiempo, su energía y sus ideas, así que le informé, de la misma manera en la que me abordó, que la discusión seguiría hasta agotar el tema. Paulatinamente, y como resultado de estas discusiones, surgió la consigna "Legalización para todos" adoptada por la asamblea.

Después de los reportes de cada comisión, se abría la discusión política de la marcha, seguida nuevamente por reuniones de comisiones, que duraban hasta las 12 de la noche. La mayoría de la gente invertía entre 8 y 10 horas al día en la organización, todos voluntarios después de los trabajos regulares.

Después de la reunión del 16 de febrero, atendieron representantes de organizaciones guatemaltecas, salvadoreñas, argentinas, peruanas y chilenas. También se incorporaron un panameño y un mexicano que representaban a los musulmanes negros del sur de Chicago. El asunto de la inmigración no era el único en las discusiones, también se trataron la guerra en Irak y la inclusión de oficiales electos en la lista de oradores en la Plaza Federal. Los activistas progresistas y de izquierda argumentaban que la guerra en Irak estaba íntimamente vinculada con el problema de la inmigración. Señalaron como muchos jóvenes inmigrantes morían en el frente mientras sus propios padres estaban siendo deportados. Juan Torres, un padre que perdió a su hijo en Irak y María Teresa Pizarro, activista veterana sindical chilena, cabildearon fuerte para que se incluyera el tema de la guerra en la plataforma. Aunque la mayoría estaba de acuerdo, no se votó a favor en la posición oficial del Comité. Muchos optaron por proteger la imagen que se iba a proyectar al mundo ya que la motivación principal era derrotar la HR4437.

Desde el inicio tomé moderación de la asamblea con gusto y lo gocé ampliamente, aun cuando me privaba de participar directamente en las discusiones. Desde mi ubicación en el estrado podía ver y saborear la increíble dinámica durante las discusiones. Por lo regular, cuando veía salir del salón a Juan Andrés Mora, uno de los mejores operadores políticos en la comunidad, Carlos Arango, un veterano del movimiento estudiantil del 1968 en México, Jorge Mújica, un periodista y también activista del movimiento urbano de la década de 1970 en México, y otros como ellos con el pretexto de fumar, sabía que a su regreso, cualquier tema viviría o moriría dependiendo de sus decisiones durante su salidita a fumar, al menos que Carlos Pérez objetara y argumentara en su contra. Carlos y algunos otros eran identificados como parte de mi grupo y algunos quisieron aislarlos, pero la lógica de Carlos y su poder de exposición cambiaba muchas opiniones en el proceso. Finalmente pudimos mantener nuestra posición. Servir como moderador por esos 22 días fue una experiencia enriquecedora y de gran satisfacción.

En la última reunión antes de la marcha, el tema de los oficiales electos generó la más candente discusión con terribles resultados. Aunque se había acordado que participarían los líderes de entidades gubernamentales como el Estado y la Municipalidad, la asamblea rechazó al líder del gobierno del condado como orador. En lo personal argumenté a favor de su inclusión. Si al gobernador Rod Blagojevich y al alcalde Richard M. Daley se les iba a permitir participar como líderes de una municipalidad y del Estado, entonces John H. Stroger, como jefe del Condado de Cook debería participar también. La razón política detrás del rechazo fue que los miembros de Pueblo Sin Fronteras, del cual Emma Lozano y Elvira Arellano eran miembros, mantenían vínculos políticos con Stroger e iban más allá de reconocerlo como jefe del Condado. Sus detractores afirmaban que ellas se beneficiarían como organización si lograban exhibirlo a cientos de miles de personas con una amplia cobertura mediática, justo mientras estaba en campaña de reelección. Ambas mujeres junto a un pequeño contingente de seguidores abandonaron la sala de la reunión cuando la asamblea lo rechazó como orador. Este incidente ocurrió a solo horas de la marcha.

La mayoría de los organizadores pensaron que las últimas horas deberían haber sido usadas para la preparación; pero en el caso de Sin Fronteras, las usaron para emplear a un escuadrón de afroamericanos disfrazados de guardias de seguridad, cada uno midiendo no menos de 6'6", con la intención de apoderarse y controlar la plataforma de oradores en la Plaza Federal. Al lado de un mexicano común y corriente, 6'6" es impresionante, pero esto sólo sirvió para mostrar la petulancia y la miopía de algunos en el movimiento.

Temprano en la mañana del día 10 recibí una llamada de

Emma Lozano informándome que habían decidido tomar control del estrado y la lista de oradores, y que las únicas personas con quien mantendrían comunicación serían Arango y yo.

El programa en la Plaza Federal sucedió como planeado sin Stroger como orador. Pero continuó el mal sabor al tener que confrontar a los "guardias de seguridad" que se veían tan extraños y tan fuera de lugar en contraste al espíritu de la marcha.

Las comisiones de logística y seguridad tenían un grupo base coordinando la ruta y la comunicación con el Departamento de Policía de Chicago. Aunque pudimos informarles que las unidades de las compañías de autobuses en los suburbios se habían agotado, no teníamos una idea del número total de participantes. Muchos llegarían en trasporte público o en sus propios autos.

La mañana del día de la marcha

La mañana del 10 de marzo era idílica aunque había amanecido nublado. El sol de invierno imponía gentilmente lo que le quedaba de calidez a Chicago, creando la ilusión de que vivíamos un día de otoño. Era un día perfecto para una caminata por el parque —cualquier parque, incluyendo al Parque Unión—, donde miles de marchistas se habían congregado antes del amanecer. A las ocho de la mañana, el cielo azul y pacífico del lado oeste de la ciudad era perforado por helicópteros de la policía y de los medios de comunicación, flotando en el aire y escaneando la ruta de la marcha. Los reporteros en la calle, con su olfato periodístico, presintieron un evento inesperado, diferente a las protestas rutinarias y empezaron a presionar a los miembros del comité de prensa y propaganda para obtener más información. Kathy Salgado hizo llamadas incesantes a varios de los miembros del comité timón y nos conectaba con los reporteros que hacían preguntas. Entendí que iba a ser una marcha monumental cuando los reporteros con los que hablaba eran de medios internacionales.

Para las nueve de la mañana, el tráfico en las calles aledañas al parque estaba casi paralizado. Los autobuses de la Autoridad de Tránsito de Chicago reventaban y descargaban sus pasajeros vestidos de blanco y cargando banderitas americanas. La estación del tren elevado en la esquina del punto de congregación mantenía un constante flujo de pasajeros que descendían por las escaleras. Se vertían miles y miles de personas hacia el parque viniendo de diferentes direcciones y por diferentes medios de transporte. Ese constante y armonioso movimiento de gente era digno del asombro de quien lo presenciara.

Otras dos señales aseguraban que tendríamos una concentración masiva. Una fue narrada por el propio personal de la agencia que dirijo. De acuerdo a su testimonio, mientras manejaban en dirección hacia al sur por la avenida Ashland, el tráfico paró por completo. De repente, el pasajero en un camión de carga frente a ellos abrió la puerta corrediza del camión y comenzaron a brincar docenas de gentes vestidas de blanco cargando cartelones y banderitas para caminar el resto del camino hasta el parque. La otra señal fue la presencia de muchos eloteros y otros vendedores mercadeando banderitas de todo país imaginable. Al igual que un buen periodista, este grupo de empresarios también saben cuándo los números valen la pena para invertir y vender. Ellos sabían que los números estaban ahí.

A primera vista, la policía parecía controlar la situación. Pero a medida que transcurría el tiempo se volvió obvio que el número de oficiales asignados a la marcha no era suficiente en proporción al número de manifestantes registrados desde el aire. La policía llamó refuerzos y paulatinamente aparecieron policías en puntos estratégicos. Esta generación de policías nunca había sido asignada, ni jamás había atestiguado una concentración de manifestantes similar como lo hicieron sus predecesores en las marchas de la década de 1960 en Chicago. El 10 de marzo fue totalmente diferente para ellos.

Mi amigo Agustín "Tony" Castro, un peruano con entrenamiento militar en su país natal y experiencia en seguridad, se auto asignó y se auto nombró "mi sombra". En muchas fotos se le ve cerca o no muy alejado de mí. Le estoy muy agradecido por usar su entrenamiento para proteger mi seguridad, aunque nunca me sentí amenazado o en peligro.

A eso de las 10 de la mañana, Agustín me trasladó para ver los arreglos en la Plaza Federal. Allí me topé con el reverendo "Slim" Coleman, un ministro metodista que pastorea una iglesia en la comunidad puertorriqueña y quien también está casado con Emma Lozano, la dirigente de Sin Fronteras. Él comandaba al impresionante y ofensivo grupo de "guaruras" afroamericanos. Cuando abordé a Slim, me informó que ellos —Sin Fronteras y él— nos habían ofrecido la marcha en bandeja de plata y que nosotros no habíamos podido manejarla. Así que, ahora, él y sus "guaruras" recobrarían el control del estrado y de los oradores. Su lógica era tan sólida y tan real como lo era la de su aliado locutor, el "Pistolero", quien proclamaba que él había sido el organizador de toda la marcha. La realidad es que ni "Slim" ni el "Pistolero" fueron vistos en una sola reunión de organización en Casa Michoacán. Movilizaciones como esta no se organizan desde una cabina de radio ni desde un púlpito en una iglesia en el barrio puertorriqueño. Para comprobar esto, la siguiente marcha en Chicago para el Primero de Mayo fue públicamente rechazada por ambos, y esa marcha fue aún más numerosa que la primera. Ni su micrófono ni su púlpito pudieron parar un movimiento de base. Su intención de tomar el control del estrado y de los oradores fue su respuesta al rechazo democrático de la asamblea hacia su candidato a orador la noche anterior. Otros miembros del Comité estaban presentes en la Plaza Federal, quienes yo asumí podrían tratar con el reverendo. Yo quería regresar al Parque Unión.

Nos trasladó Ángel "Sal" del Rivero en su vehículo oficial, él es un organizador del Sindicato Internacional de Ingenieros Operadores, y un viejo amigo y compañero militante en los Young Lords Organization de la década de 1960. Se unió Juan Salgado del Instituto del Progreso Latino. Durante nuestra conversación en el trayecto le dije que estábamos presenciando un cambio de paradigma en la política de la comunidad mexicana, pero que, desafortunadamente sólo las organizaciones con una infraestructura de base se iban a beneficiar. Sabía que a menos que esas organizaciones tuvieran una visión progresista para nuestra comunidad, la ventaja del movimiento se desperdiciaría.

Llegamos cerca del Parque Unión y caminamos por la calle Adams para llegar a tiempo al punto en el que la marcha daría inicio. A Juan y a mí nos preocupó que la concentración de gente era demasiado grande para mantenerla contenida en el Parque Unión. Le dije a Juan que para aliviar la presión de la gente que trataba de llegar al parque, ya fuera que vinieran del oriente, poniente, norte o sur y especialmente la que estaba sobre la calle Ashland, les pediríamos que se perfilaran hacia el sur, en la dirección en la que la marcha se movería.

Afortunadamente, y sin nosotros saberlo, Juan Andrés Mora y Jorge Mújica ya habían empezado el conteo regresivo para empezar a mover la cabeza de la marcha pulgada a pulgada por la calle Ashland. Juan y yo optamos por formar un contingente de jóvenes con banderas de todo Latinoamérica, quienes se habían congregado en la esquina de Jackson y Ashland, para contener a la gente que se preparaban para empezar "su propia marcha", hasta que las patrullas motorizadas de la policía abrían paso señalando que se aproximaba la cabeza de la marcha legítima. Ésta nos alcanzó poco antes de llegar a la secundaria Whitney Young. Era un espectáculo para presenciar: una gran manta repudiando la HR4437 venía al frente, seguido por un contingente grande de marchistas discapacitados, unos en sillas de ruedas, otros con bastones, y detrás de ellos, el colorido plumaje de los danzantes aztecas. A todo esto lo seguían un mar de banderas de todos colores y países contrastando con el blanco de las camisetas de todos los marchistas.

Como en una carrera ciclista, algunos individuos comenzaron a posicionarse en lugares claves a medida que la columna avanzaba. Uno de ellos era el congresista Luis Gutiérrez, uno de nuestros "campeones" de los inmigrantes, quien falló en avisarnos que la Sensenbrenner venía, a medida que se movía en la Cámara de Representantes. Andaba en muletas, porque se había lastimado un tobillo jugando golf el día anterior. Debió marchar con el grupo de discapacitados y no al frente de la columna. No muy lejos de él, un sacerdote se aferraba a Elvira Arellano con las uñas de pies y manos. Elvira cargaba un gran crucifijo de madera esperando que ese fuera su boleto hacia el frente de la columna. A medida que se movía, otras luminarias aparecieron, casi todos eran políticos.

La marcha se movió suavemente por la avenida Jackson y empecé a reconocer a muchos voluntarios que había conocido en las reuniones. Eran parte de la Comisión de Seguridad, cooperando para que fuera una de las más seguras en la historia de la ciudad. Me topé con Israel Rodríguez, quien después fue presidente de CONFEMEX, con su cara roja y sudorosa por el trabajo de dirigir y controlar su parte de la marcha. Así, igual que Israel, también vi al Dr. Chávez de Casa Michoacán. Vi a muchos miembros de la Comisión de Logística, como Fabián Morales y Manuel Martínez. También, cientos de espectadores veían pasar la marcha desde las ventanas de sus oficinas; algunos no eran latinos, pero muchos obviamente eran mexicanos. Algunos observaron desde las azoteas de sus edificios, igual como lo hizo "clandestinamente" el personal del Consulado General de México. Había un sentimiento general tácito de que presenciaban un evento sin precedente.

Mientras tanto recibí múltiples llamadas de Arango, quien ya se encontraba en la Plaza Federal y me pedía reportes periódicos. Hice lo que pude con mi teléfono anticuado al que se le agotaba la batería rápidamente. No podía escuchar claramente a Arango por el fuerte ruido de los reguiletes de los helicópteros.

Carlos Pérez, como jefe de la comisión de seguridad, se había posicionado cerca de las calles Clark y Jackson. Desde ahí presenció al grupo de jóvenes anarquistas blancos cuando trataron de confrontar a un grupo minúsculo de Minuteman. El incidente fue sofocado inmediatamente y prácticamente nadie se dio cuenta. El frente de la marcha llegó a la Clark y Jackson donde nuestro propio "Pistolero" y un grupo de Sin Fronteras brincaron al frente de la columna creando un disturbio más grande que los dos grupos antagónicos. Hicieron un esfuerzo por llegar primero al estrado, pretendiendo haber encabezado

Avenida Jackson, 10 de Marzo de 2006

la marcha desde su principio.

Este incidente palideció comparado a la lucha por el control del micrófono en el estrado, en particular cuando los dignatarios perfumados se hicieron presentes. La cuadrilla de afroamericanos grandotes del reverendo Slim tuvo poco que hacer ante la multitud, más que seguir aparentando fiereza. A medida que transcurrió el mitin, su supuesto papel desapareció y se convirtieron en meros accesorios alrededor del estrado. Sin duda una mala forma de gastar dinero, especialmente si el cheque del salario de Slim salió de la oficina del congresista Gutiérrez.

El estrado se llenó con docenas de individuos jamás vistos. La voz chillona de Juan Salgado en el micrófono no ayudó a poner calma. Salvador Pedroza, quien había sido asignado maestro de ceremonias para una parte del programa, hizo lo que pudo para acomodar los cambios de oradores al instante. Emma Lozano tomó el micrófono en múltiples ocasiones sin ningún fin más que el micrófono se encontrara a su alcance. El "Pistolero" jamás se cercioró de que no estaba haciendo un programa a control remoto para su estación de radio, así que se puso a promover los servicios de inmigración de uno de sus patrocinadores, quien también subió al estrado. Un repaso al video grabado por CAN-TV de todos los oradores, proyecta un comportamiento semejante a un montón de niños en una tienda de dulces.

Veía como se desvanecía la oportunidad de impactar a cientos de miles de manifestantes con un mensaje político sólido y didáctico o con un pronunciamiento político crudo. Esa tarde, el alcalde Richard M. Daley tuvo la oportunidad de dar el discurso más genuino y sentido de toda su vida política. Como jefe de la ciudad, acogió a todos los inmigrantes, identificó la lucha de los irlandeses y los comparó con el inmigrante que hoy vive en Chicago. Estuvo increíblemente lúcido. Su discurso se sintió de corazón y no de las notas escritas por un asesor. El gobernador Rod Blagojevich, quien se dirigió a la multitud en español, también hizo referencia a sus familiares inmigrantes, como también lo hizo el senador federal Richard Durbin. A mí me afectó en particular el breve discurso del congresista Bo-bby Rush, ex Vice–Ministro de Defensa para el Capítulo de las Panteras Negras de Illinois. En la década de 1960 trabajamos juntos cuando fui Ministro de Información de los Young Lords Organization. Las primeras palabras que dijo fueron "Todo Poder al Pueblo", la frase maoísta que abría nuestros discur-sos en los viejos tiempos. Su discurso fue corto y claro, pero lo suficientemente largo como para comparar a los inmigrantes con la lucha de los afroamericanos de hoy. Me acerqué a Bobby después de su discurso y nos dimos un breve abrazo haciendo una cordial reconexión entre dos viejos guerreros.

Al finalizar las palabras de los invitados, siguieron los re-presentantes de las comunidades. El tiempo volaba. Habíamos estado en el estrado por dos horas y aún seguían llegando con-tingentes de marchistas, aún después de que terminamos el programa oficial. Estimamos que de los supuestos 300,000 ma-nifestantes, menos de 10,000 oyeron los discursos esa tarde. Y aun así, nos dimos cuenta que nuestro mensaje fue llevado a la comunidad.

La noche anterior, cuando se asignaron temas para los ora-dores, fui seleccionado para anunciar un boicot contra la cer-vecería Miller al ser una de las corporaciones que contribuyó económicamente a Jim Sensenbrenner. El caos en el estrado por poco me saca de la lista de oradores. Antes que llegara mi turno para hablar, el comandante de la policía sugirió que ter-mináramos el programa porque la gente se estaba apoyando contra los cristales del edificio de correos al lado del estrado. A medida que nos apresurábamos por cumplir con la sugerencia del comandante, tuve que acortar el discurso de 3 minutos a menos de 30 segundos, pero con suficiente tiempo para entre-gar el mensaje del boicot a todos eso consumidores de Miller en la comunidad mexicana. En un análisis posterior de Carlos Arango, opinó que la única acción que le pedimos a la comuni-dad fue castigar a la Miller por sus transgresiones. Y sí que la castigaron, como nos dimos cuenta 24 horas después del anun-cio cuando altos ejecutivos de la empresa llegaron a Chicago desde Texas y Wisconsin para negociar un alto al boicot.

La reunión de evaluación se llevó a cabo un par de días después. Manejé a la Casa Michoacán esa tarde, estacioné mi carro sobre la calle 18 y caminé en dirección hacia el noreste sobre la calle Blue Island. La tarde era fría, el aire estaba fresco y los últimos rayos anaranjados del sol pegaban contra los rascacielos de cristal del centro de la ciudad, creando una constelación que tiritaba con cada paso que daba. Docenas de personas habían llegado a la reunión y muchos otros se arremolinaban en la entrada charlando y haciendo ademanes muy animados. No podrían contener su satisfacción y júbilo. Me saludaron con mucho entusiasmo. De repente uno de ellos me jaló hacia un lado. Lo había visto participar en las reuniones. Supe que era un payaso profesional miembro del PAN. Sin aparentar ser misterioso, sino más bien sonando un poco preocupado por mi seguridad, me sugirió que tuviera cuidado de ahora en adelante y que me asegurara que mi familia estaba segura. Me dijo que el éxito de la marcha me había puesto en medio de una tormenta política que no le gustaba al gobierno. Le agradecí sus consejos, no podían haber sido otra cosa. No parecía ser el tipo de gente que entrega mensajes siniestros. Pero por si acaso, le comenté que yo "sabía" cómo trabajaban "ellos" y que tendría cuidado.

La gente estaba ansiosa de compartir sus impresiones. Abrí la reunión pidiéndoles que describieran en una palabra cómo se sentían. Todos expresaron su sorpresa ante el número de personas que macharon y expresaron su satisfacción por haber hecho un buen trabajo. "Increíble", "monumental", "efectiva", "histórica" fueron algunos de los términos usados. No todos lo hicieron en una palabra, esa regla era muy restrictiva, así que se las idearon para vocalizar sus sentimientos plenamente. Lo que fue claro es que la gente se sintió empoderada por el despliegue de personas, organización y disciplina. Todos los presentes estaban listos para el seguimiento a la marcha. Dudo que toda la basura que dejó la marcha ya se hubiera recogido en las calles cuando Jorge Mújica ya había articulado la idea de marchar nuevamente. Esta vez sería el Primero de Mayo, Día Internacional del Trabajador.

Artemio Arreola se acercó a un grupo afuera de Casa Michoacán. Comentó que había recibido varias llamadas telefónicas anónimas y que su casa había sido allanada. Nos preocupaba cada vez que nos informaban de hechos como éste, pero analizamos el propósito real y el nivel de profesionalismo que exhibían tales acciones. ¿Fueron inspirados por el racismo? ¿Era realmente un mensaje de los poderosos? Después de mirar el número de manifestantes y la capacidad de los líderes inmigrantes de Chicago para convocar a cientos de miles de personas a salir las calles en solo 22 días, todos asumimos que las agencias gubernamentales encargadas de la seguridad nacional estarían observando y analizado cómo neutralizar el poder de una comunidad desatado por la marcha.

Pero las agencias del gobierno no eran las únicas interesadas en truncar el efecto y frustrar la influencia de la dirección del nuevo inmigrante. Hubo otras interesadas en aprovechar el impulso creado. Por ejemplo, Artemio Arreola, miembro del SEIU en ese momento, casualmente nos informó que viajaba a Los Ángeles para ayudar a sus líderes en la organización de su marcha. SEIU estaba pagando todos sus gastos para viajar a la costa oeste. Parecía extraño que Los Ángeles quisiera a alguien de Chicago para ir y decirles cómo trabajar, cuando sus organizaciones de inmigrantes habían desarrollado sus propios líderes y Los Ángeles estaba lleno de veteranos líderes chicanos experimentados.

A nivel local, la Coalición pro Derechos de los Inmigrantes y Refugiados de Illinois maniobraba la captura y el control del movimiento para su beneficio y en nombre del congresista Luis Gutiérrez. SEIU e ICIRR surgieron como las entidades "corporativas" que deseaban atrapar la dirección del movimiento, lo que se reflejó en el lema prematuro promovido por ellos durante la macha. Mientras que los manifestantes llevaban sus propios carteles hechos en casa que decían "Somos trabajadores, no criminales" y que reflejaban el verdadero motivo de su participación, estos grupos "corporativos" distribuyeron cientos de cartelones muy pulidos y hechos en imprentas sindicalizadas que decían: "Hoy marchamos, Mañana votamos".

Mientras que este eslogan refleja un concepto interesante y que más tarde sería promovido por los políticos demócratas, al mismo tiempo fallaban en el objetivo y el mensaje de la movilización de las bases. El partido demócrata rápidamente, y no dudo que siguiendo la línea dada desde Washington D. C., se convirtió en una pieza clave y necesaria para desmantelar el movimiento.

Mientras hablaba con Carlos Pérez acerca de los "enemigos" internos y externos del movimiento, me vino a la mente Malcolm X cuando escribió acerca de la forma en que las organizaciones afroamericanas y políticos establecidos fueron cooptando la Campaña de los Pobres en 1968, incluso antes de que ocurriera, hasta hacerla ineficaz. En nuestro caso, los detractores estaban atrasados en su horario, aún tenían otras grandes ciudades que se preparaban para salir a marchar. La marcha de Chicago, sin embargo, proporcionó un perfil perfecto: los manifestantes eran disciplinados y respetuosos de la ley. La policía no tuvo que hacer un solo arresto el 10 de marzo de 2006. El liderazgo demostró ser ultra democrático, casi orillando en anarquismo; indispuestos a aceptar una estructura organizativa o incluso para identificar y adoptar un líder o portavoz. Pensé que esta actitud era contraproducente. Creía que, dado los números que se movilizaron, por lo menos un comité central era necesario para aprovechar el capital político que se había generado. La falta de un liderazgo definido representante dio carta blanca a oportunistas como el congresista Luis Gutiérrez para actuar como el "líder supremo" y "campeón del inmigrante".

Gutiérrez y otros congresistas hispanos se abalanzaron con el tema, sin embargo, mostraron una total falta de visión y una total falta de experiencia para la negociación. Despilfarraron todo el capital político creado por un movimiento popular. Al final del día, politiqueros inexpertos como el congresista Luis Gutiérrez no lograron negociar un proyecto de ley de reforma migratoria aceptable. Más bien, se prestaron para engordarle el caldo a los republicanos por medio de propuestas como la STRIVE Act, la cual sirvió para dividir al movimiento nacionalmente, dando paso a los estados como Alabama, Arizona y Georgia para elaborar sus propias leyes draconianas de inmigración. Las movilizaciones de inmigrantes en 2006 asustaron a los políticos demócratas quienes se dieron a la tarea de apoyar y a financiar grupos que trabajaron para desviar el objetivo de estas movilizaciones.

La Coalición ICIRR comenzó a arrancar como racimos de uvas a aquellos que mostraban destrezas de líder y organizador, y les ofreció trabajos a buenos sueldos. A la vez, la Coalición comenzó a presionar a las organizaciones comunitarias, las cuales recibían fondos para un proyecto de ciudadanía. El sindicato SEIU hizo algo similar con Artemio Arreola. Dejó su empleo en una escuela y le dieron un sueldo en el sindicato para que siguiera organizando. En ambos casos, su trabajo fue representar los intereses políticos de sus nuevos empleadores y dejaron de ser representantes de los intereses de las bases. En mi opinión, esta tendencia mercenaria fue parte de lo que contribuyó a la muerte de uno de los movimientos masivos más grandes en Estados Unidos.

En las acciones en el futuro —porque esto no ha terminado— los líderes tenemos que extraer las lecciones de la Primavera del Inmigrante y para empezar, no confiar en las promesas ni las posiciones autoservidoras de los políticos electos. El inmigrante tiene que ser participe en la mesa de las negociaciones. Todo organizador tiene que acercarse más y más a una comunidad que sigue desprotegida y que necesita una interpretación política de la razón por la que le suceden tantas tragedias. El inmigrante necesita una nueva definición, y tiene que ser una que le dé valor a su condición de inmigrante y que deje de definirle como víctima. El inmigrante ha empezado la larga marcha, una marcha que lo ha de impulsar a autodefinirse y a forjar su propio destino.

Entrando al Parque Grant, Primero de Mayo 2007, Marcia Soto, Salvador Pedroza, Manuel Martínez, Jorge Mújica. PAN, PRI y PRD

Elvira Arellano se adelanta a la marcha

La rebelión del inmigrante

Carlos Arango Juárez

Un movimiento social por la justicia sin precedente en la historia de Chicago se desbordó en sus arterias principales con cientos de miles de manifestantes el 10 de marzo de 2006. Interrumpió el comercio cotidiano y el trabajo de la tercera urbe con mayor población latinoamericana en Estados Unidos. Este movimiento es el principio de la lucha por los derechos civiles de los inmigrantes, que se les ha considerado los derechos humanos de tercera generación. Se estima que cerca de 15 millones de latinoamericanos viven en Estados Unidos, producto de las políticas que desplazan la fuerza productiva hacia el norte del río Bravo. Este fenómeno está contenido en la cercanía geográfica y en la relación histórica de Estados Unidos con América Latina, como está expresado en el Destino Manifiesto: "América para los americanos".

La gente salió a la calle a manifestarse el 10 de marzo de 2006 porque estaba bajo ataque y porque buscaba una solución a la situación migratoria. El inmigrante indocumentado se sentía perseguido silenciosamente, trabajaba en empleos pesados y mal pagados; en muchos casos ni el salario mínimo recibía. No poseía derechos políticos. Vivía en un limbo legal. La solución migratoria de una regularización ocupó muchas de las primeras planas de los periódicos antes del 2001 cuando se hablaba de un acuerdo migratorio, o la "enchilada completa" del gobierno del entonces presidente Vicente Fox, quien se acercó a su homólogo estadounidense George W. Bush para ese efecto.

Cuando estas conversaciones políticas ocurrían, el académico conservador Samuel Huntington escribía y alertaba en el campo ideológico sobre la presencia masiva de la inmigración mexicana y lanzaba un llamado a detenerla. En su opinión, los mexico-americanos estaban en posibilidad de reclamar Estados Unidos como parte de la reconquista. Al académico le preocupaba: el rápido crecimiento de la población mexicana; la falta de subordinación a este país —es decir la no asimilación—; hablar el español en muchos hogares y la poca ciudadanización, en parte debido a la creciente ola de inmigración no autorizada. Huntington dijo que de seguir el nivel de inmigración mexicana hacia Estados Unidos, el país perdería su identidad y este fenómeno ya se estaba viendo en el suroeste estadounidense. Asimismo señaló que los hijos de los inmigrantes, nacidos en Norteamérica se consideraban a sí mismos mexicanos. Fue más allá apuntando que en realidad Estados Unidos es un país internacional sin identidad nacional y pronosticó que habrá un separatismo por parte de los mexicanos.

Como resultado de estos planteamientos, la discusión académica pasó al Congreso estadounidense donde encontró eco en políticos racistas republicanos y demócratas que generaron una argumentación xenofóbica contra la migración no autorizada. En 2005, la discusión migratoria se trastocó totalmente, buscando criminalizar a los indocumentados y a todas aquellas personas que les ayudaran o se asociaran con ellos. La propuesta 4437 del legislador James Sensenbrenner —republicano de Wisconsin, autor del Acta Patriótica y el Real ID— fue aprobada en la Cámara Baja en 2005 con el nombre de Acta para la

Protección de la Frontera, contra el Terrorismo y la Inmigración. Este proyecto de ley encendió la mecha del movimiento inmigrantista.

La SB 4437 fue la salida legislativa y política que propiciaron los actos terroristas del 11 de septiembre de 2001. El nativismo se exacerbó con el derrumbe de las Torres Gemelas, y sobre todo fue el alimento para los grupos supremacistas y racistas que vieron en esos eventos su mejor oportunidad para posicionarse en la palestra pública y empujar medidas legislativas de corte neo-fascista. Estos grupos tuvieron el apoyo de grandes sectores de la población aunque contradicen todos los principios constitucionales en los que el país fue construido. Existe el temor de que estos grupos quieran crear movimientos para reformar la constitución estadounidense.

El derrumbamiento de las Torres Gemelas significó la derrota de la tolerancia hacia la diversidad. El nativismo se enfocó en contra de las personas árabes, inmediatamente se despertó el odio contra ellos y contra la inmigración indocumentada, convirtiéndola en un supuesto sustento del terrorismo. La respuesta del statu quo fue la creación de un discurso para proteger las fronteras contra los supuestos invasores y criminalizarlos severamente. En el mismo 2001 ya vivíamos en otro Estados Unidos. Incluso para abordar un avión se tenía que pasar por pruebas de seguridad extremas y a partir de entonces se perdió la confianza incluso para apoyar al vecino. Ahora cualquier persona de piel oscura podía ser un "terrorista".

Ese fue el resultado del trabajo teórico de Huntington que rebasó el campo de la academia para sustentar a nivel ideológico a los grupos racistas. De esta manera se fortaleció esta corriente en el Partido Republicano y sus voces se hicieron eco en el Congreso estadounidense. Los encapuchados del KKK y los activistas intolerantes del Minuteman se mudaron al Capitolio en Washington. Por su parte, en el Partido Republicano se gestaba una ala derecha intolerante, torpe y racista, quienes se llamaron así mismos el Tea Party, quienes hasta el día de hoy controlan la conversación y la narrativa antiinmigrante y han convertido al presidente estadounidense en un ser sin capacidad de actuación. Los demócratas por su parte frenaron cualquier discusión para favorecer la situación jurídica de los indocumentados. Votaron a favor del muro en la frontera; además de las leyes en la administración de Clinton que complicaron la legalización de las personas y abrieron la puerta a las deportaciones que hoy se ejecutan de la manera más despiadada y absurda en la historia del país. En la administración del primer presidente negro de Estados Unidos se han deportado más personas que durante la Gran Depresión en la década de 1930. EN ese entonces repatriaron masivamente a los mexicanos sin importar su estatus migratorio. Por su parte, el presidente Obama lleva más de 2.5 millones de personas deportadas y cientos de miles de familias han sido divididas.

Al movimiento pro inmigrante le llevó cinco años internalizar el significado de los ataques terroristas, al fin y al cabo, fuimos los más afectados ya que se han ido endureciendo las políticas migratorias. Se ha desestabilizado la vida económica del país y se nos ha tildado de ser "sospechosos" de terrorismo.

A finales del 2001 Casa Aztlán realizó la primera conferencia de inmigración en Chicago, para analizar las condiciones en que se encontraba el movimiento. De hecho, habíamos pasado a la resistencia y el centro de nuestra campaña era detener la ofensiva anti inmigrante en el país y continuar la lucha por una amnistía general para los indocumentados, apoyando una propuesta legislativa del congresista de Illinois Luis Gutiérrez, que permitía retomar la lucha de los migrantes por sus derechos plenos. La propuesta de Gutiérrez en ese momento no tenía tantos aspectos punitivos, como la que sometió posteriormente cuando el Presidente Bush le prometió ser el legislador que iba a lograr la reforma migratoria con el aval de los republicanos. Sin embargo, confundieron la migración con la seguridad nacional y el crimen, siendo que el asunto de la migración es principalmente laboral y de derechos humanos.

La propuesta nos llevó hasta Washington para promover un avance del movimiento y llamar por primera vez a un paro económico, como estrategia para retornar el tema de la amnistía para todos los indocumentados en la mesa del Congreso y desacelerar las medidas ofensivas antiinmigrantes en el país.

Durante el 2003, se realizaron distintos foros locales para avanzar el tema de la amnistía para los trabajadores indocumentados y sus familias, utilizando el cabildeo y constituyendo el Frente Unido de Inmigrantes con la participación del Centro Sin Fronteras, Casa Aztlán, UNIR, CIME, ALIVIO, PRD, entre los principales organismos, que sostenían discusiones sobre cómo irrumpir en la capital del país con grandes números y reducir las redadas y deportaciones que se daban ininterrumpidamente en todo Estados Unidos.

Los demócratas —entre ellos el Senador Durbin— apoyaban la propuesta conocida como el Dream Act. En ese momento nuestra posición era crítica ante el "Acta del Sueño" porque fragmentaba la demanda de papeles para todos en pequeños mundos, donde los jóvenes que podrían beneficiarse de la propuesta no tendrían grandes beneficios y sí una clara opción para ir al ejército. También estimamos que la propuesta era elitista ya que son muy pocos los jóvenes que podrían ir a la universidad. En las escuelas públicas de las comunidades existe una gran disparidad con las escuelas de áreas suburbanas donde no hay inmigrantes, ni mexicanos.

Grupos más oficiales en Chicago como la Coalición de Illinois por los Derechos de Inmigrantes y Refugiados, han hecho desde entonces varios esfuerzos para lograr la aprobación del Acta del Sueño. Siempre pensamos que era una estrategia equivocada, pero sin duda, es una de las propuestas que han movilizado a muchos jóvenes. Aun así me parece que con tal ímpetu, se han quedado en déficit con lo que reclaman y finalmente por orden ejecutiva lograron una Acción Diferida que les evita la deportación y les da la oportunidad de conseguir un permiso de trabajo, un número de seguro social y una licencia de manejo. Esto al menos les permite trabajar y continuar sus estudios, aunque siempre con la espada de Damocles sobre la cabeza, ya que en cualquier momento se podrían perder dichos privilegios.

En los últimos tiempos, los "soñadores" se han fragmentado con posiciones muy diferenciadas, especialmente después de la tremenda derrota en el Congreso al desechar la propuesta legislativa con un voto de demócratas conservadores y republicanos. Muchos de estos jóvenes activistas se han concentrado en criticar al presidente por las deportaciones masivas, haciendo actos de desobediencia civil e incluso con una estrategia novedosa de internarse al país para ser detenidos y conseguir su liberación. Con esa estrategia ya chocaron con los legisladores, pero el encuentro más significativo fue con el puertorriqueño Luis Gutiérrez, Congresista del cuarto distrito de Illinois que mandó arrestar a los muchachos que se sentaron en su oficina de Washington. Irónicamente, Gutiérrez se deja arrestar en protestas de desobediencia civil para presionar a los republicanos; acciones bastante teatrales y para consumo mediático.

¿Cómo llegamos a dónde estamos?

México entra al primer mundo

Carlos Salinas de Gortari anunció en 1993 la entrada de México al primer mundo con el Tratado de Libre Comercio de América del Norte (TLC). Recuerdo haber asistido a varias reuniones de diálogos a las que me invitó Primitivo Rodríguez y en las que estuvieron presentes, entre otros, David Brooks, corresponsal de *La Jornada;* Adolfo Aguilar Zinser, quien fuera durante el gobierno de Fox representante de México en el Consejo de Seguridad de la ONU; Francisco Hernández Juárez del Sindicato de Telefonistas; Elba Esther Gordillo del Sindicato de Maestros; Luis Hernández Navarro, que luego fuera asesor del EZLN; Jonathan Fox, sindicalista del AFLCIO y varios académicos estadounidenses. En estos encuentros se discutió ampliamente las repercusiones que tendría el TLC en la economía mexicana, efecto drástico que afectaría los trabajos en Estados Unidos, y a los sindicatos, así como el incremento de la migración mexicana hacia Estados Unidos.

En Chicago, el Congresista demócrata Luis Gutiérrez dijo que votaría en contra de la medida y así lo hizo. Pero su voto no impactó porque Clinton y Salinas le habían "echo manita de puerco" a los legisladores demócratas y Salinas había gastado millones de dólares en el cabildeo azteca con congresistas estadounidenses a favor del TLC. El tratado dejó fuera el tema de la movilidad humana, asentando que la migración indocumentada puede ser sancionada como un acto ilegal, iniciando la sinergia de las deportaciones masivas.

Ambos gobiernos sabían de antemano del saqueo que sufriría México como resultado del TLC. México importaría más productos a sus socios que exportar los propios con claros beneficios para ellos, y como consecuencia, traería la destrucción del campo mexicano, forzando una ola de inmigración indocumentada sin precedente que serviría como ejercito de reserva laboral para Estados Unidos. Al mismo tiempo, el gobierno de Clinton implementó la militarización de la frontera en 1994 para cerrar la válvula de escape, además de intensificar la vigilancia en las entradas tradicionales. Estas medidas obligaron a los migrantes a utilizar rutas inhóspitas por el desierto, ocasionado la muerte de miles de personas en el intento por cumplir el "sueño americano". Mientras los mexicanos morían en el desierto, Salinas y la burguesía criolla mexicana se enriquecían de manera grosera. Estos crearon un abismo enorme entre la miseria y la opulencia. Después vino el radical endurecimiento de las políticas migratorias que legalizó Bill Clinton en 1996 para evitar la unidad familiar, estableciendo castigos hasta de 10 años a las personas que permanecieran irregularmente en el país, y que a través de su conyugue, padres o hijos con ciudadanía estadounidense, los quisieran reclamar para legalizarlos.

Leyes y propuestas draconianas

En 1994, cuando el estado de California padecía una de sus más grandes crisis económicas, las fuerzas republicanas y de extrema derecha en el estado insertaron en la boleta electoral la proposición 187, que prohibiría dar servicios sociales a cualquier inmigrante indocumentado, además de que los trabajadores estatales tendrían que denunciarlos con las autoridades.

La proposición 187 fue aprobada mayoritariamente por los votantes californianos, 23 por ciento latinos a pesar de las movilizaciones de reprobación. Incluso después de su aprobación más de 70,000 personas marcharon en Los Ángeles, California y se anunciaron boicots contra California y Disneylandia.

La administración de Bill Clinton hizo eco a estas políticas xenofóbicas de la derecha estableciendo la Operación Guardián, también conocida como "Operación Muerte", en 1994. Dicha operación propuso crear un cerco de una barda triple, con equipo técnico que constaba de luces de extrema potencia alrededor de la línea divisoria Tijuana-San Diego, equipo militar altamente capacitado de visión nocturna y con supervisión las 24 horas.

Clinton pidió al estado de California que no interviniera en asuntos federales, pero fueron las demandas legales de clase presentadas por MALDEF y la Unión por las Libertades Civiles, las que llevaron a la Corte Superior a suspender la aprobación de la ley. Fue declarada inconstitucional en 1999. Por su tendencia xenofóbica y el mal manejo de la crisis, los republicanos perdieron la gubernatura y la ley fue derogada totalmente. Un comentario relacionado con la votación a favor de la proposición 187, y dato importante que revela las intenciones del gobierno mexicano, fue cuando Carlos Salinas de Gortari calificó de xenofóbica esta ley, y de inmediato ofreció un programa de trabajadores huéspedes a los norteamericanos.

Estas medidas no han detenido el flujo migratorio y han forzado a las personas a cruzar por lugares extremadamente peligrosos, provocado la muerte de una persona cada 20 minutos, como reporta la Secretaría de Relaciones Exteriores de México. Las estadísticas indican que el número de personas que intentan cruzar la frontera se incrementa cada año junto al número de personas fallecidas. En 1996 se registraron sólo 87 muertes, en el año 1997, 149. Subió hasta 329 en 1998, 358 en 1999 y en el 2000, se registraron 436 muertes.

Martha Cecilia Soto, reportera del periódico *El Heraldo* de Chihuahua, menciona que a lo largo de la frontera existen tres puntos principales en los que mueren las personas que tratan de llegar al lado estadounidense. Se trata de la Operación Gatekeeper, traducida al español como Operación Guardián, en California y sus dos equivalentes en los estados de Arizona y Texas, Safeguard (Escudo) y Río Grande, respectivamente. Los migrantes que perdieron la vida entre1995 y 2000 en los tres puntos suman un total de 1,420, según información de la Secretaría de Relaciones Exteriores.

El número de muertes crece constantemente cada año. En 1995, 61 personas no lograron completar su plan de llegar a Estados Unidos, en el 2000 eran 127, irónicamente se dobló el número de muertos en el cruce con la "Operación Guardián". Por el lado de Arizona con la Operación Safeguard, no se puede reportar la misma constancia, dado que murieron 7 personas en 1996, 26 en 1997, 12 en 1998, 44 en 1999 y 11 en el 2000. El cruce que cuenta con el mayor número de víctimas fatales en el camino hacia "el sueño americano" es Río Grande. En 1996 se registraron 21 muertes, 34 en 1997, 170 en 1998, 201 en 1999 y 238 en el 2000; es decir, en el 2000 murieron 11 veces más personas que en 1996.

Algunos analistas opinan que la implementación de estas operaciones por parte del gobierno estadounidense, lejos de corregir el fenómeno de la migración, ha provocado el incremento de muertes en la frontera. Cuando los agentes que vigilan las fronteras se avocan a bloquear las entradas más próximas a las ciudades, es normal que los migrantes, en desesperación por alcanzar su ideal de pisar tierra estadounidense, se lancen a buscar otras alternativas como desiertos, montañas y otros lugares peligrosos. Esto contribuye al crecimiento de un negocio redondo: los polleros y los coyotes.

Las posibilidades que tiene un migrante para salir ileso y llegar sin contratiempos al otro lado depende de varios factores adversos como el calor del desierto, las corrientes del río, la velocidad y fuerza de los trenes y la delincuencia que vive a expensas de estos hombres, mujeres y niños que diariamente dejan su casas y a sus familias en busca de un mejor futuro.

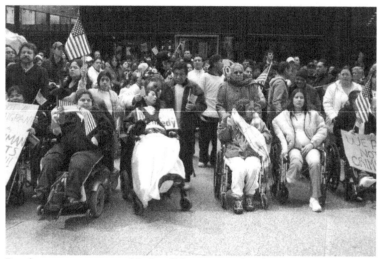

Inmigrantes con capacidades diferentes en la Plaza Federal,
10 de mazo de 2006

Surge el EZLN

El primero de enero de 1994, cuando creíamos que México había entrado al primer mundo con la firma del Tratado de Libre Comercio de América del Norte, sonó la campana en Chiapas. Los indígenas mexicanos ignorados por siglos se ponían de pie aglutinados en un movimiento armado que confrontó al régimen de México y enfrentó con rifles y palos al ejército mexicano. Con la sangre de sus muertos se terminó el mito de que México estaba en el mismo nivel que Estados Unidos y Canadá. Fue como una bofetada a Salinas, que entregaba el país. El salinismo enfrentaba un dilema, arremeter con la fuerza del estado contra los zapatistas o buscar una salida política.

Los zapatistas pasaron de ser un movimiento armado a una fuerte resistencia civil que dejó muy mal parado al gobierno de Salinas, política que colapsó en diciembre cuando Zedillo tomó posesión de la presidencia y Clinton dio un préstamo millonario a México. Una vez que pasó "el mareo" del TLC se entró a la etapa del colapso de la economía mexicana y el incremento de la emigración.

Con el TLC y la llegada de Zedillo al poder, Salinas violentó el propio proceso político del PRI. Carlos Donaldo Colosio fue asesinado porque era un candidato incómodo para los planes de Salinas. El magnicidio de un candidato presidencial se justificó con la historia del asesino solitario. Sucedió lo mismo con el modo en que se contó la historia oficial del asesinato de John F. Kennedy. Nadie cree la historia de un asesino circunstancial en ambas situaciones. El propio Salinas llegó al poder mediante un fraude histórico en los comicios de 1988, al robarle la elección a Cuauhtémoc Cárdenas. El asalto electoral tuvo la finalidad de lograr las reformas estructurales del momento y entregar la economía mexicana al modelo neoliberal.

Al PRI se le agotó el modelo y ellos mismos propiciaron la alternancia política siendo el presidente Zedillo quien dócilmente reconoció la victoria de Vicente Fox en el 2000. De esta manera se dio un paso dentro del proceso político en México. Fueron 12 años de gobiernos panistas —que pusieron al país al borde del colapso— antes que el PRI regresara al poder.

Exportar braceros de México

El PRI y el PAN han favorecido la idea de un programa de trabajadores temporales: trabajadores huéspedes que laboren en Estados Unidos sin gozar de ningún derecho. Este tipo de convenios son socorridos por la agroindustria estadounidense y por el gobierno de México a pesar de la historia aberrante del programa bracero, que negociaron México y Estados Unidos para crear un ejército laboral mexicano, mientras los estadounidenses estaban metidos en la Segunda Guerra Mundial. Lo más injusto de ese episodio histórico fue que a esos trabajadores les robaron su fondo de ahorro. Incluso ahora en el siglo XXI, los viejitos continúan protestando para demandar el dinero que les robaron. El gobierno de México, que al parecer se quedó con los ahorros de los braceros, no presupuestó ni un centavo para el fideicomiso que se formó con Fox. Y en Estados Unidos las cortes exoneraron al gobierno estadounidense de la responsabilidad de esos ahorros.

La Alianza de Ex braceros del Norte, destacó que hay más de 40,000 braceros que ya se registraron en Estados Unidos pero no han figurado todavía en las listas de pago de la denominada Ayuda Social del gobierno mexicano que debieron reclamarse antes del 31 de diciembre de 2015.

Despierta el gigante

Después de la caída de las Torres Gemelas en el 2001, la derecha del país se organizó en una cruzada antiinmigrante con la creación de grupos racistas de corte fascista como el Minuteman. Estos grupos se encargaron de hacer mucho ruido en la prensa y alborotar a la población de los estados más conservadores paralizando cualquier solución positiva para los inmigrantes. Crearon una guerra de eliminación y una estampida mediática ha contaminado el debate que existe hoy donde a los demócratas se les pinta como "buenos" y a los republicanos como "malos", cuando sabemos que se trata de un mero ejercicio electoral. Ambos partidos han creado estas políticas de represión y odio contra el inmigrante para distraer a la población de problemas de miseria y desastres financieros en Estados

Unidos. El debate de la reforma migratoria se volvió a varar en la Cámara Baja, en tanto el presidente Obama pasará a la historia como el "Deportador en Jefe".

El Pistolero y El Chocolate

Para el primero de julio de 2005, El Pistolero de la emisora La Qué Buena 105.1 FM y el "Chocolate" de la Ley 107.9 FM, convocaron a una marcha en protesta al grupo racista Minuteman. Este grupo buscaba establecerse en Chicago con fuerte apoyo económico de la extrema derecha para crear un clima antiinmigrante. Rafael Pulido, *El Pistolero,* inició esta cruzada contra los Minuteman desde el micrófono, y seguramente con el respaldo de WOJO, convocó a esta manifestación pidiendo que todos marcharan de blanco.

El mensaje iba dirigido a la comunidad mexicana que era su principal auditorio. El Pistolero se convirtió, por un tiempo, en un punto de referencia en los medios de habla hispana. La audiencia llamaba para hablar de sus problemas individuales: casos médicos, buscando fondos para repatriar cadáveres o para trasplantes de órganos. La radio de pronto se abrió para que la gente pudiera expresar sus miedos, sus alegrías y sus dramas. El formato de la programación que inició impregnado de chistes sexistas y con alto contenido sexual, comenzó a transformarse en un mensaje de preocupación por los ataques racistas y la falta de una ley de inmigración que beneficiara a los 11 millones de indocumentados. Cabría subrayar que la gente perdió la tranquilidad después de los sucesos del 11 de septiembre de 2001.

Los corporativos radiales previeron que el aumento del clima antiinmigrante en el ánimo gubernamental desataría una crisis de gran magnitud y tendría un impacto negativo en el mercado de los medios de comunicación. Sus principales radioescuchas eran y son los mexicanos, por lo que la implementación de un programa antiinmigrante de la magnitud de la Sensenbrenner sería caótico para la población y para el negocio de los medios de comunicación y sus patrocinadores. Por ello convinieron dar luz verde a los comunicadores para difundir los posibles ataques y después convocar a la marcha inicial de 2005.

El Pistolero y Emma Lozano sostuvieron una reunión previa a esta marcha. Rafael pidió a Emma que la encabezara formalmente como organización, sabiendo que el comunicador podía hacer el llamado pero no desarrollar la logística y demandas del movimiento como la amnistía para los trabajadores indocumentados, el alto a las deportaciones y el alto a los ataques racistas del grupo Minuteman y las entidades gubernamentales. En realidad estos sucesos fueron un preámbulo de los ataques más feroces de la derecha y las entidades gubernamentales contra los inmigrantes en la víspera de la presentación de la ley Sensenbrenner.

Dos semanas antes de la marcha del primero de julio nos reunimos con Emma Lozano y Salvador Cerna en las oficinas del Congresista Luis Gutiérrez de Pilsen, en Chicago. Emma me comunicó que no podría asumir la responsabilidad de la marcha porque estaría en reuniones en Washington D. C. con el Congresista y otras organizaciones sobre el tema de la inmigración. Me pidió que me encargara de dar orientación al llamado espontáneo del Pistolero. En ese momento desconocíamos cuál sería el nivel de respuesta al llamado, sin embargo era una clara responsabilidad el dar una orientación a la marcha en el marco de nuestro movimiento migrante.

Salvador Cerna, René Magaña y yo llegamos a la manifestación convocada en la calle Ashland y Archer, donde vimos llegar a miles de mexicanos, muchos vestidos de blanco que se formaban para iniciar una caminata. Gracias a la civilidad de nuestra comunidad se realizó de manera ordenada, con las consignas clásicas de "Raza Sí, Migra No", "Amnistía Sí, Minuteman No", "Somos un pueblo Sin Fronteras", "El Pueblo Unido Jamás Será Vencido", "Latinos Unidos, Jamás Serán Vencidos" y "Obreros Unidos Jamás serán Vencidos". Caminamos por la calle Ashland ante el asombro de la policía por los miles que ahí se congregaban y que no estábamos del todo listos para asegurarnos de que todas las personas pudieran llegar al destino final de la marcha: Swap-O-Rama, en las calles Ashland y 41.

La manifestación congregó a más de 40 mil personas. Me

tocó moderar el mitin en el que presenté una larga lista de oradores incluyendo al Congresista Luis Gutiérrez, los regidores Ricardo Muñoz, George Cárdenas, y Burke; sacerdotes, líderes comunitarios como Jesús García, El Pistolero y El Chocolate, como los principales promotores de evento. Los oradores hablaron por casi dos horas, mientras las personas seguían llegando.

La verdad, esta fue la primera manifestación de mexicanos contra las políticas de inmigración en Chicago que congregó a miles de personas, que no fueron movilizadas por sus iglesias u organizaciones comunitarias. La organización de la marcha vivió una intención protagonista del Chocolate que pretendía convocar a otra manifestación en fecha diferente al llamado inicial del Pistolero. Una publicación comenta lo siguiente: "el llamado del primer locutor a favor de una marcha de protesta ya había capturado la imaginación de las comunidades de inmigrantes en Chicago". Las principales organizaciones de inmigrantes, incluso el Centro Sin Fronteras, Casa Aztlán y el Centro Cultural Puertorriqueño y grupos de gente oriunda de cierto pueblo o región de Latinoamérica, se habían comprometido a la marcha del Pistolero, no sólo en Chicago, sino en los suburbios. Los grupos de base no iban a dejar que este evento fuera víctima de la competencia entre estaciones de radio y por demanda popular El Chocolate canceló su marcha y llamó al Pistolero por teléfono al aire y se comprometió con la actividad del 1 de julio.

Aunque la marcha tuvo escasa cobertura en los medios, el Chicago Daily Southtown publicó una foto de la manifestación más grande del movimiento pro inmigrante del momento en la primera plana.

La Cámara Baja vota por la Ley Sensenbrenner

En vísperas de la aprobación de la propuesta HR 4437, una organización del Distrito Federal y del Valle de México, encabezada por Jorge Ramírez organizó una línea de piquete frente a las oficinas de inmigración en la calle Jackson protestando contra el Muro Fronterizo. El gobierno de Bush buscaba construirlo y mandar un mensaje a México con su postura sobre la inmigración y sobre las relaciones bilaterales, que siempre han estado en el infortunio de la desconfianza y la inequidad.

Los organizadores portaron un botón que decía "No al Muro". Esto sucedía al mismo tiempo que en el Congreso se movía una legislación antiinmigrante con alto contenido racial, discriminatorio, y que criminalizaba a los indocumentados y a toda persona que entraron en relación con una persona sin papeles. La propuesta era la representación misma de los Minuteman en el Congreso norteamericano y fue aprobada en la Cámara de Representantes por 239 votos, la gran mayoría de republicanos y un 18 por ciento de demócratas. Como el voto se dio a mediados de diciembre, durmió el sueño de los justos durante las vacaciones navideñas.

Se genera una nueva etapa local y nacional

Armando Navarro, profesor de estudios Chicanos en la Universidad de Riverside California, nos invitó a una reunión de activistas californianos para participar en una protesta contra los extremistas del Minuteman en la frontera con México. Entre los organizadores del suroeste existe una gran preocupación por las acciones sediciosas de los grupos extremistas y se ve la necesidad de coordinar la acción nacional. A 10 años de la movilización latina a Washington, se planteó nuevamente el debate de reconstruir la coordinación que nos permitió llevar la lucha de los inmigrantes a las distintas comunidades latinas en la nación y movilizarla por los derechos plenos. En Riverside se acordó ampliar el movimiento y llevar a cabo nuevas reuniones. Cabe mencionar que la HB4437 no era el centro del debate; nuestros legisladores nunca nos alertaron de la gravedad de la propuesta.

En Chicago había una efervescencia muy importante sobre el tema del voto de los mexicanos en el exterior y el asunto de la agenda binacional, que incluía desde luego la idea del muro fronterizo, la campaña antiinmigrante de los grupos extremistas y el papel de los partidos políticos en el proceso electoral del 2006 para la elección del presidente de México. Los mejor organizados en ese momento eran el Partido de la Revolución

Democrática en el exterior, cuyos militantes han buscado la representación en el Congreso Mexicano para presentar sus demandas, así como el voto de los mexicanos en el exterior de manera amplia y significativa para ir ganando los espacios de reconocimiento que se perdieron cuando, de manera forzada en su gran mayoría, tuvieron que abandonar el país. El 2006 se veía como una nueva posibilidad de cambiar esa situación.

En una tarde fría de febrero en Casa Aztlán, el compañero Omar López, militante del PRD, consejero del Instituto de Mexicanos en el Exterior y desde luego un observador de los problemas nacionales e internacionales, nos conminó a organizar una movilización por los derechos de los inmigrantes contra la propuesta HB4437. La movilización se planteaba de grandes alcances, incluyendo la movilización de la comunidad inmigrante y sus aliados, tan amplia en la que estuviera el alcalde de la ciudad y el gobernador. Era fundamental movernos por la defensa de nuestra comunidad y era un magnifico momento político para luchar por la amnistía para los 11 millones de indocumentados.

Coincidimos ampliamente con Omar en su propuesta visionaria en ese momento y discutimos sobre quiénes deberían encabezar ese movimiento. Concluimos que aparte de las organizaciones más significativas como Centro Sin Fronteras y Casa Aztlán, deberíamos conquistar la participación de los clubes de oriundos y las federaciones mexicanas. También acordamos que se le hiciera el planteamiento a la dirección de los partidos políticos mexicanos en el exterior. Se le encomendó a Omar López que invitara a Artemio Arreola del PRI y a Salvador Pedroza del PAN, en un intento por unificar las fuerzas de los mexicanos en una causa común. Emma Lozano, quien asistió a una segunda reunión nacional con la organización que encabezó el Dr. Armando Navarro en el estado de California, anunció que acordaron una movilización nacional el 10 de marzo de 2006. La reunión entre Omar, Artemio y Pedroza concluyó en iniciar los trabajos, pero no aceptaron que los partidos tomaran la iniciativa, sino que se hiciera a través de las federaciones, cámaras de comercio, sindicatos y organizaciones comunitarias.

Un pie aquí y el otro allá

Una nueva reflexión me lleva a pensar que en el movimiento siempre estuvieron presentes los programas y las agendas de los partidos mexicanos. Los militantes en el exterior han tratado de entrelazar sus intereses con la actividad política y social diaria conducida por los inmigrantes desde sus organizaciones, ya sean los clubs de oriundos o las organizaciones comunitarias del corte de Jane Adams, que ofrecen servicios sociales a los inmigrantes, buscando su adaptación en la nueva sociedad hacia la autodeterminación del pueblo.

Quizás entonces pensamos que la suerte de los mexicanos en el exterior está ligada al proceso político de los dos países. México lo podría describir como un gran pájaro con dos grandes alas. En una se ubican los que viven en territorio nacional y en la otra los del México del Norte y que ahora buscan volar juntos, libremente hacia la felicidad.

Ambos Méxicos sufren de las heridas que nos ha dejado el colonialismo. En ese proceso se perdió la autoestima y la esperanza. Mientras en Estados Unidos los mexicanos éramos atacados como nunca antes, la clase política mexicana y los compatriotas, miraron admirados, desde lejos.

Cuando se producían las marchas de los inmigrantes en Estados Unidos, en México se decidían las candidaturas de los tres partidos más importantes. Para el PRI la plaza de los mexicanos del norte no era y no es importante. Políticamente es un camino minado con el repudio al modelo económico que expulsó a millones de mexicanos hacia Estados Unidos en busca de dólares, que aún con el propósito de regresar, el tiempo ha dictado que el retorno es cada día más lejano. El PAN, con el gobierno de Fox, puso cierto nivel de atención a los inmigrantes al dedicar la oficina de Juan Hernández, y posteriormente, con la fundación del Instituto de los Mexicanos del Exterior a fin de buscar una interlocución entre el gobierno y los inmigrantes. El PAN, usando al IME y a los consulados, se fue relacionando con las organizaciones y creó una maquinaria política para promover la política panista. En tanto que los militantes del PRD en el exterior, buscaban espacios en la estructura partidaria y diputaciones inmigrantes para generar votos en el Congreso de la Unión en México.

Los inmigrantes en su búsqueda de respuestas incidieron con muy poca suerte desde sus dirigencias nacionales y luego con los candidatos. López Obrador no quiso cruzar la frontera en 2006 para atender a los mexicanos del norte, la dirigencia del exterior fue atomizada, sumado a la prohibición de hacer campaña. En tanto, el PRI no hizo gran ruido y Acción Nacional tenía el aparato consular para lograr sus propósitos electorales.

Como señaló Artemio Arreola, que entonces representaba la Vanguardia Migrante del PRI: "los militantes perredistas en el exterior son lo más comprometidos con la línea política y el trabajo partidario, pero muy ignorados por las dirigencias perredistas". Es verdad, los perredistas de Estados Unidos acompañaron a López Obrador desde el desafuero, la elección presidencial, hasta el plantón con la demanda "voto por voto, casilla por casilla".

Las agendas de estos activistas habían formado un frente común en el tema de la amnistía para las personas sin documentos y los derechos políticos de los inmigrantes, secuestrados por los diputados y senadores que no permiten su ejercicio pleno. Los protagonistas quedaron atrapados en el resquebrajamiento del movimiento y por la dificultad de promover la agenda de los derechos políticos de manera amplia. Para la izquierda todo quedó truncado con el fraude electoral que llevó a Felipe Calderón a la presidencia, así que se hicieron algunos simulacros de desconocimiento del Espurio, nombrándose simbólicamente a René Magaña como Cónsul Legítimo, después que Mújica no aceptara esa posición. Alejandro Encinas viajó a Chicago a una reunión de perredistas y tomó la protesta formal del Cónsul Legitimo René Magaña. Después de estos eventos, los perredistas y sectores progresistas resistieron la visita de Calderón a la ciudad de los vientos. En ese entonces, el cónsul Manuel Arriaga, como buen testaferro del estado, hizo hasta lo imposible por bloquear el acceso de los perredistas a los actos oficiales. La postura del perredismo en el exterior no reconoció a Calderón como presidente hasta el fin del sexenio. Como la izquierda en México tuvo un debacle en las elecciones del 2009, fue prácticamente imposible promover los cambios constitucionales del Código Federal Electoral, y así conseguir la credencialización de los mexicanos en el exterior. Los militantes del PAN y del PRI fallaron estrepitosamente en la búsqueda de esas reformas. Fueron seis años perdidos en la guerra contra el narcotráfico durante el sexenio de la muerte de Calderón. Así se pasó un sexenio sin reforma migratoria y sin credencialización en el exterior. No fue hasta el 2014 en que finalmente, por la constancia de la comisión política del Instituto de los Mexicanos en el Exterior, se logró revitalizar el tema y lograr que el Congreso mexicano aprobara la credencialización en el exterior y ampliara las facultades del voto para senadores y gobernadores. Esto desde luego es motivo para un análisis posterior.

Las relaciones del Gobierno Mexicano y los inmigrantes y mexicanos nacidos en Estados Unidos

Durante el gobierno panista de Vicente Fox se creó el Instituto de los Mexicanos en el Exterior (IME) para remplazar la oficina de Juan Hernández, un funcionario encargado de los migrantes al inicio de su administración. El IME se creó para que el gobierno mexicano tuviera una interlocución con los migrantes y las organizaciones nacionales como el Concilio Nacional de la Raza, LULAC y MALDEF. Entonces nombraron a Cándido Morales, un migrante californiano originario de Oaxaca, para que representara a los migrantes en el Instituto. El IME se constituyó con representantes de cada circunscripción consular, siendo los cónsules quienes los escogían para que no hicieran "osos" ante el gobierno de Vicente Fox. Juan Andrés Mora, con otros líderes mexicanos en Chicago, lanzó la bomba y señaló que los consejeros al IME tendrían que ser electos por los mexicanos, mediante un proceso electoral abierto con voto universal y secreto. Entonces se formó un colegio electoral que organizó la primera elección en la escuela Benito Juárez, en la que votaron más de mil mexicanos.

En esa ocasión se pudo medir la organización de los tres partidos políticos principales de México en el exterior. Todos consiguieron espacios en el Instituto, por lo que se dice que los de Chicago son los más políticos dentro del IME. El PRD, el PAN y el PRI consiguieron voz y representación en este organismo para "taparle el ojo al macho" y manipular a sus representantes desde las embajadas y consulados.

El IME también fue un instrumento de lucha para los temas nodales de los inmigrantes, como la reforma migratoria, los derechos políticos y los programas de desarrollo social como el 3x1 y las plazas comunitarias que ofrecen servicios educativos de alfabetización a través del INEA. En el IME como cuerpo asesor del gobierno mexicano, se desarrollaron las agendas de los consejeros que abordaron el complicado tema del voto desde el exterior, finalmente aprobado por el Congreso de la Unión en el 2005 y ejercido por primera vez en el 2006. Para nuestra desgracia, el acuerdo sólo alcanzó para lograr el voto por presidente de la República y con credencial de elector emitida en México, a través del voto postal y con la prohibición a los partidos políticos de hacer campaña en el exterior. Existe una fotografía que ha recorrido el mundo en que uno de los dirigentes de Chicago, Luis Pelayo, casi envuelto en la bandera mexicana celebra el derecho al voto de los mexicanos en el exterior, una demanda que existía desde 1929.

La segunda generación de Consejeros donde estuvieron Omar López y Artemio Arreola, condujeron la discusión a un nivel importante entre la extensa red de consejeros comprometiéndose con la marcha del primero de mayo de 2006. La ventaja del IME, sin duda, es que reúne mexicanos de todos los puntos del país y facilita la conexión entre líderes, activistas, federaciones, negociantes, académicos y trabajadores sociales y culturales. La gama de ideologías es asimétrica, pero casi todos quieren avanzar en los derechos de los mexicanos en ambos lados de la frontera, con sus matices muy disímbolos. En el caso del 2006, la coyuntura hizo que todos caminaran con los mismos zapatos.

Líderes del PRI, PAN y PRD en la Plaza Federal, 10 de marzo, 2006

La cara de la unidad familiar en tiempos McCartistas

A fines del 2002, Elvira Arellano, una joven inmigrante michoa-cana, fue detenida con lujo de fuerza en su hogar por el Servicio de Inmigración y Naturalización, ante la mirada de su hijo Saúl Arellano. El motivo de su detención fue su trabajo ya que se dedicaba a la limpieza de aviones en el aeropuerto O 'Hare. Una mujer trabajadora con la aspiración de dar una buena vida a su hijo, vivía en Pilsen como millones de personas indocu-mentadas que pasan inadvertidas trabajando sin hacer daño a nadie. Su arresto, sin embargo, se convirtió en noticia debido a que el gobierno comenzó una cacería de brujas en contra de supuestos "terroristas". Como ella trabajaba en el aeropuerto, las autoridades le imprimieron a su arresto el peligro a la se-guridad nacional.

Esta percepción provocó una respuesta unificada del mo-vimiento por los derechos de los inmigrantes. Convocamos a políticos y organizaciones de tipo legal para involucrarse en el caso. Elvira se convirtió de inmediato en la imagen de la lucha por la unidad familiar y su caso se extendió ampliamente por lo injusto de la apreciación y por la justificación política del gobierno.

Arellano ya había salido en los diarios y ofrecía entrevistas de radio. En una de ellas, estableció contacto con Jorge Ramírez, organizador de Casa Aztlán, a quien le habíamos encomenda-do hablar con Elvira para que participara con el movimiento. Llevamos su caso a la palestra pública. Establecimos contactos con abogados y con la oficina de Luis Gutiérrez para buscar una ley privada y prevenir su deportación, con la esperanza de que una reforma a la ley migratoria le concediera amnistía.

En respuesta a la presión pública, Arellano fue persegui-da y convicta por usar un número de seguro social falso. Así se le cerraba la posibilidad legal de obtener eventualmente su residencia permanente. El hecho de convertirla en criminal le fue restando apoyo de políticos importantes como el senador Durbin. Ante esta nueva situación, se buscó un nuevo nivel de apoyo, involucrando a Elvira con el PRD y acercándola al go-bierno de Michoacán. Por otro lado, la organización Sin Fronteras la fue preparando para convertirla en heroína con pies de barro.

La organización de la marcha prende la mecha

El 28 de diciembre de 2005, Omar López y un grupo de activistas organizaron una protesta frente a la oficina del Congresista del tercer distrito, Dan Lipinski, por haber sido instrumental en la aprobación de la HR4437. Lipinski —demócrata-republicano con un historial reaccionario— se vio confrontado por primera vez por un grupo de latinos. Desafortunadamente, el legislador contó con el apoyo de Luis Gutiérrez, "el congresista de los inmigrantes". Después de las marchas, Jorge Mújica, uno de los principales actores del movimiento de los inmigrantes, sin dinero y con poca organización, retó a Lipinski en una batalla entre David y Goliat en el 2009.

Casa Michoacán, ubicada en el corazón de Pilsen, se convirtió en el centro de organización y resistencia más importante en el 2006. Allí se reunieron todos los actores de la política inmigrante en Chicago alrededor de una agenda votada democráticamente. En el centro del debate se colocó la lucha por la reforma de inmigración integral, debate que tomó distancia del concepto de amnistía general y además se agregaron una serie de demandas que le dieron cohesión a la variada participación de organizadores y activistas. Por primera vez en Chicago, estábamos juntos en una mesa de discusión, encabezando la organización de una marcha que se convirtió en la organización de un movimiento. Al principio era un movimiento de la izquierda, hasta que los sindicatos le dieron un carácter laboral. Las diferentes fuerzas quisieron moverlo al centro e incluso los operadores del partido demócrata lo necesitaban para tener una fuerza anclada en la comunidad latina y decidir su futuro en el Congreso y en la Casa Blanca.

El movimiento por los derechos civiles de los inmigrantes se echó a andar en Chicago de manera masiva. Como lo hiciera el reverendo Martin Luther King, el icono de los derechos civiles de Estados Unidos, las campanas de Dolores Hidalgo y las de Filadelfia llamaron a manifestarse. Martin Luther King, contra toda corriente, marchó en las calles de Chicago, desafiando el racismo, replicándolo en el sur profundo. El movimiento que encabezó King cambió la ruta del país al proclamarse la Ley de Derechos Civiles de 1964.

Claro que el líder sindical César Chávez es más cercano a los mexicanos y a los derechos del inmigrante. Chávez luchó por las reivindicaciones del trabajador agrícola, el más explotado en el país. Dejó una escuela de organización e hizo del boicot el arma fundamental para involucrar a toda la sociedad en la lucha. El Sindicato de Trabajadores Agrícolas ha escrito páginas históricas en la lucha por los derechos de los más desprotegidos. Sin embargo, hay que decir que Chávez también fue presionado por la Casa Hermandad General de Trabajadores para que cambiara su posición sobre el trabajador indocumentado. Se creía que los indocumentados eran rompehuelgas y favorecían el uso de la "migra" contra los trabajadores mexicanos. Humberto "Bert" Corona y los dirigentes de CASA logramos que César le diera la vuelta a ese tema y tomara la posición correcta sin satanizar al indocumentado. Como decíamos en CASA HGT, "Un Daño Contra Uno es un Daño Contra Todos". Chávez es un ícono de la lucha de los campesinos, y en algunos estados se ha declarado el Día de César Chávez. Su lucha atrajo a algunos sectores de la iglesia, a liberales y a la comunidad mexicana para lograr contratos laborales para los trabajadores agrícolas a nivel nacional. La muerte de Chávez dejó el movimiento inconcluso. Hoy en día, las condiciones de los trabajadores agrícolas continúan siendo de explotación.

El 10 de Marzo

Temprano en la mañana, el 10 de marzo se convirtió en el día de la esperanza mientras los manifestantes se iban congregando en el Parque Unión, en Chicago. Pusimos los sueños en nuestros pies y marchamos a la Plaza Federal, centro político del Medio Oeste de Estados Unidos. Nadie anticipaba que presenciáramos a cientos de miles que salían de todas partes. El día del retorno a Aztlán había llegado. Era el día que marchábamos para recuperar nuestra dignidad.

Llamé a Omar López y le pregunté si el asunto de Stroger se había resuelto la noche anterior. La agenda de los políticos ya estaba demasiado cargada y Stroger nunca había sido un amigo de nuestra comunidad. Omar no sabía si se presentaría, pero era claro que no sería un orador en el evento.

La noche del 9 de marzo había tenido lugar una de las discusiones más tensas, al grado de casi dividir y romper la unidad que difícilmente se había logrado para convocar a la marcha. La dirección del movimiento había otorgado demasiadas concesiones a los políticos para hacer uso de la palabra en el mitin: el gobernador Blagojevich, el Alcalde Daley, el Congresista Luis Gutiérrez, entre otros. Aunque el tema se había cerrado, el grupo Sin Fronteras quería incluir al Presidente del Condado de Cook, John Stroger, en el último minuto. Su inexplicable posición generó una agria discusión en la que Elvira Arellano, con lágrimas en los ojos amenazó con retirarse de la mesa, junto a la representación de Sin Fronteras. Se trataba de una rara maniobra para incluir a un político afroamericano del partido demócrata, que "alguien" estaba interesado en posicionar dentro de la comunidad mexicana.

Llegué temprano a la gran tarima en un extremo de la Plaza Federal. Sorprendentemente, estaba rodeada por un grupo de personas mal encaradas que actuaban como seguridad y determinaban quién podía subir al entarimado. Los dirigía Slim Coleman. Aunque él me indicó que yo sí podía subir, tuve la terrible impresión que podría ocurrir una fractura de grandes dimensiones entre las fuerzas se habían unido con un solo propósito. Al poco tiempo llegaron Artemio Arreola, Omar López y otros compañeros. Después de fuertes discusiones, lograron un acuerdo y permitieron subir a todos los líderes e iniciar el programa. Esa conducta generó más diferencias hacia el futuro, en particular porque Sin Fronteras estaba cerca del congresista federal Luis Gutiérrez, interpretándose que buscaba el crédito de la organización de la marcha.

Durante la construcción del programa y la plataforma de unidad de la marcha del 10 de marzo, aparte de condenar la ley Sensenbrenner, se proponía una reforma migratoria comprensiva e integral, en lugar de la demanda de la década de 1980 sobre una amnistía general e incondicional.

El proceso para llegar los acuerdos tuvo su encanto democrático al que los organizadores de Chicago no estaban muy bien acostumbrados, ni las organizaciones comunitarias, ni los clubes o federaciones de oriundos. La práctica fue muy constructiva ya que el micrófono estaba abierto para todos y las ideas fluían. Desde luego es más difícil alcanzar consensos, pero lo importante es que todos pudieron opinar y todos fuimos parte del proceso de discusión y organización. Las cosas comenzaron a suceder transversalmente, dejando de lado la horizontalidad de las decisiones. Ante esa dinámica, la dirección más tradicional no podía comprender cómo un movimiento podía ceder ante otras opiniones, que son diferentes a nuestros deseos e intereses. La transversalidad te enseña a colectivizar la dirección y las decisiones en la construcción de un movimiento. Cuando se pierde la conducción plural, lógicamente se llega a la desarticulación y el movimiento se convierte en una coalición con intereses más definidos y difícil de conciliar. En nuestro caso, fue la falta de una voluntad colectiva la que nos invadió y entonces cada fuerza jaló para su "santo". Aunque se pensaba que teníamos un liderato sólido, no tuvimos la capacidad para conducir el movimiento a puerto seguro.

En realidad el movimiento 10 de Marzo se dividió el 9 de marzo en la noche por intereses ajenos al movimiento y para beneficio de algunos políticos. Los demócratas jinetearon el movimiento hacia sus intereses, no para la causa inmigrante. Tener su apoyo político era positivo, no así que algunos organizadores aparecieran ante ellos como los organizadores de las masas. Eso fue lo que ocurrió. Por ello el movimiento no alcanzó a madurar para cambiar la sinergia antiinmigrante en el país.

Los sindicatos y el boicot

La incorporación del movimiento laboral, al menos los organizadores de los sindicatos del sector de alimentos, como UNITE-HERE, SEIU y LCLAA, creó una nueva expectativa en el movimiento, apoyando con recursos para que el evento fuera un éxito y se conociera la posición de los sindicatos sobre el trabajador indocumentado y la lucha por su legalización. Mújica, Margarita Klein, Laura Garza, Artemio Arreola, Martín Unzueta, todos, o eran sindicalistas o tenían experiencia en el movimiento laboral.

El primer tema que generó una lucha ideológica en la mesa era el planteamiento de llamar a una huelga nacional, que en ese momento se tenían condiciones para hacerlo, o al menos un boicot. Los sindicalistas lógicamente condicionaron su participación a denegar un llamado de esa naturaleza pues contravendría sus contratos colectivos que prohíben organizar huelgas, boicots secundarios o paros.

Ya desde 1996 en la marcha a Washington, Rosario Rabiela había insistido en que era necesario hacer sentir nuestro poder económico para obtener cambios en la política y lograr justicia para nuestra gente. En efecto, todos los negocios de la comunidad mexicana cerraron sus puertas el 10 de marzo para que los trabajadores salieran a marchar. Las fábricas y otros centros de trabajo llevaron a cabo un paro de labores, paralizando el centro de la ciudad. En el caso de Pilsen y La Villita, los empresarios tomaron la delantera parando las actividades para que la gente fuera a la marcha. El comerciante Roberto Garza se involucró fuertemente con el paro, así como las tiendas El Güero, que patrocinaron camiones y botellas de agua para los asistentes. Nunca había visto a los comerciantes de nuestra comunidad ser parte de una causa. Como fuese, Salvador Pedroza de la Cámara de Comercio de la calle 26 y Rigoberto González Mr. G de los comerciantes de Pilsen, se unieron en una fuerza de apoyo para demostrar que esta batalla era de todos.

En el estrado, Omar López llamó a boicotear la cerveza Miller. La comunidad y los negocios arroparon la propuesta rápidamente. El fin de semana la cerveza Miller estaba siendo rechazada en la comunidad mexicana en las calles 18, 26, 47, North Ave. y el Sur Chicago, al punto que el lunes siguiente recibí múltiples llamadas de la cervecería para conocer nuestras demandas y detener el boicot que claramente les estaba afectando. Antes de ir a la mesa teníamos que definir que queríamos de ellos.

Por primera vez vimos como las tácticas de César Chávez funcionaban. Rápida e increíblemente rebasaba las acciones de boicots como la Operación Push, comandados por el Reverendo Jessie Jackson, forzando a grandes empresas a la mesa de negociaciones en Chicago. Acostumbrados a que las huelgas y boicots son de largo alcance, la respuesta de la Miller nos encontró sin preparación para negociar. Nosotros queríamos y queremos cambiar las leyes. Nos incomodaba la posible malinterpretación sobre el objetivo del 10 de marzo, que se pensara que los líderes querían conseguir respaldo económico para las organizaciones e incluso para las personas. Se decidió convocarlos y pedir que publicaran una serie de desplegados en los diarios más importantes del país, tomando la postura del movimiento y aceptando su irresponsabilidad al haber apoyado la campaña de Sensenbrenner con miles de dólares. También se les solicitó contribuir con becas para los jóvenes sin documentos que no tenían acceso a la educación. Finalmente, también auspiciaron una conferencia nacional de coordinación en agosto de 2006 cuando el movimiento todavía era bastante fuerte.

Esta experiencia fue criticada, hecho que no hemos discutido seriamente hasta la fecha. Tampoco se le dio una respuesta al compañero Jesús Vargas, quien reclamó más transparencia sobre algunos gastos que se incurrieron durante el movimiento. Francamente no tengo conocimiento si algo quedó sin explicarse claramente, aunque mi impresión personal es que los asuntos financieros del movimiento fueron transparentes. El problema mayor es que en Chicago no hemos podido articular nuevamente un boicot o una huelga. Por otro lado, los intereses y las leyes a que se someten los sindicatos limitó su alianza con el movimiento, siendo nodal y estratégica para avanzar en la causa de los inmigrantes y en el despertar del pueblo.

"Hoy marchamos, mañana votamos"

Los discursos principales fueron manifestados por el alcalde Richard M. Daley, el Gobernador Rod Blagojevich, el Senador

Dick Durbin, el Congresista Luis Gutiérrez, Carlos Arango, Óscar Chacón, José Luis Gutiérrez, María de Amezcua, Emma Lozano y Omar López.

Juan Salgado —quien representaba a ICIRR, dirigida por Joshua Hoyt— dio un mensaje que determinó la ruta del movimiento inmigrantista en los siguientes días. La consigna "Hoy Marchamos, Mañana votamos" fue coreada por José Luis Gutiérrez de Casa Michoacán y Salvador Pedroza de la Cámara de Comercio de la Calle 26. La consigna direccionó al movimiento hacia el campo electoral en un momento en que los republicanos controlaban el ejecutivo y el Congreso.

Aunque la apreciación política de esta encomienda era correcta, el error fue llevar a un movimiento masivo de derechos civiles hacia una batalla para dar a los demócratas en el Senado, la Cámara Baja y eventualmente, como ocurrió, la Presidencia. Y a cambio de nada para el movimiento pero sí para la operación cívico política de las organizaciones nacionales y locales.

Días más tarde, Joshua Hoyt, Director de la Coalición de Illinois por los Derechos de Inmigrantes y Refugiados, nos informó que asistió solo a una reunión de la cúpula demócrata reunida en Chicago. El hecho fue visto con lupa por el resto de la dirección del movimiento. La noticia se sintió como una cachetada para todos los participantes, quienes quedaron excluidos de la negociación política.

A este hecho le llamamos "el agandalle" de la Coalición de Illinois por los Derechos de Inmigrantes y Refugiados, que a nombre de todos, se sentó con la dirigencia del partido para mercadear la fuerza del movimiento, no sus demandas. Por ello, la consigna "Hoy Marchamos, Mañana Votamos", tomó un significado de gran importancia. Las demandas del movimiento se relegaron para entregarlo en bandeja de plata a los demócratas.

Por otro lado, muchos atribuyeron la enorme convocatoria al Pistolero y a Univisión Radio. Claro que sin su participación no hubiese sido posible tan importante promoción. Sin embargo, no se debe confundir la fuerza de la difusión de los medios con el mensaje organizativo y la movilización que tiene una sinergia propia. Además, los medios ganaron mucho de este esfuerzo. Crearon nuevos *ratings* de audiencia, las corporaciones descubrieron dónde debían anunciarse para llegar al gran mercado hispano y, quizás como nunca, la gente siguió el desarrollo de las noticias que antecedían a la marcha.

La manifestación de Chicago demostró a la nación que "¡Sí se puede!" Y sistemáticamente las marchas se reprodujeron por todo el país en números nunca antes vistos. La gente estaba lista para luchar y salieron pacíficamente a las calles de las ciudades principales sin ningún incidente de violencia pidiendo justicia para los inmigrantes.

La marcha de Chicago rompió el mito de la falta de solidaridad entre el pueblo mexicano, los latinos y las comunidades inmigrantes, que por primera vez tomaron el liderazgo. La comunidad indocumentada se volcó a las calles con sus familias, muchos documentados y ciudadanos. Fue un acto en que los más perseguidos salieron a las calles rompiendo con la apatía y el temor, que a veces se les atribuye.

En mi intervención dejé entrever que estábamos en la antesala de la construcción de un poder latino, inmigrante, étnico, en el albor de una nueva expresión política en la ciudad de Chicago, la raza unida por un movimiento de los derechos civiles. Jacarani Valdés, que en paz descanse, decía que lo que podíamos trasmitir es lo que la gente estaba sintiendo y pensando. Yo creo que eso es lo que la gente sintió y demostró el 10 de marzo de 2006 en Chicago, que al fin podíamos hacerlo por nosotros mismos.

Un grupo de académicos de la Universidad de Illinois condujeron una encuesta sobre la marcha. Sus resultados arrojaron que la mayor participación fue de personas documentadas y ciudadanas. Sin embargo la encuesta real, la de la marcha, mostró que la gente sin documentos salió a las calles, y desde entonces —y posiblemente desde antes— no está en las sombras.

Aunque no se ha dado a conocer el análisis gubernamental, resulta claro que inició una "estrategia antídoto" para dividir y utilizar al movimiento para el cambio político, pero sin

LEGALIZACIÓN PARA TODOS

MARCHA

PRIMERO DE MAYO

POR LOS DERECHOS DE LOS TRABAJADORES MIGRANTES

DEMANDAMOS:
Igualdad de derechos laborales, camino a la ciudadanía, reunificación familiar, igualdad de acceso a la educación y la salud, y un alto a las deportaciones.

PRIMERO DE MAYO
PUNTO DE ENCUENTRO
10:00 a.m.
Parque Unión
(Ashland & Lake)
salida de la marcha
12:00 p.m.

¡LIBERTAD Y JUSTICIA!

CONVOCA

INFORMACIÓN:
(312) 949-6601

Cartel oficial convocando a la marcha del Primero de Mayo

resolver sus demandas: la legalización de los indocumentados y una reforma integral de inmigración.

El nombre de la marcha, "Todos Somos América", fue sesgado en el mensaje que se envió desde los medios a la comunidad y a la clase política. Los inmigrantes reclamaban por primera vez el concepto de ser americanos, es decir, que los verdaderos americanos somos nosotros. Claro que para la mentalidad de los anglosajones y la clase política, consideraron que el reclamo pedía ser parte integral de la nación, pues piensan diferente.

A manera de balance se puede afirmar que la marcha logró el objetivo primario de derrotar la ley Sensenbrenner y el objetivo político de cambiar el Congreso y la presidencia del país. Pero los verdaderos dirigentes e inspiradores del movimiento se quedaron fuera de la mesa de negociaciones, siendo suplantados por las organizaciones nacionales como NALEO y el Concilio Nacional de La Raza entre muchas otras, y por la formación de un movimiento llamado "Somos América", fuente de movilización y contención de la lucha popular.

La desaceleración del movimiento tuvo tres razones fundamentales:

1. Los mismos dirigentes y protagonistas del movimiento fueron reacios a estructurar el movimiento.
2. La columna del Partido Demócrata movió esa fuerza para hacer campañas a su favor en las elecciones legislativas, y así poder, cambiar la correlación de fuerzas entre la Casa Blanca y el Congreso. Dicha fuerza alcanzó para elegir a Barack Obama como el primer presidente afroamericano de la nación con el voto latino, aunque los latinos en las elecciones primarias prefirieron a Hilary Clinton y posteriormente volcaron su voto por Obama, algunos con reservas.
3. El movimiento se replegó y no participó en el período electoral como movimiento organizado. Ya no marcha por las calles y no demanda. Solamente se escucha el mensaje de marchar a las urnas.

Cambio cualitativo: el primero de mayo

El 23 de marzo del 2006 salimos rumbo a Milwaukee con Jorge Mújica y varios compañeros para participar en una marcha bastante exitosa. La gente se manifestó, aun cuando era entre semana. Caminamos varias millas por las avenidas principales y bajo los viaductos las consignas y los gritos tomaron más fuerza. Los sindicatos e iglesias de Wisconsin fueron los principales organizadores de la marcha. La participación fue mayoritariamente latina, familias, jóvenes y trabajadores, en un ambiente festivo y de mucha combatividad.

Los organizadores escogieron un quiosco para realizar el mitin, dar los mensajes y discursos. Jorge Mújica habló a nombre del movimiento 10 de Marzo de Chicago y anunció las movilizaciones en todo el país programadas para el Primero de Mayo o Día Internacional de los Trabajadores. Con la fractura de las fuerzas del movimiento a nivel nacional, otros grupos convocaron a una movilización para el 10 de abril, bajo el manto de Somos América, We Are América. Lógicamente, la propuesta de Mújica galvanizó la protesta ahí mismo en Milwaukee y los sindicalistas del área se sumaron de inmediato a la marcha del Primero de Mayo, convirtiéndose en un llamado nacional.

La aceptación del llamado le dio al movimiento migrante el contenido laboral que le correspondía. La propuesta del 10 de abril carecía de un programa político y por ello su impacto no se sentía entre la gente del movimiento. Era una especie de "acto para sobresalir" sin una alternativa real. El Primero de Mayo cargaba el peso histórico de la fecha y la referencia inminente a los mártires de Chicago que también fueron inmigrantes.

Lo ocurrido con Sin Fronteras el 10 de marzo y el posterior resquebrajamiento político requirió de una "operación cicatriz". Para ello el Congresista Gutiérrez incluso me invitó a conversar en un restaurante en la avenida Ashland pero no asistí. Varios compañeros estaban realmente molestos, entre ellos Héctor Rico. Hablé con Luis por teléfono y le expresé la molestia de algunos líderes por la manera en la que había actuado junto al reverendo Coleman y el Centro Sin Fronteras.

En los días posteriores me invitó a una reunión comunitaria en Truman Collage en la que estuvo presente el senador Durbin y la concejal Helen Schiller, amiga de los inmigrantes desde que editaban la revista *Keep Strong*. Billy Ocasio, concejal del Distrito 26 de Chicago, y yo manejamos la reunión. Posteriormente, el movimiento aceptó recibir al Congresista Luis Gutiérrez en Casa Michoacán, donde se presentó con tremenda gripa y se dirimieron las diferencias. En esa ocasión también me correspondió ser garante de la reunión para evitar que las diferencias rompieran el intento unitario. La reunión fue tranquila y después cada uno definió su camino.

Posteriormente comenzó la organización para el Primero de Mayo con los sindicatos. Al comité 10 de Marzo se unieron los musulmanes, la iglesia católica con un papel más activo, los polacos, árabes, hindúes, paquistaníes y asiáticos. Para evitar el proceso ultra democrático se conformaron comités para todo, incluso para diseñar las camisetas y los moños.

Como la experiencia del 10 de marzo paralizó la ciudad, la policía no permitió que la marcha terminara en Daley Plaza. Nos recorrieron hasta el Grant Park, donde se montó el entarimado y el sonido. Hubo mucho jaloneo provocado por quien lo pagaba con la misma intensión de protagonizar la cara del movimiento.

La marcha fue extraordinaria por su diversidad cultural, gracias a la participación de las distintas comunidades inmigrantes que forman la ciudad de Chicago, el estado de Illinois y este país. Las imágenes y los pronunciamientos de los grupos de inmigrantes mostraron el carácter internacional del Día del Trabajador y que ahora se convertía en el Día del Inmigrante. Todos esos líderes dijeron que el movimiento era conducido por la fuerza de la comunidad latina. De nuevo, no supimos leer el éxito y la victoria tácita que habíamos conseguido. El Primero de Mayo fue un movimiento de aliados inmigrantes como nosotros que no estaban ahí de manera corporativa, eran y son los aliados verdaderos de un movimiento que buscaba obtener justicia para el inmigrante y crear un poder que aún no hemos vislumbrado en el atardecer.

Además, tiene un significado muy importante en el movimiento de izquierda en Chicago. Casa Hermandad General de trabajadores junto al Partido Socialista Puertorriqueño y el Sindicato de Zapateros en 1974, 1975 y 1976, organizaron la conmemoración del Primero de Mayo en la calle Dieciocho. Se partió de la calle Halsted y se llegó al Parque Zapata localizado entre las calles Dieciocho y Wood. De esta manera se recuperaba y homenajeaba la efeméride de los mártires de Chicago de 1886. Esta celebración, entre cuyos organizadores estaba Jack Spigel, Rudy Lozano, Meca Sorrentini y el que esto escribe, procalamaron las consignas de "Alto a las Deportaciones", "Independencia de Puerto Rico" y "Seis Horas de Trabajo por Ocho Horas de Pago".

El movimiento del Primero de Mayo se multiplicó en Los Ángeles, en Seattle —con el amigo Juan José Bocanegra— y en otras entidades de Estados Unidos. El Primero de Mayo se reapropia como una fecha que festeja el movimiento de los inmigrantes y, a la vez, continúa recordando a quienes ofrendaron sus vidas por la justicia laboral en el caso de Haymarket. Cabe recordar que la mayoría de los trabajadores que participaron en ese entonces eran extranjeros. Hoy, este baluarte se ha recuperado por el movimiento de los derechos laborales de los inmigrantes sin documentos y para los trabajadores en general.

No sé a quién se le ocurrió que los oradores hablaran por sector en lugar de ser intercalados. Ese Primero de Mayo subieron todos los curas para representar al clero, todos los sindicatos para representar a los sindicalistas, los líderes latinos, seguidos de los grupos de otras etnias inmigrantes y los políticos. Estaban muy segmentados y el mensaje otra vez quedaba a la deriva. Jorge Mújica, uno de los oradores de la comunidad, dijo unas palabras que los medios utilizaron frecuentemente en días posteriores: "Si quieren que tengamos papeles, que nos den papeles".

La idea del Primero de Mayo era reforzar el concepto de los mártires de Chicago de 1886, que renacían en el 2006 con la lucha de los trabajadores inmigrantes para obtener sus derechos plenos, mediante la legalización de 12 millones de indocumentados y el ejercicio de todos sus derechos laborales, civiles y humanos.

La marcha del Primero de Mayo comenzó en el parque Washington, donde los Teamsters habían estacionado un camión con plataforma. El entonces senador de Illinois, Barack Obama, muy "apenitas" se decidió asistir al evento porque como buen político, tenía otros compromisos. Ahí se comprometió con la multitud que llegaba desde distintos puntos de la ciudad y prometió trabajar para una reforma migratoria. Recordando el pasado, del discurso sobre inmigración del 2006 al discurso actual de Obama hay cambios bastante significativos. En esa tribuna estaba el que se convertiría en el próximo Presidente de Estados Unidos y por desgracia no cumplió su palabra. Como presidente, se convirtió en el verdugo que implementa una ley de inmigración fragmentada y fracasada.

En una fecha posterior, Obama concedió una reunión exprés en el aeropuerto O'Hare. Guillermo Gómez asistió con otros compañeros a este encuentro en que el Senador se mostró menos receptivo. Gómez comenta que Obama simplemente trataba de convencer a sus amigos de la Coalición por los Derechos de Inmigrantes y Refugiados, indicando que estaba con ellos. Incluso Obama le mencionó a su Director, Joshua Hoyt, que podía llamar a su celular libremente sin tener que cuestionarlo en los medios de comunicación. Obama se volvió a comprometer con el tema de la reforma migratoria, que no era ni es lo suyo, pero que la realidad del momento le imponía como representante de Illinois.

Muro de la ignominia
El 29 de septiembre de 2006, el 109 Congreso aprobó la ley conocida como el muro de seguridad, que firmó el Presidente George W. Bush siguiendo la embestida antiinmigrante desatada por la administración y liderada por los sectores más conservadores del Congreso. Lo singular de este caso es que nuestro propio senador del estado de Illinois, Barack Obama, votó a favor de la medida, lo que generó protestas y condenas contra su persona.

Carmen Velázquez, de la Clínica Alivio, se negó a darle la mano en una reunión en el Instituto del Progreso Latino por su voto antimexicano. Velázquez, junto con líderes del Frente Unido de Inmigrantes y líderes del movimiento 10 de Marzo, condujimos una conferencia de prensa para condenar el voto del senador demócrata. Lo consideramos en su momento, y hoy todavía lo hacemos, como una afrenta a la comunidad mexicana y al país con el que Estados Unidos comparte dos mil millas de frontera. El pánico xenofóbico del gobierno estadounidense decidió construir el muro de la ignominia, creando así su propio apartheid estadounidense.

Ante la crítica, el senador envió a uno de sus mejores operadores progresistas, y a otro que no lo era, para explicarme su postura. Aunque no pudieron convencerme, acordamos seguir adelante para que Obama buscara la reforma migratoria integral. Como es costumbre, sin tomarnos en consideración y ni siquiera invitarnos formalmente, convocaron a otra reunión en el Instituto del Progreso Latino a la que asistió el senador. Desde luego esta reunión era para los dirigentes más de centro que no le iban a dar un pase fácil. El senador no esperaba la reacción de Carmen Velázquez, un símbolo de trabajo y lucha de los mexicanos en Chicago, y desde luego la airada protesta de Jorge Mújica que sí se presentó a la reunión.

Para muchos, ahí se definió nuestra relación con el senador, distante y falta de confianza. Evaluamos que carecía de conocimiento sobre los inmigrantes, no conocía a México y no entendía a América Latina. Nos pareció realmente lamentable que una persona de color que podría ser un aliado, no correspondiera con la necesidad de construir la alianza negro-latina en una ciudad cuyo potencial es clave para las victorias progresistas de las comunidades que hasta ahora han vivido marginadas por el racismo y la discriminación.

El año cerró con una contundente victoria de los demócratas en el Senado y la Cámara de Representantes, lo que avizoraba un cambio en el país. El cambio de partido en el Congreso se debió en gran parte a la energía que creó el movimiento de los inmigrantes, haciendo que el voto latino fuera crucial para cambiar la correlación de fuerzas en la nación. Nunca antes a nivel nacional, el latino-mexicano había definido el balance de poder. El voto de los latino-mexicanos se convirtió en algo muy preciado, dio la batuta a los demócratas para cambiar la situación tan deprimente que se vivió en los años de Bush. La candidatura a la presidencia se decidiría entre Barack Obama y Hilary Clinton, aunque ninguno se caracterizaba por ser amigo de los inmigrantes, pero era más posible que la esposa del ex presidente tuviera cierta cercanía y conocimiento del tema.

Con motivo de las elecciones primarias en 2008, la Organización Política Mexica criticó severamente a Obama por su falta de sensibilidad en los temas de la comunidad latina y su "prudente distancia" en las movilizaciones del 2006 y su reticencia en 2007, que como ya comentamos anteriormente, asistió más por compromiso que por convicción.

La Organización Política Mexica, encabezada por Guillermo Gómez, señaló en una carta abierta que Obama no podría contar con el voto mexicano en Illinois debido a su terrible récord en el Senado. Y señaló como Obama votó a favor del control operacional de la Frontera con México; del aumento de agentes de la patrulla fronteriza; de muros, barreras, más vehículos, radares y control aéreo para aumentar la capacidad para detener personas cruzando la frontera sin documentación; por la implementación de la verificación electrónica para impedir el empleo a personas no autorizadas, provocando un incremento en la discriminación; y por la creación de la Visa Z que forzarían la salida de personas indocumentadas antes de obtener un remedio migratorio.

Estas posturas hicieron que el grupo que Obama no tomara por hecho el voto de los mexicanos. Y acertaron, la comunidad mexicana apoyó a Clinton.

Una vez nombrado candidato, el senador Obama creó una nueva energía y se comprometió con una reforma migratoria para lograr el voto latino-mexicano, definitorio en la elección del 2008. La gente le creyó que en los primeros 100 días de su mandato propondría una reforma migratoria.

El retroceso

El 22 de marzo de 2007, el Congresista Luis Gutiérrez, demócrata de Illinois y Jeff Flake, republicano de Arizona, presentaron la propuesta migratoria conocida como Strive Act. Era una
ley de seguridad nacional con un componente de legalización
que daba la salida a los inmigrantes para obtener la residencia
permanente.

Esta propuesta punitiva para la inmigración indocumentada creó un debate que polarizó al movimiento pro inmigrante. Como consecuencia, una nueva y mayor fractura separó al
movimiento en los que apoyaban a la Gutiérrez-Flake y los que
la rechazaban. Muchos que se habían mantenido en el lado iz-
quierdo brincaron al otro extremo, con lo que se debilitó más
aun el movimiento.

Gutiérrez corrió con esta propuesta porque el presidente
Bush le había asegurado que pasarían esta legislación y finalmente sería el triunfador del tema migratorio. Para su desgracia, los republicanos no tenían la intención de apoyar al
representante de Arizona y el ruido que creó la oposición a
Gutiérrez dentro de su propio campo no le permitió lograr su
objetivo, pero sí debilitó al movimiento.

Esta propuesta dio paso a una lucha interna que fue la
última división en el seno del movimiento, desarticulando la
importante fuerza que se había constituido de manera independiente en 2006.

Los que apoyaban la Strive tomaron el lado de los demócratas, supuestamente más liberales. Al fin del día, nos dejaron
en las calles con las demandas y atrasaron la lucha social de la
comunidad. Desde entonces, aunque el congresista es famoso
en todo el país por abogar por los inmigrantes, caso por caso
o en el discurso, existe un distanciamiento con la política de
cambio. Hasta ahora no ha existido un candidato fuerte que lo
pueda retar. Omar López del Partido Verde lo hizo en 2008, res-
pondiéndole que el tema de inmigración es un asunto laboral y
no de seguridad nacional como lo presentó con el Strive Act.

El movimiento de Gutiérrez no vino solo, trajo consigo la
formación de la Organización Reforma de la Inmigración por

América (RIFA), que se constituyó en Washington D. C. Asistimos al evento el que escribe de Casa Aztlán e Isabel Beltrán del frente Unido de Inmigrantes. En los tres días de reunión confirmamos la presencia de los demócratas, quienes dieron recursos para la conferencia, creando un organismo que encauzara todo lo ganado en el movimiento del 2006. Plantearon una agenda reformista, controlada por la agenda del Partido Demócrata, que pudiera ser utilizada para la elección intermedia. Así los demócratas podrían mantener ambas Cámaras sin hacer la reforma migratoria que el presidente había prometido en 2008. Estuvieron presentes los sindicatos más fuertes del país y todas las organizaciones nacionales y locales que organizan o trabajan con migrantes. La cara del equipo de Obama, Cecilia Muñoz, se presentó ante el movimiento cuya máscara se cayó cuando defendió vehementemente las comunidades seguras en el genial reportaje que presentara María Hinojosa en 2011. En esa reunión también participaron los que habían estado generando redes a través del Instituto de los Mexicanos en Exterior, quienes consiguieron como 100 mil dólares del RIFA para organizar la Coalición México Americana de la Reforma Migratoria. El liderazgo de RIFA quedó en manos de quienes en otro tiempo se les llamamos "padrotes de la pobreza", y que ahora les llamaremos "padrotes migrantes".

A continuación incluyo los principios de unidad de RIFA que representa lo mismo que Gutiérrez había esbozado en el Strive Act.

Principios de Una Reforma Migratoria
Rich Stolz, Director de la Campaña

A medida que el gobierno y el Congreso se preparan para empezar a debatir la reforma migratoria, instamos a los legisladores a que se guíen por los siguientes principios:

La reforma migratoria debe fomentar las oportunidades económicas. Debemos renovar nuestro compromiso de ayudar a los estadounidenses de bajos ingresos a mejorar su futuro laboral y ascender en la escalera económica hacia el cumplimiento del Sueño Americano. Aquellos que se oponen a la reforma tratan de enfrentar las necesidades de los trabajadores nacionales con las de los trabajadores inmigrantes. Sin embargo, la reforma que nosotros defendemos funcionaría como la marea que cuando sube, hace que todos los barcos floten sobre el agua.

Una reforma en la que inmigrantes y ciudadanos trabajen hombro con hombro, con las mismas protecciones laborales, acceso a programas y servicios, al debido proceso de ley, un sistema que funcione para ellos y sus familias. Esta es nuestra visión de un Estados Unidos más fuerte.

La reforma migratoria debe ser integral. Una reforma de inmigración integral haría que nuestra nación vuelva a ser una nación de inmigrantes y de leyes. A menos que reformemos de manera amplia nuestro dañado sistema migratorio, no podremos resolver el problema actual.

Entre los componentes necesarios de la reforma están: (1) mejorar la situación económica de todos los trabajadores en Estados Unidos; (2) legalizar la situación migratoria de los inmigrantes indocumentados que trabajan y viven en Estados Unidos; (3) reformar los programas de visados para mantener la unidad familiar, proteger los derechos de los trabajadores, y garantizar que la inmigración futura esté regulada y controlada, y que no sea ilegal y caótica; (4) implementar medidas de seguridad que sean inteligentes y efectivas dirigidas a luchar contra los peores infractores de las leyes de inmigración y laborales; (5) dar prioridad a la integración de los inmigrantes en nuestras comunidades y en nuestro país; y (6) respetar los derechos del debido proceso para todos en Estados Unidos.

Una reforma a largo plazo necesita soluciones a largo plazo. Los factores que determinan las tendencias migratorias no son sólo nacionales, sino que el problema trasciende más allá de nuestras fronteras. Por lo tanto, es importarte analizar cómo abordamos nuestras relaciones con otras naciones. Debemos ocuparnos del aspecto interno de este problema y eventualmente, trabajar con otros países para desarrollar estrategias a largo plazo que mejoren las condiciones económicas en las regiones de donde provienen muchos de los inmigrantes económicos. Emplear un enfoque responsable en este sentido, junto con iniciativas concentradas en mejorar las destrezas y oportunidades de nuestra fuerza laboral nacional, mejorará la situación económica de todas nuestras comunidades.

Un paquete de reformas que funcione para todas las comunidades y las familias en Estados Unidos debe incluir lo siguiente:

Un enfoque racional y humanitario para la población indocumentada. Debemos atender a los más de 12 millones de inmigrantes indocumentados que viven en este país y crear un riguroso proceso de registro que conduzca hacia la legalización, la residencia permanente y eventualmente, la ciudadanía. Es necesario hacer un censo de los inmigrantes indocumentados que trabajan y viven en Estados Unidos mediante un programa de registro que incluya aceptar razonablemente que se verifiquen antecedentes, el pago de una multa apropiada, pagar impuestos y estudiar inglés. A los inmigrantes indocumentados que cumplan con esos requisitos se les debe permitir iniciar el proceso de legalización y residencia permanente que conduzca finalmente a la ciudadanía.

Proteger a trabajadores estadounidenses e inmigrantes. La reforma de inmigración es un componente más de la lucha por obtener verdadera seguridad económica, contribuyendo así a una agenda compartida de prosperidad que mantenga y mejore los salarios y las condiciones laborales en Estados Unidos y otros países. Específicamente, debemos proteger el derecho de todos los trabajadores a organizarse y negociar de manera colectiva, proporcionar seguridad y salud laboral, así como proteger a todos los trabajadores de la discriminación independientemente de dónde nacieron. Esto garantizará que las políticas de inmigración no reduzcan los salarios y empeoren las condiciones laborales, o que creen incentivos para que los empleadores inescrupulosos actúen fuera del sistema legal. Asimismo, todo sistema de verificación laboral deberá determinar de manera precisa y eficiente si los trabajadores disponen de permiso de trabajo, al tiempo que se protege a los empleados y a los empleadores que obran de buena fe. El sistema debe minimizar los problemas en el lugar de trabajo, evitar la discriminación e incluir suficientes medidas de protección a la privacidad y que garanticen el debido proceso.

Es necesario adjudicar suficientes visados para así cerrar los canales ilegales de inmigración. Una de las grandes fallas de nuestro sistema actual es que el Congreso determina de manera arbitraria el nivel de inmigración legal como resultado de un acuerdo político, independientemente de las verdaderas necesidades del mercado laboral. Esta falla ha contribuido a que se desarrolle un mercado laboral en Estados Unidos que no está regulado pero sí altamente integrado en el sistema laboral del país. Los canales de inmigración ilegales resultantes han creado una economía clandestina que permite que los empleadores sin escrúpulos manipulen el sistema en detrimento de los trabajadores y empleadores serios. Para poder cerrar estos canales de inmigración ilegal, deberá despolitizarse la adjudicación de visados de trabajo y ponerse en manos de una comisión independiente que pueda evaluar la escasez de mano de obra y determinar el número y las características de trabajadores extranjeros que habrán de admitirse con autorización del Congreso.

Mejorar la seguridad y protección de nuestra nación. Es necesario contar con una estrategia de seguridad sensata para garantizar la seguridad en el país, proteger el debido proceso y los derechos humanos, hacer un uso más eficiente de las herramientas y políticas públicas disponibles, y ser responsable desde el punto de vista fiscal. Tal estrategia daría prioridad a las medidas policiales y judiciales necesarias que aborden las verdaderas amenazas, como procesar y expulsar a individuos violentos que supongan una amenaza a la seguridad pública; emprender procesos legales contra empleadores sin escrúpulos que exploten a los trabajadores vulnerables para mejorar su ventaja competitiva; poner fin al tráfico y contrabando de drogas que se beneficia de la explotación humana; y evitar que quienes pretenden dañar al país puedan aprovecharse del sistema de inmigración. Sin embargo, esta estrategia debe incluir medidas que garanticen el respeto a los derechos civiles y las leyes laborales. Aunque detener a una persona puede ser algo necesario en algunos casos, debe usarse como último recurso y tanto el Congreso como el gobierno, deben garantizar que se respete la seguridad y el bienestar de todos los detenidos y que reciban un trato humano exigiendo la creación y el cumplimiento de normas de detención. Una estrategia de inmigración eficaz y sensata no debería incluir el uso constante de la policía local para implementar las leyes federales de inmigración, ni redadas indiscriminadas en lugares de trabajo y vecindarios, ni políticas de detenciones colectivas.

Establecer una política fronteriza estratégica que refleje los valores estadounidenses. La mejor manera de garantizar que nuestras políticas fronterizas protejan nuestra seguridad nacional es mediante una estrategia en la frontera que conceda prioridad a la seguridad y la protección de las comunidades fronterizas y que al mismo tiempo las consulte a lo largo del proceso. Debemos crear soluciones integrales para la frontera que logren un equilibrio entre el cumplimiento de la ley, el desarrollo económico, y los derechos humanos y civiles. El cumplimiento de la ley en la frontera requiere de mecanismos claros de responsabilidad, como una Comisión de Revisión del Cumplimiento de la Ley en la Frontera que garantice que se protejan los derechos de los residentes e inmigrantes fronterizos, y que las medidas para garantizar el cumplimiento de la ley sean fiscalmente responsables.

Mantener unidas a las familias estadounidenses. Se deben reformar nuestros anticuados canales de inmigración que han mantenido separadas a las familias durante decenios, y restablecer nuestra promesa de fomentar la unidad familiar. Se debería acelerar el proceso de aquellos que están atrapados en interminables listas de espera, y quienes ya han conseguido un visado de trabajo, deberían poder mantener intacto su núcleo familiar.

Fomentar la integración de los inmigrantes. El gobierno federal debe ayudar a los nuevos inmigrantes a aprender nuestro idioma y nuestras leyes, garantizar igualdad de oportunida-

El logotipo oficial del Movimiento 10 de Marzo, el M10M

des para que participen en programas y servicios, y apoyar los esfuerzos de los gobiernos locales y estatales por ayudar a la integración de estos nuevos estadounidenses. La constante reducción de fondos para cursos de inglés y educación cívica desacredita la importante meta de integración de los inmigrantes.

Proteger los derechos fundamentales de todos. La Constitución garantiza el debido proceso para todas las personas en este país. No obstante, nuestro gobierno no ha cumplido con esa garantía en su trato a los inmigrantes. El Congreso debe restablecer las libertades civiles básicas de todo individuo en este país y renovar nuestro compromiso con los valores estadounidenses fundamentales de equidad y justicia".

Desde la otra ala del movimiento, forzando el debate

El 14 de marzo de 2009 se creía que la reforma migratoria era una posibilidad y que había que luchar contra muchos muros por una estrategia que no volviera un crimen la inmigración indocumentada, no solamente contra los extremistas de la derecha. Organizamos un comité redactor desde el Frente Unido de Inmigrantes, que incluyó a Ramiro Borja, Amanda Cortés, Guillermo Gómez, Óscar Téllez, Antonio Zavala, Bernardino Echeverría, y yo, para elaborar una propuesta de Reforma Migratoria que difundimos ampliamente en el país y durante la misma formación de RIFA.

A continuación incluyo el texto, para ir marcando las posiciones que se debieron privilegiar en el movimiento 10 de Marzo; un movimiento surgido de la base y con una orientación progresista y reivindicadora de los derechos plenos de los inmigrantes.

Propuesta de ley del Frente Unido de Inmigrantes (FUI) para una reforma migratoria

Exposición de motivos

Nunca en la historia de Estados Unidos los inmigrantes han estado bajo un ataque constante y despiadado por nuestro gobierno con el apoyo de grupos nativistas y excluyentes que buscan impedir el sueño americano a los nuevos inmigrantes. Los ataques cotidianos a los que han llegado sin papeles, continúan el mismo patrón impuesto por viejas fuerzas exclusivistas que se han pronunciado en contra de que cierta gente entre al país. La historia nos ha enseñado que estas acciones son códigos añejos para no admitir a inmigrantes, que no son de la misma cultura y raza que la mayoría de la población ya establecida.

Al nombrar a estas personas como "extranjeros ilegales", el gobierno y aquellos que lo repiten, quieren justificar el acoso continúo de los inmigrantes indocumentados por medio de redadas y deportaciones masivas por el Departamento de Seguridad Interna (DHS). En palabras simples, quieren deportar a cualquiera que no está en el país con permiso para ello. Estos "nuevos inmigrantes" que han venido a nuestro país en busca de una vida mejor, han arriesgado su vida, su salud y su integridad física al venir aquí y enfrentar cargos criminales a nivel federal o estatal.

Estados Unidos se proclama un país de inmigrantes pero muestra poco interés en aceptar la llegada de nuevos inmigrantes porque son forzados para entrar ilegalmente, ya que es nula posibilidad de llegar con documentos de entrada a Estados Unidos. No hay nada en la actitud de nuestro gobierno y de los grupos supremacistas, antiinmigrantes que lo apoyan. Esta ha sido la misma respuesta con la llegada de cada nueva ola de inmigrantes que ha buscado entrar al país. Esta situación ha estado en vigor desde la aprobación de la ley de inmigración de 1986, que puso medidas estrictas para entrar a Estados Unidos de otros países, luego se hizo más restrictiva en 1996 que aprobó la administración de Bill Clinton.

Estados Unidos ha aceptado de manera ambigua el arribo de personas indocumentadas, en particular de México y Centroamérica. Por décadas se ha sabido, que empresarios podrían contratar trabajadores indocumentados y seguir operando como de costumbre sin el temor real de una interferencia del gobierno. Hoy, después del ataque terrorista del 11 de septiembre del 2001, nuestro gobierno sigue el camino cómodo de perseguir a indocumentados para menguar la frustración pública de los fracasos aventureros bélicos que han conducido a los desastres de Irak y Afganistán. Esto ha sido bajo el pretexto de proteger nuestras fronteras de un nuevo ataque terrorista.

El FUI se contrapone a la agresión de los nativistas sobre los indocumentados, hace una propuesta que aboga por una reforma migratoria justa y necesaria que trate de una manera humanitaria, una iniciativa que establezca una ruta válida hacia la regularización del estado migratorio para aquellos que viven en Estados Unidos sin documentación legal.

La prisa por tratar a los indocumentados como criminales y terroristas es errónea. Aquellas personas han venido a este país en busca de una vida mejor como lo han hecho otros inmigrantes que los han precedido. A medida que corre el tiempo y de acuerdo al clima político de cambio que estamos viviendo, legisladores de ambos partidos reconocen que ha llegado el momento de legislar adecuadamente el inoperante sistema migratorio. De incorporar a la masa trabajadora (que sin documentación legal para trabajar) contribuye enormemente a la prosperidad de la nación pagando impuestos, obteniendo bienes y consumiendo servicios, llenando huecos laborales que permiten que el engranaje económico se mueva sin interrupción.

Es tiempo de dar legitimidad social a los trabajadores, que según cifras de DHS, entre 11.6 y 12 millones viven y trabajan sin la documentación necesaria. Es tiempo de invertir en el sector humano. Según la Oficina del Presupuesto del Congreso (con cifras de 2007), se necesitan alrededor de 23 mil millones de dólares para financiar la reforma migratoria. Cantidad que es recuperable en el corto plazo porque los beneficiarios de la misma aportarían alrededor de 50 mil millones de dólares a las arcas del país en términos de cuotas por formularios, multas e impuestos. Sobra decir que millones de estos trabajadores seguirían impulsando la economía comprando casas, muebles y aparatos eléctricos, autos, seguros para casa y auto, viajarían más dentro y fuera del país; en suma, gastarían más. Desde el punto de vista económico, esto es una buena decisión, definitivamente se revitalizaría la economía doméstica porque los dólares en lugar de estar guardados, saldrían de los bolsillos para impulsar una economía que necesita más estímulos. No hay duda que los inmigrantes somos parte de la solución y no será la primera vez que los inmigrantes hagamos nuestra parte para sacar adelante a esta nación. Estos son los cambios en política migratoria que proponemos:

A. Unidad familiar e inmigración a través del empleo.
Aumentar el número de visas para los países cuyos solicitantes forman el grupo más grande para emigrar a Estados Unidos. Será dada prioridad a aquellos que tienen familiares inmediatos y que son ciudadanos productivos de Estados Unidos.

Las personas con ingresos bajos deberán tener acceso a tarifas bajas basadas en el tamaño de la familia. La inmigración no deberá estar basada en el poder de compra de la persona. En lugar de favorecer la entrada de personas con ingresos altos, se deberán proveer incentivos para personas con logros personales, educacionales y comunitarios que quieran ser parte activa del sueño americano.

Los ciudadanos estadounidense y residentes legales permanentes, deberán ser capaces de patrocinar a familiares inmediatos que buscan emigrar a Estados Unidos por un plazo de 8 años o hasta que sus beneficiarios se conviertan en ciudadanos estadounidenses.

Los solicitantes para la residencia, que comprueben que han sido desplazados por efectos del TLC, tendrán prioridad para ser admitidos en Estados Unidos.

B. Promover la petición para la ciudadanía
Hacer el proceso de ciudadanía actual más eficiente y en un plazo razonable. Necesitamos un proceso de ciudadanía que asegure que este proceso dure menos de seis (6) meses, que sea transparente y que pueda ser rastreado por el solicitante. Que su costo sea un incentivo y no una resistencia. Los solicitantes para ciudadanía deben ser considerados como una contribución al país.

Proveer incentivos razonables para facilitar solicitudes a

grupos familiares. Un país que por tradición favorece los valores familiares, debe dar la bienvenida a nuevos ciudadanos no solo de manera individual sino como unidad familiar productiva.

La fuerza de trabajo necesita una categoría laboral de interés general, que debe ser apoyada nacionalmente a través de programas educativos para ciudadanos de Estados Unidos y no motivar a nacionales de otros países para inmigrar a este país, con la excepción de personas que posean habilidades necesarias pero no disponibles en Estados Unidos y que emigran con el propósito expreso de enseñar tales destrezas a ciudadanos estadounidenses.

C. Regularización migratoria

Se estima que hay aproximadamente más de doce millones de personas indocumentadas viviendo en Estados Unidos. El FUI considera que esto es una situación inaceptable para todos los involucrados.

Debe haber una ruta clara hacia la ciudadanía para las personas que han vivido y trabajado en Estados Unidos por más de dos (2) años.

Descriminalizar, y por ende, despenalizar el hecho de ser indocumentado. En la actualidad esta circunstancia ha traído como resultado la deportación y para muchos de ellos, una prohibición permanente para regresar a este país. El hecho es que se culpa a personas que son las menos responsables de una situación que ha perdurado por mucho tiempo. Ante esto, resaltamos nuestra conciencia patriota y proclamamos con orgullo que solo aplicamos la ley y por lo mismo, permitimos la injusticia sobre los más débiles y les imputamos toda la culpabilidad.

Por varias décadas, los fiscales han aumentado las condenas al presionar a indocumentados a declararse culpables de violaciones leves a la ley y los han dejado sin defensa legal. Estos indocumentados que enfrentan un proceso de deportación después de haber sido encarcelados y de haber cumplido su condena, han optado por ceder ante esa presión por ser la única vía para regresar pronto a su país con su familia, de quien son su único sostén económico. Estas situaciones son injustas (por decir lo menos) y en los peores casos son aplicaciones draconianas de la ley. Una justicia real es alcanzada solo cuando es atemperada por la razón, sobre todo en el caso de infracciones leves o cuando se trata de crímenes no graves.

Las personas que son deportadas por violaciones a la ley de inmigración, a menudo son forzadas a regresar a Estados Unidos porque no pueden sobrevivir económicamente en sus propios países y se arriesgan nuevamente a otro cruce ilegal en la frontera. Al tratar a estas personas como criminales de una felonía agravada, se empeora su situación y se ocasionan gastos por su encarcelación. Lo mismo ocurre con aquellos que reingresan de forma ilegal porque su familia depende de ellos para su manutención.

Son numerosos los casos en donde algunos miembros de las familias pueden emigrar y otros miembros no lo logran porque al rebasar los 21 años se hacen inelegibles, trayendo como consecuencia la separación familiar. La vida en situación precaria y sin apoyo emocional familiar, provoca futuros reingresos a través de la frontera. Este es UN ilógico e innecesario despilfarro de recursos.

El reclamo infundado de los nativistas es que los indocumentados tienen que hacer línea para esperar turno, y la demanda de deportar a todos los indocumentados y que además paguen una multa en la espera de que ocurra una legalización, falla rotundamente al no tomar en cuenta la espera actual es de 20 años para obtener una visa familiar e ingresar a Estados Unidos.

El histórico viaje de una semana en barco a Ellis Island ahora parece idílico. Cada año, cientos de personas mueren en nuestros desiertos del noroeste para llegar a nuestro país. Estas muertes representan lo que tenemos que pagar y lo que tenemos que asumir por nuestra fracasada política migratoria.

D. Medidas para corregir la situación actual
En lugar de la deportación de personas indocumentadas a gran escala, el FUI recomienda otras alternativas a la deportación y a las penalidades.

Las personas que nunca han cometido crimen alguno, deberán tener opciones meritorias en lugar de penalidades por un reingreso ilegal, por ejemplo:

- Servicio comunitario.
- Clases para adultos de inglés o de GED.
- El estar casado y ser el sostén de su familia.
- Tener responsabilidades económicas como una hipoteca o un historial de crédito bueno.
- Tener hijos con buen desempeño escolar en educación básica, secundaria y/o superior.
- Récord de pertenencia a alguna organización cívica o comunitaria
- Tener un hijo o hija en las fuerzas armadas o guardia nacional.
- El hecho de haber entrado sin documentos, podría incluir un período probatorio hasta que el estatus legal sea aprobado.
- Cumplir un término máximo de cinco (5) años o menor si así lo determina un juez de inmigración de acuerdo al caso individual.
- Cumplir este período sin haber cometido ningún crimen. De lo contrario no se beneficiaría de este lapso en caso de que decida convertirse en ciudadano estadounidense.
- Después de haber cumplido el período probatorio o las penas alternativas y de haber logrado la residencia permanente, no debe existir ningún impedimento para convertirse en ciudadano.
- El hecho de estar sirviendo en las fuerzas armadas o la guardia nacional, debe ser evidencia suficiente de que los miembros del familiar inmediato, son personas de buen carácter moral. La deportación de un menor de 18 años de edad indocumentado, debe ser evitada si tal acción resultara en la indigencia del menor en su país de origen por separársele de su familiar inmediato que vive en Estados Unidos.

- A estos menores se les deberá dar la oportunidad de permanecer en Estados Unidos bajo la supervisión de una corte, hasta que alcancen la mayoría de edad y ser otorgados la residencia permanente legal, siempre y cuando no sean convictos de algún crimen.
- Sólo deberá ser considerada la deportación de una persona que ha cometido un crimen grave y debe servir un término de prisión después de haber sido condenada. Debe ser reglamentado, que estas personas cumplan su condena en su país de origen y en caso de no ser aceptada la repatriación por el país de procedencia, la condena debe cumplirse en Estados Unidos.
- Las violaciones de tránsito como manejar sin licencia, no debe ser considerado porque los indocumentados no tienen un número de seguro social para tramitar la licencia de manejo. Convicciones habituales por manejo bajo la influencia del alcohol, no entran en estas excepciones.

E. Trabajos Temporales

Muchas personas de otros países están interesadas en hallar trabajo temporal u ocasional en Estados Unidos sin la necesidad de establecerse permanentemente. Estos trabajadores pueden proporcionar un servicio valioso a la economía del país, en sectores donde se dificulta encontrar trabajadores para este tipo de trabajo. Históricamente quienes hacen este trabajo ocasional, con frecuencia son abusados y maltratados. Para corregir esta situación, los trabajadores primero deberán estar protegidos de los patrones inescrupulosos. El FUI busca que se asegure un trato humano y justo, que estos trabajadores tengan acceso a:

- Protección laboral federal y estatal y, que sean incluidos sus derechos en dichos ordenamientos.

- Que se establezcan las reformas laborales necesarias de seguridad y condiciones de vida decorosas.
- Membrecía sindical y protección apropiada.

F. Enmiendas necesarias al Acta de Inmigración y Naturalización (INA) actual

Un programa de legalización integral para los trabajadores indocumentados que se encuentran en el país a la fecha en que entre en vigor la ley de regularización o a la fecha en que se someta al Congreso.

- Desechar la penalidad de los 3 o 10 años que impiden a los inmigrantes legalizar su estatus.
- Restaurar la provisión 245 (i), que permite el ajuste de estatus en Estados Unidos a los familiares inmediatos de ciudadanos estadounidenses, o a través de empleo en Estados Unidos.
- Establecer tarifas bajas para el procesamiento de la solicitud.
- Procesar las solicitudes en menos de dos (2) años a partir de la fecha de recepción por el DHS.
- Los solicitantes deberán ajustar su estatus en Estados Unidos y deberán ser elegibles para solicitar ciudadanía después de cinco (5) años de su residencia permanente.
- Reducir el índice de pobreza federal de las "cartas" (afidávit) de sostenimiento de 125% a 100%.
- Otorgar residencia permanente legal a centroamericanos y otros refugiados (nicaragüenses, haitianos, etc.).
- Eliminar las provisiones que quitan jurisdicción contenidas en la IRCA de 1996.
- Eliminar las sanciones a los patrones ("Employer Sanctions").

G. Enmendar los siguientes artículos:

- Para prohibir la discriminación: 274 B (a) (1).
- Enmendar la definición de "individuo protegido": 274 B (2), (3).
- Extender el período para someter una queja de 180 días a dos (2) años: 274 B (d).
- Hacer disponible la paga debida como remedio: 274 (g) (2) (B)

Omar López y Jorge Mújica, marchando el Primero de Mayo, 2006

Además:

- Permitir que los trabajadores no tengan que probar la "intencionalidad" de discriminar de sus empleadores.
- Aumentar las penas a los patrones que violan la ley.
- Asegurar que todos los trabajadores tengan el derecho a organizarse y negociar contratos colectivos de trabajo.
- Asegurar que la aplicación de la ley, no contradiga o erosione la aplicación de la ley laboral o regulaciones sobre empleo. Para este propósito se debe enmendar la sección 237 (a) de INA, de manera que el pago atrasado o daños causados sean resarcidos económicamente y sean pagados como resultado de una queja o por motivo del estado indocumentado del quejoso.
- Establecer reglas de conducta para los agentes de ICE que actúan en redadas y/o durante disputas laborales (274 A).
- Prohibir que agentes de ICE se disfracen como personal de otras agencias de gobierno u organizaciones que asisten a mujeres, asuntos de salud, asuntos laborales o de seguridad, etc.
- Enmendar la prácticas de las autoridades en las revisiones o auditorias de las formas I-9 u otras acciones de ICE que conduzcan a la detención de trabajadores y su deportación (101) (a) (15) (u)
- Otorgar visas temporales así como permisos de trabajo a inmigrantes trabajadores detenidos durante el curso de una disputa laboral, en la que el empleador o patrón ha ejercido represalias en contra de ellos.

H. Restructuración del sistema de visas al asignarse visas basadas en la familia:

- Exceptuar a los familiares inmediatos de una nueva cuota mundial de 680,0000 visas.

- Incluir a los padres de ciudadanos menores de 21 años y a las esposas e hijos menores, de residentes legales permanentes como familiares inmediatos.
- Aumentar el límite por país de 7% a 10% o un mayor porcentaje de cuota mundial.
- Expandir la elegibilidad derivativa para incluir familiares inmediatos.
- Recuperar visas familiares no usadas en algún año y asignarlas en años posteriores sin limitación por razón de país.
- Otorgar una visa o admisión temporal a individuos en espera de una visa familiar.

I. Vigilancia y Seguridad
- Prohibir las persecuciones de la patrulla fronteriza así como el uso letal o fuerza excesiva, con la excepción de defensa propia o lesión grave.
- Eliminar leyes recientes que permiten la deportación expedita dentro de las 100 millas de la frontera.
- Obligar a las autoridades que informen de los derechos que el Congreso otorga a los inmigrantes detenidos al entrar al país, antes de ser deportados como es el caso de víctimas de crímenes violentos y víctimas de tráfico humano que cooperen con las autoridades, así como de menores abusados o abandonados; les sean dados visas. Así como que no sea removido del país cualquier inmigrante que a primera vista, parezca ser elegible para obtener estatus legal hasta que el inmigrante haya tenido una oportunidad razonable para preparar y someter una solicitud y, le haya sido adjudicada.
- Prohibir el "vigilantismo" y "monitorizar" la actividad de grupos vigilantes.

- Hacer de la vigilancia y seguridad en la frontera, una actividad exclusivamente federal, limitada a la Patrulla Fronteriza y no a la Guardia Nacional que es entrenada para otras actividades.

- Desviar fondos destinados a la construcción de muros fronterizos hacia mejoras de la infraestructura doméstica.
- Despenalizar el auxilio humanitario a inmigrantes heridos al intentar el cruce o internamiento a Estados Unidos.
- Apoyar la puesta en vigor del Acta de Protección de los Menores Ciudadanos de Estados Unidos.
- Enmendar al INA para que haga obligatorio al personal de ICE, dar información a inmigrantes menores detenidos de los derechos que tienen para legalizar su estatus bajo las leyes del Congreso.
- Legislar que a grupos indígenas les sea permitido el cruce fronterizo.

J. Procedimiento Judicial

- Prohibir detenciones masivas y detenciones al azar de inmigrantes por agentes federales en sus lugares de trabajo.
- Derogar leyes que impidan la salida bajo fianza a inmigrantes aprehendidos que no representen riesgo de huida o un peligro para la comunidad.
- Derogar leyes federales que impidan a los estados expedir licencias de manejo a personas sin número de seguro social.
- Legislar que violaciones técnicas como la omisión en el registro o cambio de domicilio, sean infracciones civiles y no criminales.
- Limitar la detención de un inmigrante a no más de 30 días después de que un juez de inmigración haya ordenado su salida bajo fianza.
- Legislar para que se modifique la definición de felonía agravada. Este deberá implicar:
- Que sea resultado de una sentencia.
- Por su carácter violento o gravedad del crimen. Los inmigrantes no deberán estar sujetos a las penas que enfrentan personas condenadas por felonía agravada, incluida la detención obligada, deportación sin audien-

cia previa y la prohibición de reingreso legal al país de por vida.

- Prohibir la aplicación retroactiva de la ley.
- Otorgar la suspensión de la deportación a inmigrantes en proceso de "removal" o "registry", cuando reúnan los requisitos de buena conducta y cinco (5) años de residencia continua. Establecer que cumplan 100 horas de servicio comunitario o pagar una multa de mil ($1,000.00) dólares.

Las diferencias de enfoque

Las posturas presentadas ofrecen al lector la posibilidad de la comparación. El planteamiento de RIFA tiene un problema central. Parte de un principio de criminalización de la inmigración indocumentada y se basa en la hipótesis de que la inmigración atenta contra la seguridad nacional, aunque propone salidas a la legalización.

Su análisis sugiere invertir en los países expulsores de migrantes y mano de obra barata, pero no explica que lo hacen por el impacto de los tratados de libre comercio, desmantelando la agricultura en países como México que tiene un Tratado de Libre Comercio con Estados Unidos y Canadá.

Aunque proponen la colaboración económica con los países expulsores, no explican que Estados Unidos si tiene programas de cooperación con América Latina. Estos programas, como la Iniciativa Mérida, son de carácter militar. El Congreso estadounidense aprobó 350 millones de dólares para que México combatiera el narcotráfico, el lavado de dinero y el crimen organizado. Esta relación coloca a México como el país responsable de reducir la actividad de los grupos criminales. El dinero aprobado está profundamente ligado a la política de muerte creada por el gobierno de Felipe Calderón, registrando 90,000 difuntos en su administración.

La otra postura, diferente a RIFA, plantea que la legalización y la reforma a las leyes migratorias deben regresar al plano humano. El ser humano debe ser el centro del debate migratorio, junto a la familia. La política pública debe dirigirse a cambiar el aspecto áspero y absurdo del debate migratorio por la necedad de convertirlo en un asunto de seguridad nacional, mirando al inmigrante como un criminal. La inmigración sin documentos no tiene relación alguna con el transporte de armas, el tráfico de drogas, el lavado de dinero, la creación de túneles para pasar drogas a Estados Unidos o con el terrorismo. La combinación de estos temas ha convertido el debate migratorio en uno de seguridad nacional y no en un problema humano. Por ello, cualquier propuesta legislativa que parte del principio de la criminalización de la inmigración está condenada a fracasar.

Arizona, el laboratorio

La Ley de Arizona SB1070 de 2010, o Ley "Apoye nuestras fuerzas de orden público y los vecindarios seguros", fue sin duda un nuevo incentivo para la lucha por los derechos de los inmigrantes mexicanos y de todos los latinos en Estados Unidos. La "Ley del Odio", como se le conoce, logró mover las fibras de las comunidades mexicanas y latinoamericanas en el país y el mundo.

La apuesta de la gobernadora de Arizona Jan Brewer, que firmó la ley el 23 de abril de 2010, entró en vigor seis meses después estableciendo un precedente nacional. A partir de ese momento todos los estados podían hacer leyes locales de inmigración, sirviendo a la agenda del Tea Party, un segmento del Partido Republicano que empuja un modelo de odio e intolerancia contra los migrantes. En el fondo es una campaña étnica que busca vulnerar a la comunidad mexicana en Arizona, ante el crecimiento de los latinos como la primera minoría nacional más importante en el país.

El desierto de Arizona es donde más personas mueren en su intento por cruzar la frontera y también donde el control fronterizo y la violación a los derechos humanos son más feroces.

Desde hace años, personas como la Licenciada Isabel García de Tucson y organizaciones como la Coalición por los Derechos Humanos, denunciaron sistemáticamente el clima de agresión y militarización de la frontera. La respuesta internacional de rechazo a la ley fue bastante ejemplar. Tanto en México, como en Chicago y en California se declaró el boicot contra Arizona, aprobándose medidas en los cabildos municipales. Las organizaciones con una gran solidaridad, decidieron cancelar sus congresos o reuniones en Arizona.

El primero de mayo del 2010 en Chicago marchamos bajo el principio "Todos Somos Arizona", y también se protestó contra la presencia del equipo de los Cascabeles. El repudio fue generalizado.

El 29 de mayo en Phoenix se organizó una gran marcha contra la ley SB1070, en la que participaron representantes de todo el país, estudiantes soñadores, delegaciones de México, figuras nacionales como Dolores Huerta y la cantante grupera Jenni Rivera, quién cantó en la marcha. La comunidad artística canceló sus conciertos en protesta contra la ley Arizona.

La corte inicialmente invalidó parte de la ley, pero el fallo final de la Suprema Corte dejó intacta la facultad de la policía para detener y entregar a una persona indocumentada al ICE. Esto se debió al perfil conservador de la Corte y a la mala presentación de los abogados de la Casa Blanca. Aunque la decisión de la Suprema Corte cerró muchas puertas a los estados sobre el tema de inmigración, dejó vivas las detenciones por perfil racial, retrocediendo los derechos constitucionales y humanos en Arizona, y por ende en todo el país.

A mi parecer, el litigio del gobierno no se basó en la discriminación y la Corte dejó en libertad al hombre más despreciable de Arizona, el sheriff de Mari Copa Joe Arpaio, que promueve una cruzada contra los mexicanos en Arizona. Arpaio ha creado centros de detención como si fueran campos de concentración, ha mantenido a la comunidad bajo terror y se burla del gobierno federal cuando lo quiere investigar.

Una chispa de esperanza son los estudiantes, profesores y los activistas que enfrentan la lucha en Arizona, el laboratorio de las políticas xenofóbicas y represivas contra la comunidad.

Con la pésima decisión de la Corte, la epidemia de leyes de odio recorre el país. A decir de Janet Napolitano, la frontera sur de Estados era más segura que nunca y se redujo el cruce fronterizo debido al plan estratégico y la nueva tecnología de respuesta rápida. Es una política de seguridad nacional donde México contiene la migración hacia el norte. Ahora sí, México es el patio trasero de Estados Unidos como lo afirmara Adolfo Aguilar Zinser durante el gobierno foxista. Sus palabras le costaron su destitución como embajador. En octubre de 2009, Aguilar Zinser murió en un accidente carretero rumbo a Tepoztlán, Morelos.

Cierran el gobierno y se pierde la reforma

En 2013 después de las promesas electorales de Obama, se establecieron las mesas de discusión para la reforma migratoria integral en el Senado. Se formó la Pandilla de los Ocho, con los cuatro demócratas y cuatro republicanos que crearon la propuesta 744 que posteriormente aprobó el Senado.

La propuesta fue desaprobada por la mayoría de los grupos pro inmigrantes, pero tuvo el apoyo de la Coalición de Illinois por los Derechos de los Inmigrantes y Refugiados, RIFA y sus similares a nivel nacional.

La propuesta incrementa la militarización de la frontera; implementa el E-Verify; ofrece un plan de legalización, que podría tomar más de 10 años para obtener la residencia permanente; e impone medidas draconianas, como ser deportado si pierdes tu trabajo. Con esta propuesta podrían legalizarse alrededor de tres millones de personas con grandes limitaciones y los ocho millones restantes podrían ser deportados. En realidad es una propuesta para legalizar la esclavitud y la persecución. Los republicanos en la Cámara Baja no quieren aprobar una verdadera legalización, han cerrado el gobierno y gastaron tiempo peleando con Obama sobre la reforma de salud, dejando tiempo insuficiente para discutir la inmigración.

Desde nuestra perspectiva, es mejor que el tema "se congele" antes de convertir en ley una iniciativa que nos hará sufrir enormemente en el futuro. Sin embargo, los organizadores corporativos siguieron marchado el 5, 7 y 12 de octubre de 2013. Realizaron acciones de desobediencia civil para pedir un voto en la Cámara Baja, gastando bastante dinero para presionar a los republicanos. Y qué bueno que no han dado su voto, así podemos empezar de nueva cuenta, y, entretanto, continuar presionando a Obama para detener las deportaciones.

En esas marchas no vimos las demandas de los inmigrantes, sino los intereses políticos empujando el tema para decir que "cumplieron", aunque el producto fuera una porquería. Para decirlo de otro modo, ellos no son el movimiento pro inmigrante. Son los empleados del Partido Demócrata y de Obama para presionar a los republicanos; quienes se enconchan y no sueltan prenda, especialmente ahora que se avecinan las elecciones intermedias y cuidan a sus votantes y sus curules. Aunque los analistas, los medios y los demócratas argumentan que la comunidad latina les va a cobrar la factura, no es verdad, porque no dependen de nuestros votos.

En realidad a quien debemos cobrar la factura es a los demócratas que dependen de los latinos para su elección y durante dos periodos nos han dado "atole con el dedo". Por ello es tiempo de buscar otra organización electoral.

Ante todas estas experiencias a nivel nacional, se está reconstruyendo un movimiento de base que regrese a los principios básicos y pelear por los derechos fundamentales de los trabajadores inmigrantes, papeles para todos y sin condiciones.

Después de seis años

En 2006, el PAN se robó la elección. En 2012, el PRI la compró.

Sin duda, el encuentro en Los Pinos con Elvira Arrellano en agosto de 2007 fue un acto perverso que programó el ex diputado federal José Jacques Medina. Significó el reconocimiento al espurio Felipe Calderón y una mala decisión para la causa de los inmigrantes que cerró la posibilidad de negociar una solución a la inmigración indocumentada.

Al mismo tiempo los tres partidos políticos mexicanos que gestaron la marcha del 10 de marzo de 2006, se quedaron esperando recibir atención de sus direcciones nacionales. Los mejores librados fueron los panistas que utilizaron sus redes consulares para promover a su partido y en particular a Josefina Vázquez Mota, quien viajó en varias ocasiones a Illinois y

California para desarrollar la tradicional política clientelar, que los panistas le copiaron al PRI.

Los priistas abandonaron a sus huestes en el exterior y, con raras excepciones, algunos gobernadores apoyaron actividades aisladas de sus correligionarios en el exterior.

En el caso del PRD, la lucha interna dentro del seno del partido y la imposición de Jesús Ortega como presidente del PRD, llevó a la pérdida de los espacios reconocidos para los inmigrantes y la imposibilidad de registrar a migrantes como diputados plurinominales entre los primeros diez candidatos.

Los tres partidos marginaron a los migrantes y sus derechos políticos, dando paso a inventos bizarros como el Partido Migrante, que al fin resultó un ejercicio de política oportunista.

Durante seis años no se logró nada para cambiar la representación política de los mexicanos en el exterior. En 2012 no tuvimos credenciales de elector ni modalidades presenciales o por internet para el voto foráneo, lo que marcó un franco y abierto fracaso en la participación desde el exterior. Desde luego, el exterior hubiera dado los votos a López Obrador, que en su camino de construcción de MORENA, no lo consideró importante hasta que finalmente visitó California y Chicago.

Ante la inminente imposición de Enrique Peña Nieto a la presidencia, los jóvenes mexicanos expresaron su inconformidad masivamente a través de las redes sociales y en las calles con el movimiento #YoSoy132, la primera protesta callejera contra la imposición de Peña Nieto el primero de diciembre del 2012. Estos jóvenes fueron los primeros presos políticos del nuevo régimen, liberados finalmente en enero del 2013, sujetos a un juicio de desorden público.

Regresando al principio

Después de nueve años de la Primavera del Inmigrante, Gregorio Gómez, quien dirigiera el Chicago Latino Theather, comentó que a su criterio las marchas más trascendentales han sido las de 200 personas en la calle 18 —bajo la consigna "Raza Sí, Migra No" de las décadas de 1970 y 1980 porque sin ellas no se habrían realizado las multitudinarias de los últimos años.

113

El efecto Arizona vino como una avalancha en 20 estados de Estados Unidos. Se experimentaron efectos terribles en que se pontificaron los poderes de la policía para pedir papeles a los indocumentados y entregarlos a inmigración. En Utha, el juez federal bloqueó la ley y el Gobernador de Georgia, Nathan Deal, promulgó una ley igual a la de Arizona-Utha, otorgando poderes a la policía para actuar como agente de inmigración, haciendo obligatorio el sistema federal de verificación laboral E-Verify, y sancionando a quienes con conocimiento den transporte o refugio a indocumentados. Suerte similar tuvieron las leyes en Indiana y Carolina del Sur, que fueron bloqueadas por el juez federal. La SB1070 de Arizona llegó hasta la Suprema Corte de Justicia, que dio su falló a favor.

Las leyes nos perjudican y someten por nuestra nacionalidad, lenguaje y etnia. Arizona es el gran experimento para medir si aguantaremos todas las vejaciones que se han ido fraguando desde 1994 para mantener al pueblo en silencio y en terror. Esta criminalización es la que lanzó a la gente a las calles para expresar que "el Gigante no estaba dormido, estaba trabajando", y que "no somos criminales, somos trabajadores".

Esta situación se reflejó en las urnas, aún con la desilusión que había provocado que el presidente Obama durante su gestión, deportando a un millón y medio de indocumentados. Por sentido común, los latinos como nunca se volcaran en las urnas, no tanto para respaldar al presidente, si no para rechazar a los republicanos. Finalmente, en su elección interna demonizaron a los migrantes indocumentados, y en la elección general con el candidato Romney, se dedicaron a mentir descaradamente a la gente.

A última hora, el presidente decretó unos paliativos en busca del voto latino/mexicano, como son la revisión de casos de personas detenidas que no tiene antecedentes penales y la acción diferida, que bloquea la deportación de los soñadores y se compromete, de nueva cuenta y con más enjundia, con la reforma migratoria.

Por ello nueve años después estamos de regreso para demandar la solución y el respeto a nuestros derechos para construir de lo que empezamos. Como el ave Fénix, estamos de regreso. A continuación incluyo la plataforma del movimiento en esta coyuntura:

Plataforma del movimiento

1.- El movimiento se pronuncia en contra de la propuesta S744 porque vulnera los derechos de las familias migrantes sin documentos en Estados Unidos, militariza la frontera con México de una forma irracional, condena a millones de inmigrantes a un proceso de deportación y posible encarcelamiento, ofrece un tortuoso camino a la ciudadanía con una espada de Damocles en la cabeza de las familias inmigrantes, periodo que podría tomar hasta 16 años y que solamente cubriría a un tercio de la población elegible para la regularización.

2.- El movimiento condena al Partido Republicano por sus políticas antiinmigrantes, antiobreras y antimexicanas mostradas durante los últimos años al no aceptar tener una discusión racional sobre la política de inmigración de esta nación, proponiendo medidas más coercitivas, discriminatorias, como la criminalización de la comunidad inmigrante y su interés expreso de militarizar la frontera México-Estados Unidos. Además los republicanos están empecinados en empantanar el tema migratorio en la Cámara de Representantes para infligir una derrota al Presidente, que recientemente los derrotó durante el cierre del gobierno.

3.- El Movimiento rechaza la política adoptada por el Partido demócrata de apoyar a toda costa la propuesta del Senado 744 con marchas, desobediencia civil y cartas a los líderes republicanos instándolos a que voten la propuesta en la cámara baja. Suponiendo que la propuesta fuera puesta a votación correría posiblemente la misma suerte que el voto que se tomó sobre el Dream Act en que la cámara decidió por la deportación de los jóvenes, medida controlada por el voto republicano.

4.- En vista de las elecciones federales y ante la movilización de los jóvenes en las calles, desobediencia civil en
las oficinas de congresistas y campaña mediática, el presidente Obama se vio obligado a dictaminar una orden
ejecutiva para parar la deportación de los jóvenes, orde-
nando al departamento de Seguridad interna la acción
diferida que protege de la deportación y otorga permisos de trabajo a los estudiantes que reúnen las siguientes características:

*   Tener menos de 31 años a la fecha del 15 de junio de
    2012.
*   Haber llegado a Estados Unidos antes de los 16 años.
*   Haber residido continuamente en Estados Unidos des-
    de el 15 de junio de 2007, hasta este momento.
*   Haber estado presente en Estados Unidos el 15 de ju-
    nio de 2012 y al momento de presentar su solicitud de
    Acción Diferida ante USCIS.
*   Haber entrado sin inspección antes del 15 de junio de
    2012 o su estatus legal de inmigración expiró al 15 de
    junio de 2012.
*   Estar asistiendo a la escuela, haberse graduado de la
    escuela superior, tener un Certificado de Educación
    General (GED, por sus siglas en inglés), o ha servido
    honorablemente en la Guardia Costera o en las Fuerzas
    Armadas de Estados Unidos.
*   No haber sido encontrado culpable de un delito grave,
    delitos menos graves de carácter significativo, múlti-
    ples delitos menos graves, o representan una amenaza
    a la seguridad nacional o a la seguridad pública.

Ante la inminente falta de acción legislativa del congreso, el
presidente Obama tiene la oportunidad histórica de corregir
su record de haber deportado acerca de dos millones de personas durante su administración. Obama prometió en las elecciones pasadas que la reforma migratoria era una prioridad,
sin embargo otros temas fiscales han ocupado la atención del
congreso, lo que llevo al cierre parcial; del gobierno y aunque

se resolvió temporalmente el año entrante la nación se volverá a enfrentar a este problema que generó la división más álgida entre el legislativo y el ejecutivo y la confrontación de los partidos demócrata y republicano más aguda de las últimos años.

Por lo tanto demandamos del presidente lo siguiente:

Que por medio de un decreto —orden ejecutiva— declare una ampliación de la acción diferida a todos las personas sin documentos que esperan ser legalizados en este país. Que la orden ejecutiva sea otorgada por el tiempo necesario hasta que el congreso se pueda poner de acuerdo en una reforma al sistema migratorio que sea justo y humano. Se reclama que las personas puedan recibir un permiso de trabajo y la posibilidad de visitar sus familiares en su lugar de origen y regresar bajo la figura de *advance parole*.

Esta es la gran oportunidad para que el presidente Obama cumpla la promesa de campaña de legalizar a millones de indocumentados, ya que aunque no resuelva el problema de fondo sienta las bases para regularizar a la población indocumentada que por años ha estado a expensas de los caprichos políticos de ambos partidos y la utilización del tema como asunto electorero. Obama podría ponerse en los zapatos de Lincoln y abolir vía orden ejecutiva la esclavitud de los trabajadores inmigrantes.

Plan de acción

1.- Movilizar al movimiento hacia la Casa Blanca demandando la Acción diferida para todos.
2.- Organizar acciones de boicot económico contra las empresas que colaboran con las políticas antiinmigrantes del Partido Republicano y que practican acciones anti-inmigrantes en sus centros de trabajo
3.- Apoyar actos de resistencia civil contra las deportaciones racistas ejecutadas por ICE.
4.- Realizar tareas de información y difusión entre la comunidad para dar a conocer la realidad de la llamada reforma migratoria.

5.- Reuniones con los medios de comunicación para romper el cerco noticioso en que solamente se escucha una opción sobre la reforma migratoria, la opción que ha diseñado las organizaciones nacionales y locales de carácter corporativo.

6.- Declarar un día nacional contra la 744 y por una Acción Diferida. Por un alto a las deportaciones y permisos de trabajo para todos.

Alianza por los Derechos de los Inmigrantes
Chicago, Illinois, sábado 27 de octubre de 2013

Obama rompe de nuevo su promesa

El presidente Obama anunció que al terminar el verano del 2014 y ante el fracaso rotundo en el congreso para conseguir una reforma migratoria, dictaría una orden ejecutiva que podría aliviar parcialmente la situación legal de millones de indocumentados viviendo, trabajando y produciendo en Estados Unidos.

Acercándose la fecha, el presidente se echó para atrás y anunció que lo haría después de las elecciones de noviembre. Según su cálculo y presión de los propios demócratas, ello traería problemas electorales para el partido. Aún más, para hacer algo después de las elecciones, los senadores demócratas Kay Hagan de Carolina del norte, Mary Landrieu de Louisiana, Mark Pryor de Arkansas, Jeanne Shaheen de New Hampshire, y Joe Manchin III (D-W.Va.), rompieron con el Partido Demócrata para aliarse con el legislador antiinmigrante de Texas, Ted Cruz, y prevenir la orden ejecutiva.

Obama incumplió nuevamente como lo hizo durante su primer periodo presidencial, cuando el hoy alcalde de Chicago Rahm Emanuel, que era su jefe de gabinete, le insistió que no tocara el tema de la inmigración, a pesar de que tenía el congreso en plenitud.

Obama escogió jugar a la política y dejar su legado como el "Deportador en Jefe", como lo llaman los jóvenes soñadores.

El 10 de marzo y algunos de sus actores

Alexi Lanza. El hombre que con su cámara captó los momentos de las reuniones interminables y apasionadas, los momentos importantes de la mega marcha y finalmente, la creación de un documental llamado *La Primavera del Inmigrante* con la colaboración de un equipo de activistas.

Artemio Arreola. Organizador pro bono, facilitó el trabajo con el sindicato SEIU para coordinar diariamente al movimiento. Viajó a Los Ángeles para difundir la Primavera del Inmigrante. Artemio encontró amigos y desencantos en la ciudad de los Dodgers, pero le dio la oportunidad de proyectarse nacionalmente. Actualmente es el director político de la Coalición de Derechos de Inmigrantes y Refugiados de Illinois.

Horacio Esparza. Incansable luchador por las personas con habilidades diferentes, siempre estuvo al pie del cañón para asegurar que el tema estuviera en la agenda. Trabajó la inclusión de las personas en silla de ruedas durante la marcha con el comité de logística. Este grupo encabezó la marcha con mantas y banderas. Horacio es director de una agencia sin fines de lucro para beneficio de las personas con discapacidades.

Jesús Vargas. Fue el hombre diligente que organizó la formación de las marchas con banderas y mantas, dando su naturaleza a la manifestación de los migrantes. Siempre dispuesto, siempre cumpliendo con su trabajo, Vargas actualmente encabeza un capítulo de LULAC en Chicago. Destaca como uno de los activistas que hizo suya la causa del fallecido joven oaxaqueño Quelino Ojeda, quien sufrió un accidente laboral que lo dejó cuadripléjico y fue repatriado sin autorización por el hospital Advocate Christ Medical Center de Oak Lawn. El gobierno mexicano no se hizo responsable de la deportación y nunca investigó a fondo la responsabilidad de las autoridades mexicanas involucradas. Tampoco existen resultados del litigio que se llevaría a cabo.

Jorge Mújica. Se convirtió en el vocero del movimiento después de la marcha del 2006 y apareció en un sinnúmero de entrevistas. Desde entonces se postuló como candidato a diputado federal contra el congresista más racista de Illinois, Lipinski. Ha trabajado como periodista y actualmente asesora trabajadores en una organización religiosa-laboral. En 2015, Mújica fue candidato a Concejal del distrito 25 para el Concilio de Chicago.

José Luis Gutiérrez. Actualmente es director de Casa Michoacán de Chicago y director Asociado de NALAC y aliado del gobierno de Illinois y del Congresista Gutiérrez.

Juan Andrés Mora. Le correspondió guiar la marcha de la mejor forma haciendo que se respetara el orden de los contingentes. Incluso pidió al Congresista Gutiérrez que respetara el orden establecido en la organización. Juan fue el responsable principal de la seguridad por su larga experiencia en organizar marchas en su natal Ciudad de México.

Kathy Salgado. Asignada pro bono por ICIIR, manejó el departamento de prensa del movimiento.

Los jóvenes surgidos del movimiento 10 de marzo. Hoy autonombrados "Indocumentados sin Temor y sin Disculpas", hicieron de la fecha del 10 de marzo como el día que salieron de las sombras. Ellos optaron por actos de desobediencia civil, en que fueron arrestados en más de una ocasión, entre ellos Tania Unzueta.

Martín Unzueta. Tomó el camino laboral, formando organizaciones para abogar contra las acciones de las cartas No-Match con el número de seguro social y otras causas economicistas de los trabajadores. Martín enfrentó muchos casos de despidos después que algunos patrones quisieron sancionar a los trabajadores por participar en la marcha del 10 de marzo en lugar de ir a trabajar.

Víctor M. Cortés. Durante el proceso fue creando la historia y la crónica de la marcha publicada en el libro *10 de marzo. La Marcha,* en 2008. Víctor presentó su novela *Los sabores del desdén* en enero de 2013 en Casa Michoacán y en la Feria Internacional del Libro en diciembre, en el Zócalo de la Ciudad de México.

Jorge Mújica, primer orador del mitin del Primero de Mayo de 2006

El año que vivimos en las calles

Jorge Mújica Murias

Una introducción innecesaria

Hace nueve años, millones de personas se lanzaron a las calles en Estados Unidos después de que los inmigrantes de Chicago marcharan el 10 de marzo. A ocho años de distancia y con una reforma al sistema migratorio estadounidense supuestamente "a la vuelta de la esquina", muchos de los participantes se siguen preguntando con un tono de crítica "¿para qué sirvieron las marchas?", con la duda real de si las actividades callejeras sirvieron de algo. Desde su punto de vista, haber salido a las calles no sirvió de nada, porque no hubo, ni en 2006 ni en los años que le siguieron, una reforma al sistema migratorio.

Ojalá este trabajo pudiera dar la respuesta a la pregunta, aunque no estoy seguro. Por lo menos en lo que a mí corresponde no puede ser así porque debe haber muchas respuestas. Habrá, debe haber, 20 ó 1000 versiones distintas de los mismos hechos, y no se diga opiniones, porque cada participante de los eventos tendrá una. Cada quién tendrá su verdad y su visión y su versión de los hechos. Pero estas páginas reseñan algunas de las cosas que yo vi, por lo menos las partes que vi, y las que yo escuché, por lo menos las que escuché.

Los relatos, anécdotas y análisis que siguen son las impresiones de las acciones, actividades y reuniones que me tocó vivir, y la forma en que mi entendimiento las procesó, sin que ello las haga "reales", "verdaderas" o "definitivas". A muchos activistas no les va a gustar mi versión y rechazarán los argumentos y los análisis, y defenderán las acciones que tomaron. Pero no podrán decir que lo aquí escrito es falso. Ahí están los documentos y ahí están los videos y las grabaciones de las asambleas, de las marchas, de los discursos de cada quien.

Pero si de alguna manera vale pensar en que algún día lleguemos todos a una conclusión parecida, estos relatos valen la pena a modo de recuento, a modo de explicación. Al escribirlos, pienso más bien en los miles de inmigrantes, sus familiares, sus aliados, que acudieron a las marchas pero no estuvieron en las reuniones donde las marchas se acordaron y se planearon; que escucharon a los oradores pero no saben cómo se decidió que hablaran, y me parece simplemente justo que lo sepan. Tal vez sabiendo qué pasó detrás del telón, por qué pasaron algunas cosas y no pasaron otras que se suponía que debían pasar, puedan llegar a entender por qué no se logró la mentada "reforma migratoria" por la que marcharon, por la que arriesgaron todo al abandonar en masa el trabajo, razón que los ha traído y los ha hecho vivir en Estados Unidos. Por esa simple razón merecen saber qué pasó antes, durante y después de aquella famosa convocatoria a marchar en Chicago el 10 de marzo de 2006, en la Primavera del Inmigrante, y en los años siguientes.

Para esos "marchantes" anónimos van dedicadas estas páginas.

Capítulo 1
¿A quién se le ocurrió esta cosa?

Diciembre de 2005. Días antes de Navidad. Chicago. Frío, como todos los diciembres en Chicago, y cuando en Chicago hay frío, ni las moscas vuelan ni hay movimientos sociales. Pero hay reuniones del Partido de la Revolución Democrática (PRD), donde los mismos activistas, los mismos sospechosos de siempre se reúnen y planean qué hacer en los siguientes seis meses y deciden quién lo va a hacer.

Las cosas nunca o muy pocas veces se hacen, porque todo el mundo tiene otras diez cosas que hacer, todo el mundo es voluntario y el partido es de tiempos libres, tardes y fines de semana, y tres meses después nadie se acuerda de qué tenía que haber hecho y en la siguiente reunión se vuelve a planear qué hacer en los siguientes seis meses y así hasta el infinito. Entremedio se hacen cosas, claro, pero son las que van surgiendo de la vida cotidiana y no de los acuerdos de cómo vamos a resolver de una vez por todas la relación de la comunidad migrante con el gobierno mexicano o siquiera con el PRD, y tampoco con Estados Unidos.

Pero en la reunión de diciembre de 2005 en la Biblioteca Rudy Lozano, algo debe haber salido mal porque, para variar, sí pasó lo que se dijo que debía pasar.

Omar López, a quién yo conocía como activista y trabajador de temas relacionados con el VIH/SIDA, había sido electo en septiembre como Consejero Consultivo del Instituto de los Mexicanos en el Exterior (IME) en la primera ocasión en que el PRD había decidido participar en una elección de consejeros. El IME, como todo invento foxiano, no nos había parecido digno de ser tomado en cuenta anteriormente, con el resultado de que todos los consejeros eran del Partido Acción Nacional (PAN) o del Partido Revolucionario Institucional (PRI), salvo algún independiente entrometido y popular.

Fue Omar el que planteó en la reunión del PRD lo que había que hacer: "Hay que convocar a una marcha en contra de la propuesta de Jim Sensenbrenner", nos dijo, "que propone criminalizar la inmigración indocumentada". En la epidemiología siempre se busca un "paciente cero" cuando brota una enfermedad, un paciente inicial que infectó al segundo y al resto, un iniciador y culpable. En nuestro caso, Omar fue el "activista cero". De él salió la propuesta de movilización social que durante 50 días, entre el 10 de marzo y el primero de mayo de 2006, movería a cerca de 15 millones de personas en el país, la mayor movilización social en la historia de Estados Unidos y el primer movimiento masivo por justicia social del siglo 21.

Antes y después del 11 de Septiembre

El mundo occidental divide su historia entre "antes y después de Cristo"; Estados Unidos, y sobre todo el movimiento inmigrante, la dividen en "antes y después del 11 de septiembre". Y las marchas no son tan nuevas. En la prehistoria del movimiento inmigrante hay varias marchas que han asombrado (y ejercido presión política) en un país que está más acostumbrado a los desfiles que a las manifestaciones.

Cuando en 1994 el ex gobernador de California Pete Wilson impulsó la Propuesta 187, quitándole todos los beneficios sociales (educación y salud, excepto la atención médica de urgencia) a los inmigrantes sin documentos, los activistas y la comunidad inmigrante respondieron, el 16 de octubre, con una marcha de un cuarto de millón de personas en Los Ángeles.

La Propuesta 187, abuelita de la Propuesta 4437 de Jim Sensenbrenner, hizo que cientos de miles de inmigrantes indocumentados salieran de California, asentándose en lugares donde antes no había migrantes mexicanos o eran muy raros. En algún lugar escuché o leí que hasta 400 mil inmigrantes habrían salido de California para dispersarse por el resto del país, y muchos de ellos llegaron a Chicago, convirtiendo a la Ciudad de los Vientos en la segunda ciudad estadounidense con más mexicanos. Pero antes de salir, los inmigrantes marcharon en Los Ángeles en contra de la Proposición 187, con una fuerza, según algunas versiones, de entre 800 mil y un millón de personas. Y los que llegaron a Chicago trajeron con ellos su experiencia de marchar.

En el movimiento inmigrante hemos marchado durante muchos años. Primero por todos lados, cada quien en su rancho, y después en Washington, todos juntos, en vez de hacerlo cada quien en su ciudad. En 1994 una docena de grupos de activistas pro inmigrantes formó la Coordinadora '96, coalición nacional que con mucha visión política proponía presionar a Bill Clinton para buscar una reforma migratoria en el año de su reelección. El 12 de octubre de 1996, unas 25 mil personas marcharon en la capital de Estados Unidos, en la primera gran marcha nacional inmigrante. Chicago se puso guapo con docenas de camiones, cortesía de varios sindicatos y de cientos de personas que cada mes ponían su "abono" para pagarse su boleto, siguiendo una estrategia marcada por Carlos Arango en Casa Aztlán y un recién llegado a Chicago, Martín Unzueta.

Carlos Arango es lo que le llaman un "líder histórico" del movimiento migrante en esta ciudad, sobreviviente de la Plaza de las Tres Culturas en Tlatelolco en 1968, y exiliado político para salvar la vida después de los enfrentamientos del movimiento estudiantil con los porros en la Universidad Nacional Autónoma de México a mediados de los años 1970. Martín Unzueta es impresor de profesión, estudiado en la República Democrática Alemana, y con la pesada herencia sobre sus hombros de un padre dirigente de la izquierda mexicana de toda la vida. A los dos los conozco desde por allá del 1971, poco después de la masacre del 10 de junio, el fatídico Jueves de Corpus en que los Halcones del gobierno del Partido Revolucionario Institucional asesinaron a docenas de jóvenes en una manifestación por el barrio de San Cosme en el Distrito Federal.

La estrategia de las marchas funcionó pero a la mexicana, al revés: nos salió el chirrión por el palito, porque en vez de una reforma a favor de los inmigrantes, Bill Clinton se dedicó el año de 1996 a firmarle a los republicanos todo lo que quisieron, incluyendo dos leyes que son hasta hoy las responsables de que estemos como estamos: la Ley de Responsabilidad Personal y Reconciliación de Oportunidades de Trabajo (PRWORA) y la Ley de Reforma de la Inmigración Ilegal y de Responsabilidad de los Inmigrantes (IIRIRA).

PRWORA limitó los beneficios públicos para los inmigrantes no solo sin papeles sino también a los bien legalotes, incluyendo aspectos del Seguro Social, los cupones de comida y Medicaid. IIRIRA extendió los límites federales que había puesto PRWORA a nivel de los estados, y estableció el nefasto programa de lo que hoy conocemos como "Polimigra", el entrenamiento de oficiales de las policías locales para actuar en beneficio de la Migra. Ya encarrilados, los legisladores aprobaron las deportaciones exprés, sin derecho a ver a un juez de inmigración para tratar de quedarse legalmente en el país por condiciones mitigantes, especialmente los capturados hasta un margen de 100 millas de la frontera. Al tono de estas leyes se establecieron las "dobles garitas", una en la línea fronteriza y la segunda a ochenta millas, y nacieron la Operación Guardián, "Gatekeeper", y la primera sección de la barda fronteriza que después de 20 años ha costado según algunas versiones hasta 10 mil muertos, migrantes que fueron forzados a alejarse de las áreas pobladas y a cruzar la frontera a medio desierto.

Aunque las cifras varíen de acuerdo a quien los cuente, sea el gobierno de México, la Patrulla Fronteriza o las organizaciones a favor de los inmigrantes, se sabe que cada año han muerto más personas tratando de cruzar la frontera entre México y Estados Unidos que toda la gente que murió tratando de cruzar el Muro de Berlín en toda su historia.

128

Curiosamente, la migra estableció también en esos tiempos la política de "catch and release" ("detener y soltar") a todos los inmigrantes calificados como "OTM", "Other Than Mexican", categoría que se sigue usando legalmente hasta la fecha. Los no-mexicanos detenidos si son apercibidos de sus derechos y se les da una cita para una audiencia frente a un juez de migración, a la cual la absoluta mayoría no se presenta, lo cual los convierte en "fugitivos de la justicia" y se emite una orden de deportación en su contra. Pero por lo menos no son expulsados inmediatamente y en violación a todos sus derechos. Es una de esas partes de relaciones México-Estados Unidos que nunca entraron en el Tratado de Libre Comercio de América del Norte.

Ese mismo año, 1996, y nomás por no dejar, a un par de inmigrantes se les ocurrió poner unas bombas en el World Trade Center, y a un terrorista gringo, blanquito y no inmigrante, Timothy McVeight, se le ocurrió hacer polvo el Edificio Federal en Oklahoma. La respuesta fue la Ley Contra el Terrorismo y la Pena de Muerte Efectiva (¡nótese aquí, por si el lector no se había dado cuenta, que los gringos no aprueban ninguna Ley que no tenga nombre de pila y cuatro apellidos!), que autorizó a las policías locales a arrestar y detener inmigrantes sin papeles que hubieran cometido crímenes, para deportarlos. Para redondear la cosa (y hay quien afirma que para redondear bonito los números de deportados), IIRIRA estableció deportaciones retroactivas por delitos anteriores a 1996 y reclasificó los delitos que se castigan con la deportación. Varias ofensas menores pasaron a ser consideradas crímenes mayores que ameritan la deportación, y como ya estaban de bajada los legisladores decidieron no meter freno y convirtieron 28 ofensas menores en delitos mayores solamente para los inmigrantes.

Por nuestra parte, hubo algunas protestas y manifestaciones, y declaraciones nacionales como un boicot a Disneylandia, impulsado por la Coordinadora 1996, y el último evento grande de "antes del 11 de septiembre" de protesta en Chicago, y por la demanda de la legalización de los indocumentados se llevó a cabo en el año 2000, el 23 de septiembre, al que acudieron según el periódico *La Raza*, unas 10 mil personas.[1] Por cierto, según el reportero, Jaime Reyes, ya en ese evento se utilizó la consigna de "Sí Se Puede".

El ciclo de esa etapa del antiinmigrantismo se cerró en 2001, el 11 de septiembre, con pocas victorias (y relativas, teniendo en cuenta que lo que no se gana no es victoria sino dádiva), como la Ley de Ajuste Nicaragüense y Remedio para América Central (NACARA), y la creación de una serie de visas diseñadas para la protección de víctimas de crímenes violentos y abuso doméstico, quienes podrían obtener la residencia permanente precisamente por ser víctimas de crímenes, siempre y cuando el victimario sea detenido, procesado y sentenciado.

El mero 11 de septiembre de 2001, ante el ataque a las Torres Gemelas, el Congreso gringo canceló dos sesiones importantes para los inmigrantes: una para revisar una posible ampliación de la Sección 245(i), que le permitía a algunos inmigrantes sin papeles quedarse aquí previo pago de una multa (que en cosas de inmigración los gringos no dan paso sin bota porque huaraches no usan), y una audiencia donde Tania Unzueta iba a declarar a favor de una novedosa y positiva idea (en aquél tiempo), llamada el DREAM Act (Development, Relief, and Education for Alien Minors). Tania se quedó esperando un avión que nunca llegó al aeropuerto O'Hare, y los legisladores se metieron al sótano más macizo del Congreso aterrados y esperando que algún avión les cayera encima.

El sueño de Tania

Tania Unzueta es hija, como se podrá deducir por el apellido, de Martín Unzueta, quien a su vez es hijo de Gerardo Unzueta, aguerridos todos activistas y militantes de izquierda desde hace por lo menos esas tres generaciones.

Tania llegó a Chicago acompañada de su madre, Rosi Carrasco, y de su hermana Ireri, midiendo no más de un metro y veinte de altura, para reunirse con Martín, quien trabajaba en una imprenta local. Estudiante brillante, se graduó de la pri-

---

1 Masiva Marcha Pro Amnistía General, *La Raza,* Chicago, IL del 1 al 7 de octubre de 2000

maria y con honores de la secundaria, al frente de su clase, y recibió ofertas de becas que no podía conseguir por no tener papeles, para estudiar la universidad.

Se le ocurrió entonces que una posible solución sería solicitar en México una visa de estudiante para poder recibir las becas. Craso error, la Embajada gringa en el Distrito Federal no solamente la mandó por un tubo, sino que hasta le confiscó el pasaporte mexicano.

Una intensa campaña en los medios de comunicación y fuerte cabildeo con el Senador de Illinois Dick Durbin lograron su regreso condicionado, y ahí nació la propuesta original del DREAM Act, la Ley de Desarrollo, Alivio y Educación para Menores Extranjeros. Una propuesta similar había sido hecha por un congresista de origen puertorriqueño pero que representa el único distrito de mayoría mexicana del Medio Oeste, Luis Gutiérrez, en abril de 2001, y desechada a favor de una mejor, patrocinada por más de 60 congresistas. En agosto, aún con Tania en México, el Senador Republicano Orrin Hatch propuso la "Ley de Ajuste de Estudiantes de 2001", y la versión final de Durbin fue la primera DREAM Act.

A través de los años la DREAM fue distorsionándose, hasta terminar en una versión poco benigna y muy militarizada, que garantizaba la residencia a cambio de la militarización de los jóvenes indocumentados. Bajo Barack Obama, terminaría convirtiéndose en 2012 en DACA, la Acción Diferida para los Ingresados como Menores.

Independientemente de la historia del DREAM, Tania y su hermana Ireri se convirtieron en tremendas activistas por los derechos migratorios. Entre las dos se han encargado de obligar a la policía a arrestarlas media docenas de veces y salir libres cada vez sin que les puedan hacer nada, en una serie de acciones de desobediencia civil que le dieron al movimiento una voz propia, pocas veces escuchada, la de los mismos indocumentados.

La marcha del año anterior

La propuesta de Omar López de marchar contra la HR4437 era buena. De por si siempre ha habido marchas en Chicago, por el primero de mayo, por el Día del Padre Inmigrante o por muchos otros motivos, aunque las marchas siempre eran de pocos cientos de personas o acaso un par de miles, como la del primero de mayo de 1986, en el Centenario de los Mártires de Chicago.

Pero en 2005 aún disfrutábamos de la experiencia de julio, la Marcha Contra los Minuteman, que había logrado reunir a por lo menos 30 mil personas. Dice la leyenda urbana que Emma Lozano, conocida activista inmigrantista y Directora Ejecutiva del Pueblo Sin Fronteras, desafió al locutor de radio Rafael Pulido, *El Pistolero,* a "hacer algo contra los Minuteman en vez de solamente llenarse la boca con críticas en el micrófono", y El Pistolero aceptó. Lo ayudó el hecho de que ese verano, en los suburbios de Chicago, Rick Biesada, dueño de una compañía de camiones, locutor de medio tiempo y quien se jacta de haber sido amante de Hillary Clinton cuando ella pertenecía a los Jóvenes Republicanos en la universidad, fundó el proyecto Minuteman de Illinois y reclutó como su vocera a Rossana Pulido. Sin ningún parentesco con el locutor, el hecho de que hubiera una latina antiinmigrantista en el área prendió la llama.

Los Minuteman son una organización (y a estas alturas varias, por la práctica constante de pelearse entre ellos por la lana y otras lindezas), de gringos que se creyeron todos los argumentos de los 15 años anteriores y piensan que los más graves males de Estados Unidos no son el capitalismo rampante de los consorcios bancarios y comerciales, sino los inmigrantes indocumentados. Empezaron a manifestarse en 2005, convocando a "defender la frontera", reuniendo mil voluntarios. Llegaron como 250 y a los dos días quedaba la mitad, por el intenso calor. Detuvieron un total de 1 inmigrante indocumentado en diez días de "defensa" fronteriza, pero obviamente ganaron atención nacional.

Localmente, Rossana resultó ser una pifia total porque ni siquiera habla español y hasta su reclutador, Rick Biesada, la desprecia desde el fondo de su corazón según confesó en alguna ocasión. Rossana ha contendido dos veces en elecciones locales como candidata del Partido Republicano y no ha ganado más de 5,000 votos por elección, pero al público le llamó la atención el apellido y la relacionaban con El Pistolero. Dicen las malas lenguas que Rossana es hija de un "coyote", no el animal, sino un traficante de seres humanos, y que cuando estaba chiquita el padre la obligaba a darle el desayuno a los indocumentados que alojaba en su casa, y que de ahí nació su odio por ellos.

Aunque grande, la Marcha Contra los Minuteman no llamó la atención pública porque fue "de autoconsumo", encerrada entre un barrio industrial y un barrio de viviendas latinas, el Barrio de las Empacadoras, que está muy lejos de la visión de los medios de comunicación y del público en general. La idea de Omar era convocar de nuevo a la gente que se había manifestado el primero de julio de 2005, a una acción que tenía por objetivo afectar una propuesta legal y política. La acción contra los Minuteman fue de una comunidad en contra de un grupo de activistas de derecha, pero la marcha que proponía Omar era para impedir que el Senado aprobara la dichosa HR4437. Por cierto, antes de seguir, aclaremos que la HR 4437 en realidad se llamaba Border Protection, Antiterrorism, and Illegal Immigration Control Act of 2005, (Ley de Protección Fronteriza, Antiterrorismo e Inmigración Ilegal de 2005), nomás que nadie excepto algún archivista en Washington se acuerda de ese nombre.

Envalentonada por el número de marchantes del primero de julio, y esta vez sin contar con la ayuda de El Pistolero, Emma Lozano convocó a una marcha posterior ya no en un barrio latino sino hacia el centro de Chicago, en la que usamos por primera vez la hoy ruta histórica del parque Unión a la Plaza Federal. A la marcha asistieron no más de unas tres mil personas, cantidad no comparable ni a la Marcha de las Empacadoras ni a las de 2006, pero en honor a la verdad, fue la primera marcha de inmigrantes que entró al centro de la Ciudad de los Vientos.

La HR4437
A partir del 11 de septiembre de 2001, Estados Unidos se engalanó con una serie de leyes, una sobre la otra, que preten-

dían ver la seguridad nacional como un asunto dependiente de cómo entran y cuántos inmigrantes hay en el país y qué servicios públicos usan, en vez de revisar con calma cuál de todas sus intervenciones militares ha levantado más rabia en el mundo. Típicamente, pretendían solucionar legalmente un problema creado a fuerza de mantener una política exterior de explotación y abuso constante en términos económicos y en términos militares cuando los abusados se ponen más abusados y ya no les parece el abuso.

A falta de encontrar a Osama Bin Laden en Afganistán, se la cobraron con los inmigrantes que estaban aquí. Desde la Patriot Act hasta Clear Law Enforcement for Criminal Alien Removal Act (CLEAR, 2003), congresista tras congresista propusieron hacerle la vida de cuadritos a un montón de trabajadores que jamás habían visto una bomba en su vida, excepto la de agua que se les fregó en el rancho y les hizo tomar la valiente decisión de "irse pa'l norte" ante la falta de centavos para arreglarla.

Por cierto, entre otras varias leyes "antiterrorismo" y medio fascistas, la Patriot Act, esa ley que marcó el principio legal del Big Brother en Estados Unidos, fue también presentada en la Casa de Representantes por Jim Sensenbrenner.

Pero en diciembre de 2005 pocos, o casi nadie, sabía de "la Sensenbrenner", como se dio por llamar a la iniciativa de ley aprobada días antes por la Cámara de Representantes del Congreso gringo con la nomenclatura de "iniciativa HR4437". Yo era uno de los pocos conocedores del tema, porque días antes había publicado una columna de "México del Norte" al respecto.[2] La Sensenbrenner era la gota que derramaba el vaso contra los migrantes. Después de haberlos acusado durante años de todos los males sociales posibles, del embarazo juvenil, de la crisis de energía en California y de los incendios forestales en Arizona, Jim Sensenbrenner quería cobrárselas todas juntas y cerraba el círculo iniciado con otra medida legal de 15 años antes, la Proposición 187 impulsada por el nefasto gobernador de California, Pete Wilson.

---

2 "Forasteros, Extranjeros y Marcianos", México del Norte. http://mx-.groups.yahoo.com/group/mexicodelnorte/message/165

Pero el nuevo engendro de Sensenbrenner no solamente "quitaba" beneficios que de hecho pocos inmigrantes sin papeles tenían desde las reformas Republicanas firmadas por Bill Clinton, sino que además castigaba a los inmigrantes por no tener papeles. Peor aún, la HR4437 castigaba también a quienes ayudaran a los inmigrantes sin papeles, en una de las redacciones legales más absurdas habidas y por haber. Los maestros que le dieran clases a inmigrantes indocumentados, los choferes de camiones escolares que transportaran alumnos sin papeles, los trabajadoras sociales que llenaran papelería para trámites oficiales y miles de profesionistas más y gente común y corriente se volvía criminal federal por hacer su trabajo o nomás "por ser gente" y echarle una mano al vecino.

Entre paréntesis, 36 demócratas se habían unido a la propuesta republicana y, de hecho, la habían hecho posible porque sin sus votos la propuesta no se hubiera aprobado. Por así decirlo, la HR4437 se hizo realidad por culpa de estos demócratas. Los republicanos solitos simplemente no tenían los votos suficientes para aprobarla. Ahí entró en juego Rahm Emanuel[3], a la sazón coordinador de la bancada de Illinois en la Casa de Representantes del Congreso Federal, después Jefe del Gabinete de Barack Obama, hoy alcalde de Chicago, y a quien no le hacía gracia el tema de inmigración porque "es tan complicado que puede hacer peligrar al Partido Demócrata", según dijo antes de la primera elección de su jefe Barack Obama. Actualmente, como Alcalde de Chicago y como buen político, Rahm jura que es nuestro mejor amigo, y más de una organización pro inmigrante hasta se lo cree y colabora con él. El colmo fue invitarlo a presidir una marcha a favor de la reforma migratoria en octubre de 2013, convocada nuevamente por Emma Lozano.

La poco bendita alianza de Rahm, los demócratas traidores, Sensenbrenner y otro político republicano de Illinois, Dennis Hastert, lograron la aprobación al vapor de la HR4437. Hastert era en aquél entonces el Líder de la Mayoría (republicana) en

---

3 http://m.dailykos.com/story/2005/12/21/173420/-The-Democrats-secretly-supporting-anti-immigrant-legislation

la Casa de Representantes, o como quien dice presidente de la cámara baja del Congreso, y en una poco usual jugada, porque en Washington tampoco pasa nada cuando llega el invierno, había puesto a votación la propuesta cerca de medianoche del 15 de diciembre, cuando todo el mundo quería irse a su casa a pasar las vacaciones. Hoy Hastert es un ex político, retirado después de renunciar a su curul ante la pérdida de la mayoría Republicana en las elecciones que siguieron a las marchas, en noviembre de 2006.

La "influencia extranjera"

En corto, la propuesta de Omar era que el PRD convocara a una manifestación en contra de la HR4437 y aprovechar el obvio descontento por los repetidos ataques a la comunidad para reclutar migrantes al partido y organizar lo que se pudiera del voto exterior durante el año mientras tomábamos acciones concretas de protesta. En 2006 se llevarían a cabo las elecciones presidenciales en México, y nuestra mejor intención era apoyar desde el exterior, a pesar de que la recién aprobada modificación del Código Federal de Instituciones y Procedimientos Electorales (COFIPE), prácticamente prohibía las actividades de los candidatos fuera de la República.

En junio del año anterior se había aprobado, después de por lo menos diez años de cabildeo por nuestra parte, la reforma a la ley electoral mexicana que nos autorizaba a votar por presidente. Sin embargo, la ley del "voto mocho" como la calificamos quienes la consideramos más una burla que un triunfo de los mexicanos en el exterior, prohibía todos los actos de campaña de los candidatos y los partidos en el exterior. Pero a pesar de todo, algo habría que hacer.

Después de explicar a los demás qué decía la ley de Sensenbrenner, discutimos la propuesta de Omar y de hecho prácticamente la rechazamos, considerando que no era correcto que la convocatoria la hiciera el PRD solito. Una cosa era la idea de combinar actividades partidarias mexicanas con acciones del movimiento migrante y otra era pretender que el partido solito hiciera una convocatoria efectiva. La "enmienda amigable", como dirían los gringos, fue que se le propusiera a los demás partidos políticos mexicanos en Chicago y le entráramos todos juntos.

Nos dimos los consabidos abrazos de Navidad y fin de año, y nos fuimos todos a la casa esperando que, por una vez en la historia, las cosas que debían hacerse se hicieran. Confirmando una irreductible terquedad, propia solamente de un activista de izquierda empedernida de origen maoísta, por lo menos Omar sí se puso a trabajar. Para comenzar, se las agenció para que todos los medios de comunicación, en inglés y español, acudieran a una conferencia de prensa frente a las oficinas de Dan Lipinski, Congresista del tercer Distrito de Illinois, uno de los demócratas que habían votado a favor de la HR 4437 unos días antes de que entrara el año 2006.

Para colmo de la consecuencia como activista, en enero Omar efectivamente fue con los panistas y priistas locales y les hizo su propuesta; se reunieron y cambiaron de nuevo la jugada. Se proponía ahora que en vez de los partidos políticos fueran los consejeros del IME los que hicieran la convocatoria. Como dijimos antes, la mayoría de los 7 consejeros del IME en esa generación eran priistas y panistas, y eso de alguna manera eliminaba de hecho que el PRD pudiera figurar de manera prominente en cualquier actividad. Es más, en un acto de auto sacrificio de nuestros amigos del PRI y del PAN, todo en aras de que "no se confundieran los objetivos de la marcha con las actividades político-electorales mexicanas", claro, acordaron que podían convocar a la marcha todas las organizaciones sociales habidas y por haber excepto los partidos políticos mexicanos.

Agitador profesional

A finales de enero, Jorge Mederos, entonces editor de *La Raza* —periódico donde trabajé tres años y me gané dos Primeros Lugares Nacionales como periodista de parte de la Asociación Nacional de Publicistas Hispanos— tuvo a bien llegar a la conclusión de que no debía sacarme un tercero porque ya sería choteo, y me despidió. El pretexto para el despido fue que el periódico, recientemente comprado por la cadena canadiense

ImpreMedia, dueños de los periódicos en español más importantes de Estados Unidos, solamente se quedaba con *freelancers*, nadie de tiempo completo, así que yo quedaba invitado a ganarme 75 dólares por semana por seguir tecleando por la vía libre. Sospecho que la razón real pudo haber sido que Mederos y *La Raza* ya estaban hasta el gorro de los reclamos en contra de mi "izquierdismo" por parte de "nuestros amigos" de la derecha mexicana en Chicago, y que les habría llegado otra carta donde se exigía mi renuncia o despido, como varias que esos "aliados", "amigos", federaciones de clubes de oriundos y algunos individuos le han mandado a mis jefes en más de una ocasión en varias chambas periodísticas que he tenido en los últimos años.

En vez de aceptar la generosa oferta de ImpreMedia, me fui a la oficina de desempleo y por los siguientes seis meses saqué bastante más de 75 varos por semana, con la ventaja agregada de que me pude dedicar de tiempo completo al movimiento inmigrante. Por así decirlo, me convertí en "profesional" del movimiento mientras duró la lana del desempleo, hasta julio. Gocé de tiempo completo para convocar, coordinar y asistir a conferencias de prensa, editar volantes y materiales, repartir carteles a quien los necesitara y demás. No todo fue gratis, claro, porque terminé pagando cerca de 800 dólares mensuales por mi méndigo teléfono celular en el curso de la organización y realización de las marchas del 2006, excepto por un mes, cuando se decidió pagarnos la factura telefónica a mí a y Artemio Arreola.

La gorra más famosa del mundo

Como el destino determinó que yo no hubiera estado presente en la reunión de febrero para organizar la marcha donde se vetó a los partidos políticos como convocantes, a la siguiente que hubo yo llegué y me registré como PRD (a la sazón yo era el Secretario General del partido en Illinois). Hubo una mínima protesta de parte de Salvador Pedroza, hoy Presidente Nacional del PAN en Estados Unidos, mencionando el acuerdo del IME, pero detrás de mí se registró María D'Amezcua, Consejera Nacional del PRI, y al ver las siglas del PRD después de mi nombre tuvo a bien registrar también su partido como convocante. Ahí se acabó el acuerdo privado de prohibirle convocar a los partidos. Un minuto después Salvador cambió su registro para convocar a la marcha y le puso PAN. De ese día en adelante, hasta el primero de mayo, yo no me saqué la gorra del PRD. Como dice Víctor Cortés en su libro "La Marcha", primera crónica sobre los eventos del 10 de marzo de 2006[4], "Parecía que no se la quitaba ni para dormir". Por su lado, María no se quitó nunca un gigantesco botón tricolor, y Pedroza no se quitó la camisa azul. Y todos participamos en todas las actividades.

Quiso el destino (y la Asamblea General), que de los tres yo saliera en más fotos, noticieros y videos, así que a final de cuentas el PRD salió indirectamente beneficiado. Y además, el 10 de marzo marché con mi playera del PRD-Chicago (arriba de la chamarra porque apenas había unos 10 grados centígrados y no se podía andar de pura playera). Eso dio pie a una de las interpretaciones más bizarras de los eventos de ese año, por parte de un extremista de derecha que firma en Internet como "Lone Wacko" (el loco solitario), y que hasta la fecha me hace seguimiento y publica ridiculeces como el "complot del Partido Demócrata con el gobierno de México" para eliminar la frontera.[5]

Sin concederle al Wacko sus argumentos, por demás chifladísimos, la verdad es que sí, los partidos políticos mexicanos en Estados Unidos, que poca relación tienen con los partidos políticos mexicanos en México y que son prácticamente ignorados por sus cuarteles generales, jugaron una parte fundamental en las marchas de la Primavera del Inmigrante. No podemos decir que "las organizaron", porque en la organización de cada una de ellas hubo decenas y centenares de personas, pero sí fueron la fuerza inicial y motriz de las movilizaciones.

---

4 Víctor Cortéz, *10 de Marzo, La Marcha,* Ediciones La Cuadrilla de la Langosta / Mizisa, Chicago 2008
5 Lone Wacko, Internet http://wiki.24ahead.com/wiki/Jorge-Mújica

Sobriedad contra la Sensenbrenner

A principios de febrero ya se sentía la molestia nacional por la Sensenbrenner. Montones de organizaciones habían caído en la cuenta de las posiblemente terribles consecuencias si se aprobaba, pero como el movimiento pro inmigrante está acostumbrado a que le peguen con tubo un par de veces al año no había ninguna respuesta coordinada. Entre otras ideas que se promovieron por a'i, y a partir de aquí cito textualmente un correo electrónico enviado a una docena de activistas con todo y faltas ortográficas, estaba el llamado a declarar un "Boicot de Febrero Sin Alcohol" de parte de Miguel Araujo, Luís Domínguez y Noé Hernández, californios todos. Araujo se firmaba como "Coordinador Centro Azteca Estatal", Luis como "Coordinador del Centro Azteca-Fresno" y Noé como Noé, sin ninguna coordinación que agregar, y citaban un estudio de "un especialista de la Universidad de Brown en Rhode Island", quien "calcula que cada mexicano (en Estados Unidos) consume aproximadamente $70 dólares anuales en bebidas alcohólicas".

Dividido por meses, resultaba que cada mexicano en Estados Unidos gastaría "en el mes de febrero un aproximado de $5.83 en bebidas alcohólicas". Con que el 5 por ciento de los mexicanos en Estados Unidos le entrara al boicot, aducían, habría "la cantidad de $7,290,000 dólares en pérdidas para las compañías del líquido alcoholizado". Haciendo más cuentas, agregando impuestos, multas por manejar borrachos, los proponentes llegaban a la sabia conclusión de que "si persevera, el Boicot Febrero sin Alcohol tendría un impacto económico de por lo menos perdidas de 15 millones de dólares (sic)".

Con tan importantemente bien calculada cifra, el Centro Azteca lanzó a los cuatro vientos la "Convocatoria: Ley Seca Del Migrante vs. Proyecto H. R. 4437 & Acta Patriótica", y decretó que "todos/as los/as migrantes se abstienen de comprar bebidas alcohólicas y se mantendrán sobrios hasta que el proyecto h. r. 4437 y la acta patriótica (sic) sean abrogadas, reprobadas, rechasadas (sic) o destruidas", de manera que "usando el amor detendremos el odio y que la ley seca del migrante derrotará cualquier intento que obstruya al desarrollo y bienestar de los migrantes que viven y vienen a Estados Unidos".

La convocatoria terminaba con un llamado a la acción, al tenor de "Colegas: dejémonos de partidismos e indiosincrasia (sic) y dejemos que la cordura y madures (sic) nos unan para esta causa y este objetivo… luchemos para que en febrero con la ley seca del migrante aniquilemos al proyecto H. R. 4437 & la Acta Patriótica logrando legalización para todos".[6]

No sé si en Califas habrán dejado de tomar, pero la Ley Seca del Migrante le dio a Chicago una idea por la que luego pagaría la cerveza Miller. Y lo que sí se les ocurrió en Califas fue tratar de coordinar acciones nacionales.

¿Y por qué el 10 de marzo?

Creo que en esa segunda reunión a principios de febrero, Marcia Soto, figura principal de la asociación de Durango Unidos, y Emma Lozano, informaron que habían participado en una reunión nacional en Riverside, California, donde se había decidido una acción nacional coordinada contra la HR4437, y la fecha acordada era el 10 de marzo.

Por unanimidad se aceptó trabajar para esa fecha en Chicago. Cuando llegó la fecha y después de nuestra marcha, nos enteramos de que fuimos los únicos en todo el país que cumplimos con el compromiso.

A esa reunión llegaron un par de docenas de personas y la siguiente, a mediados de febrero, fue todo un fenómeno. Cuando yo llegué a Casa Michoacán había no menos de 80 personas. Creo que ahí fue la primera vez que sentí que la cosa iba en grande. Había docenas de miembros y presidentes de clubes de oriundos, no solamente michoacanos sino guerrerenses, zacatecanos, potosinos y jaliscienses, y por supuesto no faltaban chilangos. Estaban también los (como se dice en inglés) "sospechosos de costumbre", dirigentes reales, ficticios, autonombrados, electos, directores de organizaciones llamadas "comunitarias" y que en realidad son organizaciones de servicios a la comunidad, y bastantes activistas sueltos y gente

---

6 Correo electrónico de Noé Hernández, Enero 31, 2006.

que no pertenecía a ningún grupo ni organización, como Jesús Vargas, que se habían enterado de la actividad y querían participar.

Gutiérrez hace ruido

El 20 de diciembre de 2005, aún en Washington, antes de las vacaciones de navidad, varios miembros de la Corriente Congresional Hispana (Congressional Hispanic Caucus, CHC), le mentaron la madre no a Sensenbrenner, sino al liderazgo del Partido Demócrata. Según ellos, Rahm Emanuel, quien era no solamente coordinador de la bancada de Illinois, sino también jefe del Comité Demócrata de las Campañas por el Congreso (DCCC), nombre de la operación electoral de la Cámara de Representantes, y Steny Hoyer, jefe nacional de la bancada demócrata, habían cabildeado abiertamente en favor de la HR4437, particularmente con los miembros del llamado "Programa Frontline", compuesto por demócratas en riesgo de perder las elecciones.

La razón del cabildeo era "evitar ataques republicanos que pudieran poner en riesgo su reelección". Todos los miembros de Frontline votaron en favor de la Sensenbrenner.

"Los republicanos presentaron una propuesta extraordinariamente mala", se quejó Cecilia Muñoz, a la sazón Vicepresidenta Política del Consejo Nacional de La Raza. "Francamente estamos descontentos con el liderazgo del Partido Demócrata. Vamos a pedirles cuentas". La desilusión le duró poco. Dos años después, Muñoz se convertiría en directora de Relaciones Comunitarias de Barack Obama.

Por su parte, Luis Gutiérrez denunció la propuesta de ley como "un ataque vicioso y vil contra nuestra comunidad inmigrante. Esta horrible pieza legislativa no solamente está mal concebida y equivocada, sino que no arreglará nuestro fallido sistema migratorio".

Relataron los congresistas que justo después del voto en favor de la HR4437, los Congresistas Joe Baca, de California, y Bob Menendez, de Nueva Jersey, confrontaron a Rahm Emanuel, "muy enojados" según testigos del evento. Al parecer,

Emanuel había comentado que "no iba a gastar dinero defendiendo demócratas que votaran contra la propuesta de ley".[7]

Rahm Emanuel, por cierto, se fue de vacaciones después de la votación, y mandó solamente una respuesta a un periodista inquisitivo, diciendo que "Voté contra la Sensenbrenner y me he opuesto a ella en todo momento".[8]

En febrero, dos semanas antes de la marcha, Gutiérrez se apersonó en Chicago para advertirnos de lo terrible que era la Sensenbrenner. No vino con nosotros, por supuesto, sino a una audiencia del Comité de Relaciones Humanas del Ayuntamiento de Chicago.

Era el 27 de febrero, 65 días después de aprobada la Sensenbrenner en Washington. Una resolución presentada ante el Comité de Relaciones Humanas, conjuntamente por los concejales George Cárdenas y Ed Burke, demandaba una reforma migratoria integral y rechazaba la HR4437.[9]

Años después, cuando Gutiérrez todavía pensaba que podía ser Alcalde de Chicago, arremetió de nuevo contra Rahm Emanuel, en una conferencia a propósito de la candidatura a alcalde de éste último. "Tomó acciones para dañar a los inmigrantes", dijo Gutiérrez, como miembro del Congreso y como Jefe de Gabinete de Barack Obama. No ha defendido a los inmigrantes; no ha impulsado una propuesta de ley de reforma migratoria. No ha tomado las decisiones correctas, sino que ha tomado decisiones políticas. Eso no es lo que la comunidad inmigrante merece como próximo alcalde de la Ciudad de Chicago". De paso, Gutiérrez aprovechó para recordar qué había pasado cuando se aprobó la Sensenbrenner.

Emanuel siempre le llamó "el tercer riel de la política" a

7 https://www.google.com/url?sa=t&rct=j&q=&esrc=s&source=web&c-d=1&cad=rja&uact=8&ved=0CB4QFjAA&url=http%3A%2F%2Fcoloquio.com%2Fcoloquioonline%2F2005%2F0512chc.doc&ei=nd_QVMX-HO9T_yQSTkIKoCQ&usg=AFQjCNFrZlBD2jeP_IZDqqKQiFlBLpi-a4Q&sig2=EwFl3f6NuXAOc2g6_joVxg

8 http://damnliberals.blogspot.com/2005/12/so-where-was-emanuel.html

9 http://blogs.suntimes.com/sweet/2006/02/rep-luis-gutierrez-re-turns-to.html

la inmigración, en referencia a los rieles eléctricos de los sistemas de transporte. Los otros dos rieles siempre son seguros; el tercero, electrocuta. Y, efectivamente, se negó a tocar el tercer riel con la mano derecha, pero con aquello de que "no sepa tu mano izquierda...", fue clave en la elaboración de la política de deportaciones de Barack Obama. Pero ya como candidato a alcalde, Rahm propuso crear un fondo para darle becas a los Dreamers. Gutiérrez declaró que era "muy poco y muy tarde" para conciliarse con los inmigrantes. "Es otro ejemplo de la retórica de Rahm el candidato, que no coincide con el expediente de Rahm el congresista".[10]

Pero cuatro años después, en el colmo del oportunismo, Gutiérrez no solamente hizo las paces con Rahm, y le sirvió de punta de lanza en la comunidad latina para su campaña de reelección como alcalde. Lo apoyó incondicionalmente, juntó dinero para él y, básicamente, trató de contrarrestar todo lo que llevaba 8 años diciendo de él, para convencer a los votantes latinos de que lo apoyaran.

Carrozas y caballos

El ambiente era serio, y la organización pésima. En Estados Unidos, en general, nadie acostumbra marchar ni en defensa propia, excepto por la izquierda recalcitrante, y a lo que la mayoría de las organizaciones están habituadas es a hacer desfiles. Hay desfiles el 5 de mayo y el 16 de septiembre, varios en cada fecha, en Chicago y los suburbios, porque cada desfile significa patrocinios para los organizadores y se han convertido en negocios millonarios. En un desfile, cabe aclarar, hay carrozas, carros alegóricos y caballos, y así se estaba discutiendo hacer la marcha del 10 de marzo.

De hecho, así había pasado el año anterior cuando El Pistolero y El Chocolate, otro locutor de radio, se pelearon por ver quién era más famoso y tenía más *ratings* y por lo tanto tenía más derecho de organizar y presidir la marcha del Barrio de las Empacadoras. Había miles de personas en la Avenida

---

10 http://www.progressillinois.com/posts/content/2011/01/14/gutierrez-blasts-emanuel-immigration-tactics

Ashland cuando los "talentos" (como se les llama por acá a los locutores y presentadores de noticias, aunque nadie sepa a qué se debe el impreciso apodo), llegaron al sitio convocado, y sus edecanes querían que la gente se formara como si se tratara de pasar a tirarle dardos a una ruleta en una feria para ganarse una playera de Univisión.

Ahí me tocó, un poco para variar, colgarme la cámara de *La Raza* de un hombre y un megáfono del otro, y pasar del lado del fotógrafo de prensa al lado de la gente que quería marchar, y como se pudo dimos instrucciones al vapor a la gente para organizar la marcha. La poca costumbre de marchar en vez de desfilar llevó a que se creara una constante a lo largo de todas las marchas y hasta la fecha. Los pretendidos líderes y "señores importantes" de la marcha se quedaron como a media marcha, porque como no hay costumbre de marchar nadie sabe que tiene que "respetar" una "descubierta" donde va la gente "importante".

Tal vez recordando la experiencia del año anterior, cerca de dos semanas antes del 10 de marzo la izquierda dio un paso al frente y estableció con toda claridad que una cosa era un desfile patrio y otra una manifestación de protesta y repudio a una ley, y que mejor nos dieran chance de organizar las cosas como sabíamos. Como la derecha y el centro nunca han organizado manifestaciones, aceptaron sin hacerla de tos.

Comités de esto y de lo otro
El trabajo para el 10 de marzo se organizó en comités por funciones, prensa y medios de comunicación, logística, *outreach* (búsqueda de otros grupos) y un Comité "Timón", mala traducción de *steering committee*, término que nadie nunca tuvo el tino de traducir y así se quedó. De todos los comités fue el que menos funcionó porque si algo quedó claro por principio de cuentas, fue que las decisiones "importantes" tenían que ser siempre tomadas por la reunión general o Asamblea, que a esas alturas era absolutamente representativa y no necesitaba ni dirigentes ni capitanes ni timoneles.

Públicamente, nos pusimos todos el nombre genérico de

"Comité Ad Hoc Contra la HR4437", para que ninguna organización se presentara como líder de las demás. Funcionó, de alguna manera, porque así nadie se pudo llevar el crédito personal de haber organizado la marcha, y porque la lista de convocantes llegó a ser tan grande, más de 50 grupos y organizaciones, que ningún nombre destacaba sobre otro. Después aprenderíamos que de todas formas hay maneras de robarse el crédito de cualquier evento, y mucho después aprenderíamos a hacerlo nosotros mismos y a pelearle el crédito a quienes querían robárselo después de no hacer nada. Por así decirlo, aprendimos a "cacarear el huevo", aunque la honestidad nunca nos llevó a cacarear el huevo ajeno.

Posiblemente esa haya sido una de las grandes virtudes y lecciones de la Primavera del Migrante. Por lo general, las organizaciones no lucrativas en Chicago no se reúnen más que ocasionalmente y, al contrario, constantemente se pelean por la posibilidad de obtener fondos de una u otra fundación, o los dineros de un programa estatal o de la ciudad. Por otro lado, las organizaciones de oriundos tampoco se reúnen más que a nivel de comité ejecutivo, entre presidentes de federaciones, pero nunca en Chicago había ocurrido, en la comunidad latina, una reunión de todos, de "las bases", una gran "convención de miembros de los clubes de oriundos", por así decirlo.

Además, si bien las reuniones tenían orden del día, no se hacían como las reuniones gringas, breves, concisas y al punto (por aquello de que "Time is Money"), ni se hacían al otro estilo gringo de "talleres" educativos con presentadores por tema o cosas por el estilo. La orden del día era la revisión y reporte del trabajo de cada comité, formados todos por voluntarios con y sin experiencia pero con ganas de trabajar.

La fuerza económica

Fieles al principio democrático y revolucionario de que ninguna estrategia funciona solita, y basados en aquella idea de la Ley Seca del Migrante, días antes de la marcha se propuso a la asamblea general en Casa Michoacán que se tomara una medida económica en contra de la HR4437. La propuesta partía de la historia y el sentido, repetido docenas de veces, de que los inmigrantes tienen que demostrar su fuerza económica y "pegarle al sistema en el bolsillo".

A mí me comisionaron para hacer una propuesta que tuviera sentido, y me di a la tarea de investigar quiénes le donaban dinero a Sensenbrenner para sus campañas políticas. En general, se trataba de encontrar algo que sea ampliamente conocido y ampliamente consumido, porque no se puede boicotear algo que no se consume, ni algo que hay que explicarle a la gente qué es porque ni lo conoce. Y tampoco se puede boicotear un producto en general, como "la leche", sino una marca, como "la Nestlé". Y tiene que ser una marca con alternativas de consumo; no se puede boicotear "la gasolina", porque a los tres días uno la va a necesitar para seguir viviendo. Finalmente, no se puede boicotear un artículo de primera necesidad, de esos que la gente piensa que no puede vivir sin ellos, como la tortilla.

Históricamente, teníamos los antecedentes de los boicots declarados por el sindicato de trabajadores agrícolas organizado por César Chávez, y pensábamos que eventualmente, aunque llevara tiempo, una medida de presión económica así podía funcionar.

De las 100 empresas que le habían dado donativos a Sensenbrenner, el blanco elegido fue la cerveza Miller, que le había dado, dos años antes, un par de miles de dólares al congresista para su campaña de reelección. Es un producto consumido por muchos inmigrantes latinos, marca ampliamente conocida, y eso la convirtió en un blanco apropiado. Tal vez, si en aquél momento hubiéramos sabido que Sensenbrenner era el heredero de la Kimberly Clark, y si hubiéramos sabido el impacto que el boicot iba a tener, lo hubiéramos escogido, pero la Kimberly no le había donado dinero a Jim Sensenbrenner. El congresista no tenía ninguna necesidad de usar su propia lana en sus campañas electorales.

La revelación de que una cerveza favorita de los mexicanos, después de la Corona, había "financiado" a Sensenbrenner causó tal repudio que se votó a favor de boicotear a la Miller sin mayores argumentaciones. Recuerdo que Carlos Pérez, activista chicano y a la sazón encargado de los *peacekeepers* (encargados de que la marcha se hiciera en paz), quería boicotear tres docenas de empresas, incluidas todas las gasolinas y demás, pero el argumento de concentrarse en una compañía prevaleció y logró el voto a favor.

El hecho de que la Miller solamente le hubiera dado unos 2 mil 500 dólares a Sensenbrenner no tenía importancia, aunque fuera una cantidad completamente despreciable si se consideran los donativos a un miembro del Congreso, especialmente uno que está en un comité que puede poner en problemas a un producto porque puede cambiar los reglamentos de cómo se ponen las etiquetas en una botella de cerveza. Además, la Miller está basada, como buena compañía cervecera, en Wisconsin, tierra de Sensenbrenner, y toda compañía que quiere gozar de relativa salud le pasa una lana a los políticos de su terruño. Pero aquí se trataba de poner un ejemplo y castigar a una empresa.

El encargado de anunciar el boicot el 10 de marzo fue, ni más ni menos, que el Activista Cero, Omar López.

El 5 de marzo, cinco días antes de la marcha, publiqué un "México del Norte", bajo el título de "¡Boicot, boicot!", llamando a la acción y explicando en detalle todo lo anterior.[11]

El revoltoso colectivo

A cualquiera que le pregunten hoy, dirá que él o ella organizó la marcha del 10 de marzo. es posible, porque por el salón principal de Casa Michoacán debieron pasar centenares de personas en los 20 días previos a la marcha. Y a la hora de la hora, lo cierto es que la marcha fue mucho más grande que la capacidad de convocatoria de las organizaciones que participaron.

La única lista "oficial" que tengo de las organizaciones convocantes a la marcha del 10 de marzo de 2006 proviene de un comunicado de prensa que se mandó unos días antes, y que enlista las siguientes organizaciones como convocantes: Alivio Medical Center, CALOR, Casa Aztlán, Casa Michoacán, Fede-

---

11 http://mx.groups.yahoo.com/group/mexicodelnorte/message/180

ración de Clubes de Michoacán, Centro Sin Fronteras, Centro Romero, Chinese American Service League, Coalición Internacional de Mexicanos en el Exterior, Confederación Mexicana, Congreso Político de Trabajadores Mexicanos, Durango Unido en Chicago, Enlaces América, Familia Latina Unida, Federaciones de Chihuahua, Guerrero, Hidalgo, Guanajuato, Instituto de los Mexicanos en el Exterior, Latinos Progresando, Latinos del Suroeste, NALACC, Nahui Ollin Danza Azteca, Mayan Calendar News, Organización del Distrito Federal, Pilsen Neighbors, RPD de Guatemala, Resurrection Project, UNIRR (United Network for Immigrant and Refugee Rights-Red Unida de Derechos de Inmigrantes y Refugiados), Unión Latina, Universidad Popular, Friends of Sullivan, Illinois Hunger Coalition, ACMMI, Red por la Paz y Desarrollo en Guatemala, Metropolitan Tenants Organization, United Electrical Workers, Partido de la Revolución Democrática, Partido Revolucionario Institucional.

Es una lista medio chafa y medio chistosa, pero es lo que tengo. Es chafa porque, por ejemplo, durante todo el año 2006 el Centro Médico Alivio estuvo enfrascado en una pelea sin cuartel en contra de sus trabajadores, que se querían sindicalizar. Entre las batallas de esa pequeña guerra estuvo la virtual prohibición a los trabajadores de faltar a la chamba para asistir a la manifestación, bajo pena de perder sus trabajos.

Otro convocante, el Congreso de Trabajadores Mexicanos, es una organización fantasma que hasta la fecha nadie conoce y que hasta la fecha nadie puede ubicar pero tiene un nombre bien chévere.

Después vienen la Familia Latina Unida y el Centro Sin Fronteras, que tendrán el mérito histórico de haber convocado a la marcha aunque después hicieran lo que hicieran y que se platica más adelante, pero que en realidad son la misma cosa nomás que con dos nombres distintos. La Familia Latina Unida es en realidad el nombre de un proyecto que nació del Centro Sin Fronteras (que después se cambió el nombre a "Pueblo" Sin Fronteras) cuando se llevaron a trabajar con ellos a Elvira Arellano, quien fungió como su Presidenta.

Luego está el IME, que menos mal que el gobierno mexicano nunca se dio cuenta de que era "convocante" de la marcha, porque a más de un funcionario de la Cancillería le hubieran dado tres síncopes cardiacos al hilo. El IME es parte de una dependencia oficial y, en todo caso, los convocantes fueron los Consejeros del IME, Omar López y Artemio Arreola, acompañados de Fabián Morales, Javier Salas y quien-sabe-quién-más, pero no el IME. Es más, el IME prácticamente le prohíbe a sus consejeros hablar a nombre del gobierno mexicano y participar en eventos donde los gringos puedan sospechar de "injerencia" mexicana en sus asuntos internos, pese a las frecuentes intervenciones del gobierno gringo en los asuntos internos mexicanos, pero en fin.

Por ahí, en el debido orden alfabético, aparecen los Friends of Sullivan (Amigos de Sullivan), y me consta que John Sullivan personalmente en persona estuvo alguna vez en Casa Michoacán. Si entendió algo o no, es un misterio, porque hasta la fecha dudo que hable español. Sullivan era uno de los candidatos que participaban en las elecciones internas del Partido Demócrata en contra de nuestro archirrival Dan Lipinski, Congresista por el Tercer Distrito de Illinois, hijo de papi que heredó su curul muy al estilo "democrático" de Estados Unidos y fervoroso votante en contra de los inmigrantes cada vez que tiene chance. Andando los años me tocó a mí presentarme como candidato en su contra y hacer un papel similar al del baño, porque a la maquinaria difícilmente se le gana con buenos proyectos. Hay que tener dinero y otra maquinaria, cosa que los migrantes aún no tenemos.

Por alguna misteriosa razón, pecan por su ausencia la Coalición de Inmigrantes y Refugiados de Illinois, suerte de mega-organización-no-lucrativa que ha impuesto las políticas del movimiento durante años y que tuvo oradores a más no poder en la marcha a pesar de no aparecer en la lista, y el Partido Acción Nacional. Ambas dos participaron en las reuniones pero al parecer no firmaron nunca las últimas listas de convocantes en la reinante y acostumbrada dispersión organizativa que caracterizó la organización del 10 de marzo.

Y quien sabe. A la mejor mi lista no es la lista completa ni es la final, sino que está basada en un comunicado de prensa donde posiblemente ni estaban todos los que eran ni eran todos los que estaban.

Democracia en acción

Por principio general, en las Asambleas Generales todo el mundo tenía derecho de hablar de todos los temas en la agenda, aunque obviamente se fueron poniendo reglas para limitar los espacios de tiempo y llamar al orador a centrarse en el tema en vez de divagar. Curiosamente, los mexicanos piensan que "hablar del tema" significa que hay que darle a uno todos los antecedentes e historia de la vida de uno para que los demás lo puedan entender. A la mejor tenía razón mi viejo maestro Othón Salazar Ramírez, quien decía que la cuestión era que a la gente nunca se le ha escuchado, siempre se le ha hablado, así que cuando tienen el chance de hablar… ¡pues hablan!

Ahí brincó la izquierda como "experta" desde muchas vidas anteriores en dirigir reuniones interminables de grillos, aunque nos empezamos a rotar las funciones de "mesa de debates" entre algunas personas con poca, mucha o nada de experiencia, y las reuniones igual que crecían en número de participantes crecían en contenido de las discusiones.

Se discutía todo: que si la gente debía ir de blanco, por ser el color de la esperanza; que si solamente se debían llevar banderas de Estados Unidos para "demostrar que estamos orgullosos y somos parte del país que nos abrió las puertas", y ahí se volvía a discutir todo de nuevo, porque si Estados Unidos había hecho algo era cerrarnos las puertas, no abrirlas.

No faltaban, por supuesto, las reuniones "laterales" entre algunos de los "maestros de la grilla", quienes bajo el pretexto (y la nicotínica y urgente y necesidad real) de fumarnos un cigarro, nos salíamos a los 5 grados centígrados bajo cero que había en la calle y con la brevedad que imponía el frío llegábamos a acuerdos rapidísimos sobre una u otra propuesta. Al darse cuenta de las reuniones laterales, otros líderes no fumadores salían también bajo el pretexto de alejarse del calor que

80 o 100 personas producían dentro de Casa Michoacán, más bien con tal de no perderse de las jugadas.

A final de cuentas sustituimos el "Comité Timón" con un comité coordinador, formado por un representante de cada uno de los demás comités y le bajamos el número a las asambleas, porque de todas formas cada comité trabajaba por su lado, con sus propios recursos, en sus propios tiempos. Este sistema permitió que, efectivamente y por primera vez en la historia, se trabajara en vez de discutirse todo en Asamblea. Igual, el Comité Coordinador nunca funcionó tampoco porque ya cada Comité había hecho su trabajo y lo había hecho bien, con la iniciativa popular al frente. El Comité Coordinador se volvió más bien un "comité reportador", donde todos nos enterábamos de qué andaban haciendo los demás.

Como quiera que sea, la organización funcionó. Para principios de marzo todo estaba relativamente listo, se sabía en dónde iba a haber camiones para recoger gente y llevarla al parque Unión, en la esquina de la Avenida Ashland y la Lake; se emitieron gafetes para los llamados *peacekeepers*, eufemismo inventado por Carlos Pérez, activista de décadas en Chicago y quien quedó a cargo de la seguridad aunque él toda la vida insistió en que no iban a hacer nada de seguridad, y montones de detalles por el estilo. Se tenía una idea clara de la forma de salir del Parque Unión, qué contingentes debían marchar, en qué orden y demás.

Se decidieron detalles como quiénes estaban encargados del sistema de sonido en el Parque y al final, en la Plaza Federal; el papel de los *peacekeepers* de Carlos, y un montón de cosas, y para ponerle la cereza hasta arriba del pastel, se decidió quiénes iban a hablar al final de la marcha, los oradores del evento.

Antidemocracia en acción

Y ahí fue donde la puerca torció el rabo. Más de una semana antes de la marcha, en una de las reuniones generales se había adoptado y votado por una lista de oradores que había propuesto el Comité Coordinador, en una de sus pocas apariciones de importancia. Había políticos a pasto, que habían sido invitados por gente a la que le interesa que los políticos figuren siempre en este tipo de eventos, había locutores de radio, había representantes de la iglesia, de todo un poco. En una sesión lenta, que discutió que los criterios principales debían ser que los oradores representaran una gama variada de la sociedad en contra de la propuesta de Sensenbrenner, se fueron descartando unas propuestas y aceptando otras.

Para sorpresa general, resultó que había invitados inamovibles, como El Pistolero, porque prácticamente era condición del Pueblo Sin Fronteras para participar en la marcha. Rafael Pulido, argumentaban, era el factor principal para el éxito de la marcha porque había estado llamando públicamente a marchar en su programa de radio. En los meses y años posteriores siempre estaría presente la discusión de la importancia del "Pistolero" y otros locutores, como Javier Salas, para el éxito de las marchas. Lo cierto es que hoy El Pistolero ya no existe. A Rafael Pulido lo corrieron de Univisión Radio, le quitaron hasta el nombre artístico porque es *trademark* de Univisión, se dijo que fue a dar a la cárcel y años después reapareció en alguna otra estación, al igual que Javier Salas, quien se dedicó a hablar en contra de las marchas una vez que se le quitó la emoción de pedir un minuto de silencio en cada evento, papel que solicitó le asignáramos más de una vez. Y con locutores y sin locutores, todavía hay marchas.

Tampoco estaban a discusión la presencia del Alcalde y del Senador Richard Durbin y otros políticos, invitados por Juan Salgado, presidente del Consejo Directivo de la Coalición de Illinois por los Derechos de Inmigrantes y Refugiados, con el argumento de que "es a ellos a quienes queremos impactar y es mejor que declaren públicamente si nos apoyan o no". Todos han hablado en una u otra marcha, y la verdad siempre los he visto muy grillos y nunca los he visto muy "impactados", pero en fin.

Ante los "compromisos adquiridos" de antemano, llegamos a la forzada decisión de que los que estaban quedaban, y entremedio fuimos metiendo a los que sí nos interesaba que hablaran, que eran representantes de organizaciones de base que estaban, valga la redundancia, organizando cosas como la marcha misma. En total, quedó una lista de algo así como 15 invitados "a huevo" y unos 15 oradores representativos del movimiento inmigrante.

Sonrían, están en cámara

Un punto interesante en la dinámica de las reuniones fue el tema de qué tan "cerradas" eran, y de quienes podían participar. El tema salió a colación, si me ayuda la memoria, porque un par de periodistas me preguntaron si podían ir a las reuniones para sacar material y escribir o grabar sus artículos y reportajes. Mi respuesta inmediata, sin consultar a nadie, fue que si, que todas las reuniones eran abiertas.

La presencia de los medios de comunicación en la próxima reunión alegró a todo el mundo, porque se consideró que habíamos logrado romper la "barrera del silencio", ese muro que erigen los medios alrededor de algunas causas o movimientos y que tiene la perniciosa consecuencia de ocultarlos al público. Ahí comenzó una larga, demasiado larga tal vez y definitivamente complicada, relación personal con los medios o de los medios con mi persona, que no es lo mismo y tampoco es igual.

Y contribuyó a disipar el miedo al *Gran Brother* que algunos activistas de la izquierda más radical insistían en que estaba presente en cada reunión. "Si alguien quiere hablar de ir a poner bombas a algún lado", dijimos como argumento, "pues que se vaya a 'algún lado' pero no en Casa Michoacán, porque aquí hay que sonreír porque estamos en cámara".

Y también contribuyó con un repertorio fabuloso de archivo electrónico que por ahí sigue, y que se puede consultar en cualquier momento para comprobar si se dijo lo que se dijo o se dijo exactamente lo contrario, porque además de los medios de comunicación, a más de un compañero le dio por grabar todas las sesiones de la Asamblea General.

La noche de anoche

Para evitar futuros problemas, acordamos cerrar y tapiar a piedra y lodo la lista de oradores una semana antes del 10 de marzo, en esa votación de la Asamblea donde todo el mundo parecía estar de acuerdo.

Parecía, del verbo *parecer*, porque la noche anterior al 10 de marzo, Emma Lozano nos sorprendió a todos con un *parecer* distinto. "John Stroger va a hablar también", anunció Emma. La Asamblea lo objetó. En primer lugar, la lista de oradores ya estaba cerrada desde hacía una semana, y en segundo lugar John Stroger, Presidente del Condado de Cook, no era nadie que alguna vez hubiera demostrado algún tipo de simpatía o apoyo a la comunidad inmigrante. Además, Stroger estaba en medio de una campaña electoral donde por primera vez en años se veían posibilidades de que perdiera, y la Asamblea se negaba a darle tribuna a un candidato en problemas. De hecho, se había discutido que uno de los criterios para hablar era no ser candidato en campaña. La excepción, bajo palabra de honor de no hacer campaña era uno de los nuestros, Cuauhtémoc Morfín, contendiente al Ayuntamiento por el Distrito 25 de la ciudad de Chicago, y quien había quedado encargado de controlar la lista de oradores antes de la marcha, en el Parque Unión.

Emma insistió, con ese tipo de insistencias que no se usan para convencer a nadie de nada sino para dejar claro que más bien es una orden, que hay una decisión tomada y que se tiene que cumplir: "John Stroger va a hablar porque ya lo invitamos y ya aceptó y ahora no le vamos a decir que no". La discusión se puso tensa, y por procedimiento se votó si se volvía a abrir la lista de oradores. No se votó si hablaba Stroger o no, sino si se abría la lista de oradores, de manera que se abría la posibilidad de hacer nuevas propuestas de oradores, Stroger y otros más.

Sin Fronteras perdió la votación por un escasísimo margen, tan pequeño que no hubo más remedio que volver a votar para que se contaran los votos con exactitud y no hubiera enojos ni resentimientos. Vano esfuerzo. Esa noche, esa pequeña diferencia marcó las dinámicas, las amistades, las alianzas y buena parte de los pleitos dentro del movimiento inmigrante en los años por venir.

Sin Fronteras volvió a perder la votación. Se anunció que quedaba cerrada la lista de oradores y entonces Elvira Arellano tomó la palabra. No recuerdo exactamente su discurso, bastante larguito por cierto, más allá de los dos minutos reglamentarios concedidos a cada orador, pero recuerdo algunas frases. Entre otras cosas, dijo que "nosotros" (o sea todos los demás que estábamos ahí excepto Sin Fronteras), no sabíamos respetar los compromisos, que no entendíamos la situación política y, de remate, y aquí si literalmente, nos dijo que nosotros no teníamos por qué tomar ese tipo de decisiones porque "ella era la única indocumentada" en todo el movimiento que estaba organizando la marcha.

René Sota, cocinero, maestro de español y barrendero voluntario de la Calle 18, desde el fondo del salón, le espetó un fuerte "¡ya cállate!" a Arellano, que tuvo el efecto de poner a llorar de rabia a la después apodada "Reina de los Inmigrantes". A las acusaciones de que nosotros no teníamos nada que ver con el movimiento inmigrante se sumó la de que éramos "machistas" y de que no la dejábamos hablar por ser mujer. Nunca supe si René le decía que ya se había acabado su tiempo de hablar o si era una respuesta indignada por su parte a la indignante declaración de que ella era la única indocumentada del movimiento, pero a renglón seguido, como si se hubieran puesto de acuerdo de antemano, todos los miembros de Sin Fronteras que estaban en el salón se levantaron y anunciaron que se retiraban del evento.

La reunión siguió después de la salida de Sin Fronteras, con un llamado a la unidad de los que quedaban. A esas alturas ya estaba claro quiénes tenían que hacer qué al día siguiente. Solo quedaba esperar las últimas horas antes de la marcha del 10 de marzo.

Unos días después, John Stroger tuvo un síncope cardiaco del que nunca se recuperó. Ganó la elección desde el hospital en estado de coma, y su hijo tomó la candidatura y se convirtió en Presidente del Condado por los siguientes cuatro años.

¿Y cuántos van a ser?

Una de las preguntas favoritas de los medios de comunicación, como si la importancia de los eventos y su relativo éxito se pudiera medir por el número de participantes, era "¿y cuánta gente va a ir a la marcha?". Una y otra vez, cuando se dieron cuenta de que se estaba cocinando algo más o menos grande, nos preguntaban y querían declaraciones pitonísticas sobre el tamaño de la marcha.

A mi me cargaba contestar la pregunta, porque se me hacía que le restaba importancia al evento mismo; le daba credibilidad a la idea de que si eran pocos entonces el evento y su mensaje no tenían importancia. Al mismo tiempo, como ex trabajador de los medios de comunicación, me era obvio que los medios, especialmente la televisión, necesitaban asegurarse de que iban a tener suficientes imágenes bonitas para poder presentarlas en sus noticieros. Para ellos sí tiene sentido el número de participantes, por la cantidad de video que pueden presentar. A final de cuentas, el 10 de marzo les llenó el buche en todos los sentidos. Los que se pusieron las pilas, participaron del mayor evento en su historia.

La respuesta fácil que comenzó a surgir por ahí era que en vez de darles números, le decíamos a los medios quiénes, qué clubes de oriundos, qué suburbios y qué organizaciones habían llegado a la Asamblea a anunciar su participación.

Pero la pregunta siempre quema. Al interior de la Asamblea y de los grupos y grupúsculos de activistas que organizábamos la marcha también nos preguntábamos cuánta gente iba a acudir. Nuestra única experiencia de evento masivo de verdad en Chicago era la marcha del año anterior, y en esa nos basamos para especular. Durante la organización de la Marcha del Barrio de las Empacadoras pocas organizaciones habían anunciado su participación. Por el contrario, las federaciones de oriundos tomaron la decisión, en una reunión en el Consulado de México, de no participar en el evento porque era, según Marcia Soto, jefa de los duranguenses en Chicago, un circo de los locutores radiales. A la hora de la hora, pese a la valiente decisión de no hacerle el juego a los locutores, todo el mundo llegó a la marcha, incluida Marcia.

Pero para la marcha del 10 de marzo, una por una y varias por varias, los clubes y federaciones se alinearon y anunciaron su decisión de participar. Eso nos ayudaba con los medios de comunicación, porque nos permitía ir ampliando cada semana la lista de convocantes y participantes. De hecho, en el México del Norte del 5 de marzo, "¡Boicot, boicot!", yo especulaba que a "la Madre de Todas las Marchas", asistirían unas 50 mil personas.

En todo caso, privadamente, apostábamos a cuántos íbamos a sacar a la calle. Yo era el optimista, y mi número favorito era de 80 mil. Me quedé corto por unos 300,000.

Detrás de la tribuna, Primero de Mayo, Gonzalo Pérez, José Landa-
verde, Héctor Rico, Jorge Mújica, Salvador Pedroza, Fabián Morales

Bajo la bandera gringa, una del PRD

Capítulo 2
¿De dónde salieron tantos?

Otra introducción, pero esta vez sí necesaria

El 10 de marzo de 2006 inauguró solamente una fase del movimiento inmigrante, un movimiento que vino de antes y se mantuvo después de los 50 días de esta fase.

Cada quien tiene su cuenta, pero yo me inclino por creer que a partir del 10 de marzo y terminando el 1º de mayo de ese año, en 50 días, marcharon por las calles del país entre 12 y 15 millones de personas. Es un número récord, que supera con mucho al total de las históricas marchas en los 15 años del movimiento por los derechos civiles de los afroamericanos, y todas las marchas juntas contra la guerra de Vietnam de las décadas de 1960 y 1970.

Y no fue una fase típica del movimiento. Fue una fase explosiva y de participación popular sin precedente, posiblemente debida al coraje, la desesperación y el insulto que la propuesta legislativa de Sensenbrenner significó para la comunidad inmigrante y sus aliados, eventuales o permanentes.

Y sobre todo a la falta de respeto. "Pobres pero honrados", los latinos saben que se han partido el lomo trabajando por migajas en Estados Unidos, y no a elaborar complots para derrocar al gobierno o a esquemas fraudulentos para gozar de los " beneficios sociales" que muy pocos, incluso entre los ciudadanos, pueden gozar. El discurso antiinmigrante de Sensenbrenner y los republicanos le cayó muy gordo a la comunidad. Con el mismo espíritu de la comunidad afroamericana, que se aglutinó bajo la consigna de "I Am A Man" ("Yo Soy Un Ser Humano"), los inmigrantes y sus aliados se incorporaron a la fase "marchista" del movimiento migratorio para expresar pública y masivamente su falta de satisfacción y lucharon por la más primaria de las demandas, ser considerados como iguales, bajo la consigna de "No Somos Criminales, Somos Trabajadores".

De "camping" en el parque

El 10 de marzo de 2006 amaneció nublado en Chicago, "fresco", como le llamamos nosotros a cualquier temperatura entre los 5 y 10 grados centígrados. Arriba de 15 ya de plano es "calor". Me puse mi playera del PRD-Chicago arriba de la camisa, cosa de poder lucirla en la marcha, y luego terminé por ponérmela arriba del suéter porque el vientecito calaba hasta los huesos.

Llegué al Parque Unión relativamente temprano, y me sorprendió ver que había algunas tiendas de campaña desperdigadas entre los árboles. Me extrañó porque en primer lugar no se permite acampar en los parques de la ciudad, y después porque pensé que a la mejor había alguna feria o evento de varios días o algún tipo de festival y que yo estaba en el lugar equivocado.

Manejando, le di un par de vueltas al Parque y finalmente me estacioné y empecé a caminar. La gente de las tiendas de campaña se estaba quitando las lagañas y buscando en dónde lavarse la cara. Empecé a notar que arrugados y todo, venían de blanco, color "oficial" de la marcha, y por conversaciones entre-escuchadas me di cuenta de que estábamos, ellos y yo todos, en el lugar correcto y que venían a la marcha pero habían viajado desde lejos, durante horas, habían llegado la noche anterior o de madrugada, y se habían quedado acampando en el Parque. Ahí me cayó el veinte. La marcha iba a estar de poca…

Aunque el evento estaba convocado para congregarse a las 10 y marchar a las 12, desde las nueve de la mañana cada tren que llegaba a la parada de la Ashland y la Lake descargaba docenas primero y después cientos de personas. Carro tras carro se vaciaba en el andén, y centenares de pasajeros bajaban al Parque. Desde esa hora llegaron los carritos de vendedores de paletas, y los vendedores de banderas y gente, más y más gente.

Sonando sin sonido

Por no salir bien, las cosas obviamente no podían salir bien. Para comenzar, no había baños públicos en el Parque Unión, y pareciera que no todos pero bastantes miles tenían que ir al baño precisamente en ese momento. Durante el siguiente mes, la crítica más fuerte a los organizadores de la marcha fue que no hubiéramos pensado en rentar baños. Nunca supimos por qué la Casa de Campo del Parque no abrió ese día, pero eso nos enseñó a no depender de nadie para la próxima, y a programar nosotros todos nuestros servicios. Cuando marchamos a Batavia, a finales de agosto de 2006, nos llevamos baños portátiles los cuatro días de la marcha.

Para seguir, no había sistema de sonido. Y para seguir siguiendo, el lugar que habíamos elegido para concentrar a la gente y presentar una serie de oradores antes de iniciar la marcha, la cancha de béisbol, estaba anegada por las lluvias de los últimos días. La gente se comenzó a concentrar en los espacios de pasto que, aunque mojados, no estaban llenos de lodo. Y por no haber, tampoco había agua potable, por aquello de que los bebederos públicos en los parques de Chicago no se conectan hasta después de que se acaba el riesgo de que se congelen las tuberías y se revienten, lo que en Chicago puede ser hasta mediados o finales de abril. Afortunadamente los vendedores ambulantes, que al parecer tenían más idea que nosotros de lo que iba a ser la marcha, llegaron a salvar la situación con sus botellas de agua.

Como a las 10 de la mañana comenzamos a usar la tribuna de la cancha como tribuna política, pero solamente con un megáfono, a falta de sistema de sonido. Y en vez de usarla como habíamos pensado, mirando a la cancha, la usamos al revés, con el público concentrado en el pasto fuera de la cancha. Fabián Morales, encargado del dichoso sistema para hacer ruido nos contó después que el pariente que le había llevado una camioneta con las bocinas y demás, se había llevado las llaves de la camioneta y no había manera de encontrarlo.

El megáfono bastó, por lo menos para que escucharan algunos centenares de personas frente a la tribuna, pero no bastaron los oradores. La listita que teníamos y que habíamos elaborado tan cuidadosamente se agotó en la primera hora, sesenta minutos en los que la multitud creció y creció hasta llegar a más de los 50 mil concentrados en el Parque. Morfín, a cargo de la lista de oradores, me consultó brevemente y decidimos que después de agotada la lista simplemente abriera el espacio para que hablara quien quisiera hablar. La cosa resultó, porque después de los consabidos oportunistas, políticos en campaña como la Representante Estatal por chiripa, Michelle Chávez, y otros, la gente misma que venía a la marcha comenzó a hacer uso de la palabra. Chávez estaba en campaña para reelegirse, después de haber resultado la inesperada ganadora en las elecciones primarias demócratas en la ciudad de Cícero dos años antes. Sin oficinas de campaña, carteles ni volantes, resultó con más votos en la elección que sus dos contrincantes, y en la noche un reportero la encontró en la celebración que tenía el Partido Republicano en Cícero, y le notificó el asombroso resultado de su triunfo.

Palatine, Round Lake, Rockford, Aurora, Waukegan, ciudad por ciudad, la gente habló y dijo por qué estaban ahí. Wisconsin, Iowa, Michigan, Indiana y San Luis (no Potosí, sino Missouri), la gente que había llegado de lejos, alguna de la que se había quedado a dormir en el Parque, tomó la palabra. El mensaje de todos era el mismo: Estaban ahí porque había otra gente ahí; estaban ahí porque querían estar con la otra gente que estaba ahí; estaban ahí porque alguien más había venido y entonces ellos tenían que venir. Estaban ahí porque ya era hora de estar ahí todos juntos porque nunca habían tenido el chance de estar todos juntos para pelear por algo que valiera la pena; estaban ahí porque los habíamos llamado a luchar.

Salvatruchos, catrachos, colombianos, todos latinos por cierto y si no todos si la absoluta mayoría, porque a pesar de los volantes y carteles bilingües anunciando la marcha, la realidad es que la convocatoria se había corrido de boca en boca y a través del radio en español, tomaron la palabra y dijeron, una y otra vez, lo mismo y lo mismo. El sentimiento obvio era de hartazgo y cansancio de años de haber sido el chivo expiatorio de todos los males del país, y el 10 de marzo era el día de decir "¡ya basta!".

De alguna manera Jim Sensenbrenner, heredero de la Kimberly Clark y nieto del inventor del Kotex, nos había hecho un favor. De golpe, había hartado a la comunidad inmigrante y la había unido en su contra. La HR4437 había unido a la comunidad como ningún rollo, ninguna teoría, ninguna serie de eventos de los activistas. Y de puro agradecimiento por haberla unido, la comunidad quería mandarle una contundente mentada de madre masiva y colectiva el 10 de marzo.

Cuidando a los cuidadores

La policía hizo acto de aparición desde temprano, con un par de patrullas con oficiales medio flojos a los que hacia las diez de la mañana, cuando la multitud rebasó sus expectativas, se les quitó la modorra. Llamaron refuerzos y otras cinco o seis patrullas hicieron acto de presencia. Su labor inicial, y después nos enteramos que su labor fundamental (y secundaria, terciaria y definitiva), era evitar que la gente se bajara a la calle y fuera a interrumpir el tráfico en las dos avenidas que hacen esquina en el Parque Unión. En concreto, tenían la misión de mantener el tráfico corriendo en la Avenida Ashland hasta que saliera la marcha al mediodía.

Igual que a nosotros, a ellos tampoco les salió la cosa muy bien, porque efectivamente la multitud había rebasado las expectativas y las rebasó como dos horas antes de la hora de partida, hacia las diez de la mañana. A esa hora, según la matemática e infalible fórmula de contar las piernas y dividirlas entre dos, y después de descontar a los cojos y los que van en silla de ruedas, podríamos decir que había unas 50 mil personas en el Parque Unión.

Las patrullas, estratégicamente estacionadas a lo largo de la Avenida Ashland con ganas de formar una valla para que la gente no se bajara de la banqueta, quedaron encerradas entre la multitud que, por una parte, ya no cabía en el Parque, y por la otra aumentaba continuamente en camión tras camión, de esos de escuela que la gente había alquilado porque estaban libres después de haber entregado a la chamacada en las escuelas públicas y privadas. Y a falta de otro lugar, descargaban a la gente a media calle, logrando sin proponérselo lo que los policías supuestamente querían impedir, el cierre real de la Avenida Ashland.

Hacia las 11 de la mañana, cuando nos comenzamos a organizar para iniciar la marcha, tuvimos que hacerle el favor a la policía de pedirle a la gente que abriera un carril para que pudieran sacar de entre la muchedumbre las patrullas que debían ir al frente de la marcha y que, si se hubieran quedado encerradas, les hubiera tocado manejar a la mitad de la marcha.

Involuntariamente, a la organización contribuyó Luís Pelayo, cuando en uno de sus destellos de brillantez, esos que le dan dos veces por año, me soltó el megáfono que traía inútilmente desperdiciado y colgado al hombro. Gracias al improvisado sistema de sonido se impuso un poco el orden dentro del desorden, al menos el suficiente como para que las patrullas desfilaran medio penosamente desde la banqueta hasta media avenida de la cuadra siguiente, y se pusieran listas para por lo menos cumplir su cometido de dirigir la marcha.

El "festival" desde arriba

Yo no escuché, obviamente, todas las emisiones de todos los noticieros en inglés el 10 de marzo. Dicen que alguno de ellos reportó que iba a haber una marcha de inmigrantes. Pero me tocó escuchar, lo recuerdo claramente, el reporte del tráfico más o menos al inicio de la marcha, poco antes del mediodía, hecho desde el helicóptero de WBBM.

Es un reporte de las condiciones del tráfico en las carreteras y autopistas, que rara vez menciona problemas en lo que no sean las arterias principales. Ese reporte, el que me tocó escuchar a mí, mencionaba que había "algún tipo de festival en los alrededores del Parque Unión"; había "miles de personas concentradas en el área" y recomendaba a la gente no circular por las avenidas Ashland y Lake por lo menos hasta que "el festival terminara".

De alguna manera (no me extraña, porque el mismo helicóptero ha de haber hecho el reporte cuando empezamos a marchar), las estaciones en inglés se enteraron del "festival". Pero una cosa era una concentración en un parque, y otra que el "festival" se convirtiera en una marcha de protesta. Se tardaron un poco en llegar, porque para el mediodía el tráfico no solamente alrededor del Parque Unión sino a lo largo del trayecto había quedado paralizado. La policía tenía entendido que habría unas diez mil personas en la marcha, si acaso, y había planificado los cortes de tránsito para esa cantidad de marchistas. Por no hacerlo, ni siquiera habían ordenado prohibir el estacionamiento en las banquetas por las calles que usaríamos en la marcha. A modo de disculpa, a media marcha el vicesuperintendente de Policía de Chicago, quien decidió apersonarse personalmente en persona en la marcha debido a la supermultitud reunida, y me supongo que su poca confianza de que los policías encargados pudieran realmente estar a cargo de algo, me confesó que "si hubiera sabido la magnitud de la marcha hubiera planeado otras cosas". Nunca me dijo cuáles "cosas", pero desde siempre me dejó la impresión de que a la mejor hubiera sacado perros a la calle o a la mejor nos hubiera mandado miles de policías a "vigilar" la marcha.

Los medios tradicionales, en inglés, no tenían ni la menor idea de que llevábamos semanas preparando la manifestación. Tal vez el ejemplo más notable de esto fue que la revista *The Reader,* publicación semanal que se distribuye gratuitamente en Chicago, traía, en su edición del jueves 10 de marzo de 2006, a Rossana Pulido en su portada, con un amplio reportaje sobre los Minuteman.[12] Me imagino la sorpresa de los lectores que estaban leyéndolo a su hora del almuerzo en el centro, cuando vieron llegar a cientos de miles de "ilegales".

El caso es que los medios llegaron cuando ya íbamos por la Avenida Jackson, uno a uno, camarógrafos primero y reporteros después cuando nos acercamos al centro de Chicago. Vicente Serrano, a la sazón reportero y locutor de Telemundo me comentó que durante varios días había tratado inútilmente de convencer a su Director de Noticias, Esteban Creste, de que la marcha iba en serio, y que solamente le hizo caso cuando después de mediodía las cadenas gringas estaban reportando la marcha y a toda prisa buscó a un camarógrafo y sacó de su asignación del día a un reportero para mandarlo al centro.

Cuando cruzamos el Río Chicago, "frontera" extraoficial del centro, había media docena de helicópteros observando y reportando la marcha, y para cuando llegamos a la Plaza Federal se había reunido una cantidad masiva de medios y todos se peleaban por el mejor lugar para cubrir el evento, respondiendo a la magnitud del "festival" andante que los había tomado por sorpresa, igual que a nosotros mismos.

¿Y los líderes?

La salida de la marcha estaba programada para el mediodía, pero a las 11 de la mañana había no menos de 100 mil personas en el Parque Unión. Entre autofelicitaciones y abrazos y saludos de "ya la hicimos, guey", los pocos organizadores que nos pudimos encontrar entre el gentío tratamos de ponernos las pilas y organizar contingentes, lo cual obviamente resultó en otro completo fracaso.

Digamos que había solamente dos o tres contingentes reales e identificables: primero, los 20 o 30 organizadores que andaban todavía por las tribunas de la cancha de beis dándole chance a la gente de seguir echando rollo; segundo, un grupo más grande, de un centenar de compañeros con discapacida-

12 http://www.chicagoreader.com/pdf/060310/060310_section_1.pdf

des dirigidos por Horacio Esparza y que se había decidido marcharan al frente para que la gente no los fuera a atropellar, y el tercero unas 99,870 personas listas para arrancar.

Se suponía que había un grupo de invitados especiales y "líderes" que, como su pomposo título implica, se suponía debían "liderear" la marcha, pero que no aparecían por ningún lado. A la mejor estaban haciendo cola para demostrar sus dotes de liderazgo en la improvisada tribuna de la cancha de beis, o en una segunda tribuna también improvisada que yo alcancé a escuchar a lo lejos pero a la cual era francamente imposible acercarse, armada por la estación de radio de El Pistolero.

Precisamente Esparza se aventó un ocho porque, con todo y su falta de visión (real, no política, el compañero carece de la vista), pudo encontrarme en medio del gentío de gente. Me preguntó en dónde se formaban las personas con discapacidades, porque ya le habían dado como tres lugares distintos dentro del Parque, incluso al lado de la improvisada tribuna, y se le hacía (y se le hacía bien), que iba a ser un rollazo meter 60 sillas de ruedas y personas con muletas y bastones en medio de la muchedumbre, el pasto y el lodo.

Más rápido que de boleto nos pusimos de acuerdo para que formaran a todo el contingente de personas con discapacidades sobre la Avenida Ashland, a 60 metros de la tribuna, y que de paso así nos comenzábamos a organizar para marchar. De hecho, parte del chance que le dimos a la policía de sacar sus patrullas de entre la muchedumbre cumplió el doble propósito de abrir el camino para el contingente de personas con discapacidades. Por ahí llegó César Miranda, Presidente de la Coalición Internacional de Mexicanos en el Exterior, para ayudar en la chamba, y ya no nos separamos hasta que todo terminó, horas después, en la Plaza Federal.

A la policía le comenzó a entrar un cierto sentido de pánico urgente. La gente en el Parque Unión era demasiada ya no solamente para el centenar de "tiras" supuestamente a cargo del asunto, sino para nosotros y para cualquiera. El comandante a cargo de la policía hasta el momento empezó a exigir sobre la Avenida Ashland "que se formaran los líderes que iban a encabezar la marcha", para poder salir lo antes posible. Me pedía medio histéricamente y casi a gritos "que presentara al congresista Luís Gutiérrez y al concejal Jorge Cárdenas" para organizar la cosa.

De amable manera, Juan Andrés *El Gordo* Mora, quien cayó del cielo en ese preciso momento y yo, le explicamos al Comandante que estaba por lo menos fuera de foco y por lo más completamente delirando, porque los "lideres" no sabían para dónde quedaba el Lago Michigan y nosotros no sabíamos en dónde estaban ellos. Por decirlo de otra forma, tanto El Gordo Mora como yo disfrutamos por algunos momentos del placer de poder torear a la policía y verlos completamente descontrolados. Para ellos, acostumbrados a mandar y ordenar y a que todo el mundo les haga caso, ha de haber sido terrible, pero nos deben muchas y ahí les cobramos una.

La marcha de la mañana

Históricamente, hubo otra marcha antes de la que todo el mundo recuerda el 10 de marzo. Cuando estábamos a punto de arrancar del Parque Unión, la otra marcha ya estaba terminando.

Se llevó a cabo en el centro de la ciudad, por unas cuantas cuadras, y tuvo aproximadamente unas 80 personas.

No eran "disidentes" o "desertores" del movimiento que había estado armando la marcha, porque nunca se habían juntado con nosotros.

Eran los alumnos y participantes de alguna de las conferencias que son la vida, corazón y modus vivendi de una organización que ha tenido varios nombres y que hoy se conoce como el United States Hispanic Leadership Institute, liderado desde hace un par de décadas por el Dr. Juan Andrade.

Es una organización curiosa, cuya portada de la página Web tiene precisamente una foto de la marcha en la que no participó, que muestra a miles de personas pasando por debajo de las vías del tren en su entrada triunfal al centro de Chicago.

Bajo sus múltiples nombres, USHLI se autodescribe como "El (Instituto) que se ha desarrollado como una de las más poderosas, nacional e internacionalmente reconocidas, organizaciones latinas en el país, organizando y conduciendo (campañas) de registro electoral no partidarias y programas de liderazgo en 40 estados. Nuestra organización ha sido capaz de mantener una presencia estable en cientos de comunidades a través de los años promoviendo el empoderamiento y la responsabilidad cívicas".

Tal vez, pero en la marcha del 10 de marzo en Chicago US-HLI estuvo ausente tal vez porque no se enteraron de que ésta comunidad en particular estaba marchando, y en la explosión que ocurrió después del 10 de marzo tampoco los vimos, ni a sus dirigentes ni a los miles de "líderes" que el Instituto ha "empoderado" a través de los años.

Ojala hubieran estado por ahí para aliviarle a los demás las tareas que el movimiento exigió en los meses siguientes.

Solamente una vez me encontré con Andrade, cuando Univisión me invitó a un noticiero y ahí estaba el Doctor, en calidad de "analista político".

3, 2, 1... vamos por la reforma migratoria

A las once y media de la mañana la policía entró en franca crisis y pánico. Estaba cerrada la circulación por los cuatro carriles de la Avenida Ashland y los dos de la Lake, y el tráfico en cuadras a la redonda estaba completamente desquiciado. Los camiones seguían descargando gente en donde podían, en las cinco esquinas del Parque, que forma una cabalística figura pentagonal, y la masa era prácticamente incontrolable. Para ellos, por lo menos, porque entre el Gordo Mora y yo organizamos a los primeros 5 mil manifestantes con unas cuantas frases simples y directas. De lo que se trataba era de que dejaran pasar una manta grande que de algún lado salió, creo que proporcionada por Jesús Vargas, y que dejaran formar al centenar de personas con discapacidades que estaban prácticamente listos, y de manera milagrosa se alineó una "descubierta" para la marcha.

A las 11:35 de la mañana, si no me falla la memoria, el Gordo y yo hicimos una cuenta regresiva, de 10 a cero, y comenzamos a marchar "por la Reforma Migratoria". Viéndolo en retrospectiva, la preparación misma de la marcha nos había llevado más adelante del propósito original de la misma. La idea original de Omar López había sido de marchar en contra de la HR4437, lo cual de todas forma se hizo, pero ya para el arranque de la marcha era claro que no solamente queríamos derrotar una nefasta propuesta de ley, sino que queríamos una resolución a la idiótica ley de migración que ha causado la existencia de 12 millones de inmigrantes sin papeles.

Con un orden que a la fecha me sigue sorprendiendo, miles de personas comenzaron a marchar hacia el sur por la Ashland, rumbo al Consulado Mexicano en Chicago, distante un par de cuadras. La manta principal al frente, un par de banderas que también salieron de la imaginación colectiva y las personas con discapacidades, cuyo contingente se fue ampliando con buena gente que llevaba carriolas con bebés, y 100 mil personas detrás. En algún lugar, por allá atrás, se quedaron los "dirigentes" de la marcha.

Los mirones son de palo

El Consulado General de México en Chicago está sobre la Avenida Ashland, a unas tres calles del Parque Unión. Es el llamado edificio "nuevo", estrenado seis meses antes de que lo inaugurara Vicente Fox porque el presidente no se dio el tiempo para inaugurarlo a tiempo. Después de años de cabildear por los fondos necesarios para arreglar el viejo edificio que alguna vez albergó a los sindicatos de Tipógrafos y de las Artes Gráficas en lo que en aquél entonces se llamaba el "Union Row" (el "camino de los sindicatos") por las múltiples oficinas sindicales que ocupaban la calle, finalmente se consiguió adaptarlo y sacar al viejo Consulado del centro de la ciudad, ubicación muy apropiada para las labores diplomáticas pero pésima para los paisanos que requerían de hacer trámites diversos.

El 10 de marzo de 2006, unas 150 mil personas desfilaron por la esquina del Consulado, dando vuelta para agarrar la avenida Jackson. La marcha era, obviamente, contra la Sensenbrenner y la HR4437, pero la pura vista del edificio que alberga a los representantes del gobierno mexicano desató las pasiones de la raza, y los cantos de "No Somos Criminales,

Somos Trabajadores" le dieron paso a algunos gritos desaforados y con menos ritmo, recordándole al mandatario mexicano el 10 de mayo. En el fondo, había la percepción (y la sigue habiendo), de que Fox era el responsable, junto con todo su gobierno, los anteriores 70 años de priismo y la absurda ley migratoria de Estados Unidos, de que hubiera tanto mexicano indocumentado en este país.

A través de las ventanas del segundo piso se veían las caras de algunos funcionarios consulares, y otros hasta se subieron al techo. Espero que hayan tomado buenas fotos, aunque hasta la fecha no las comparten con nadie. Las ventanas del despacho de Carlos Manuel Sada Solana, a la sazón Cónsul General en Chicago, estaban cerradas. Después me enteré, por indiscreción de su agregado de Prensa, César Romero, de que Carlos había avisado a México de la marcha que se preparaba, y zacatonas como siempre las autoridades, le habían advertido muy claramente que se mantuviera al margen y no asomara ni la punta de la nariz.

Pero la asomó, aunque a respetable distancia. Político y diplomático interesado en qué hacía la comunidad mexicana bajo su "tutela", disfrazado bajo una gorra beisbolera, Carlos Manuel medioescuchó y medioparticipó de la marcha una vez que ésta llegó al centro, a unas dos cuadras de la Plaza Federal, por el rumbo de la Avenida State o la Wabash.

En las calles caminando y en las banquetas esperando

En las tres o cuatro calles del Parque al Consulado la tarea de ir abriendo un poco el paso para que la manifestación avanzara había sido relativamente sencilla. La gente veía venir la marcha y nos escuchaba a Juan Andrés y a mí pidiendo que dieran chance y dejaran pasar al contingente de compañeros con discapacidades antes de integrarse a la marcha.

Pero al dar la vuelta por el Boulevard Jackson el panorama cambió. Había cientos de personas en las banquetas de las primeras dos calles, entre la Ashland y la Secundaria Whitney Young, y todos parecían dispuestos a dirigir la marcha. La policía no sabía ni qué hacer, y la gente escasamente escuchaba nuestros megáfonos porque primero se arrancaron a aplaudir y después a corear las consignas, como el famoso "Sí Se Puede", que nunca nadie supo descifrar y nunca nadie aclaró qué era lo que sí se podía hacer. Frente a la secundaria, cientos de estudiantes estaban listos para unirse a la marcha, con sus propias pancartas y carteles.

No tengo idea de qué habrá pasado después de que nuestros primeros dos contingentes se abrieron paso con relativo orden. Me supongo que cientos primero y miles después, se habrán integrado a la marcha en cualquier momento y en cualquier esquina, sin esperar necesariamente a que los grupos organizados pasaran primero. Nunca pude, como acostumbré en una vida pasada en que fui fotógrafo profesional, pasearme de arriba abajo para observar toda la marcha. Era una marea escasamente controlable de decenas de miles de personas sin demasiada experiencia en marchar.

Entre Juan Andrés Mora y yo nos las ingeniamos para contener a la gente que estaba en las banquetas, para que dejaran pasar a nuestro contingente de personas con discapacidad. La única forma de hacerlo fue apelando al sentimiento de respeto que todo el mundo siente ante un grupo de personas en sillas de ruedas. No sé, repito, que habrá pasado una vez que nomás marcharon los "saludables".

La dinámica se repitió a lo largo de toda la marcha, con miles y miles de personas que estaban esperando en las banquetas para recibir la marcha e integrarse a la misma.

La histórica Ruta 66

Es curioso, y no creo que nos hayamos dado cuenta en 2006, pero el Boulevard Jackson es oficialmente la Ruta Histórica 66. Los viejos como yo todavía nos acordamos de un más viejo programa de televisión, en blanco y negro y obviamente gringo pero que pasaba en México, llamado precisamente Ruta 66. No recuerdo la trama, pero aprendí que la tal Ruta 66 era la carretera más larga de Estados Unidos, que comenzaba en el lago Michigan y terminaba en el océano Pacífico, en Los Ángeles.

De hecho, la Ruta 66 es tan antigua como las caravanas que

iban hacia "el salvaje oeste" cuando los gringos blancos del otro lado de los grandes lagos decidieron invadir las tierras de los indios y lo que en aquél tiempo era México. Por la Ruta 66 transitaron cientos de miles de invasores que, con y sin permiso de México, se asentaron en California, Nevada, Oregón y demás.

Lo curioso es que el efecto de la marcha del 10 de marzo se extendió por la Ruta 66. Nosotros marchamos hacia el lago Michigan, principio de la Ruta 66, y 15 días después, en el otro extremo de la Ruta 66, medio millón de personas marcharon también, en Los Ángeles. Y en las siguientes semanas, cientos de miles más marcharían, pueblo tras pueblo, ciudad por ciudad y estado por estado, a lo largo y ancho de la Ruta 66.

La otra bandera

La del 10 de marzo fue una marcha eminentemente latina, y mayoritariamente mexicana, y la propaganda para convocarla se había hecho prácticamente toda en español. Las estaciones de radio y los periódicos en español habían hablado de ella en las últimas semanas, y yo no recuerdo haber oído menciones del evento en otro idioma, aunque mandamos un montón de comunicados de prensa en inglés.

En un sentido esto era bueno. La comunidad mexicana en Chicago había estado siempre supeditada a las acciones y eventos de otras comunidades, difícilmente tomaba la iniciativa en los movimientos, las elecciones y otros acontecimientos. El 10 de marzo de 2006 marcó un cambio en esta actitud. Mayoritariamente, fue la comunidad mexicana la que tomó las calles de Chicago.

Por otra parte, esto no era muy políticamente saludable. Una cosa es que la mayoría de los inmigrantes sean mexicanos, que la mayoría de los indocumentados sean mexicanos, y otra es que se hiciera un evento puramente mexicano. Eso equivalía a ratificar el argumento de que la inmigración es un problema con los mexicanos que más de un militante antiinmigrante se ha dedicado a esgrimir. Es decir, que no tienen problema con la inmigración de otros países, pero los mexicanos les parecemos francamente indeseables.

Al acercarnos al cruce de la autopista Kennedy, más o menos a media marcha, la manta con que habíamos iniciado la marcha ya había sido rebasada por mucha gente. De milagro, el contingente de personas con discapacidades había más o menos logrado mantenerse hacia el frente, y ahora marchaban detrás de dos grandes banderas, una mexicana y otra estadounidense.

Y ahí, de alguna manera sorpresivamente, entre los miles y miles de personas que esperaban en las banquetas, había un grupo de media docena de irlandeses con una bandera de su país. Por suponer, supongo que estaban esperando el momento propicio para unirse a la marcha y llegar con los demás inmigrantes hasta el centro de Chicago.

Pero 'ora si que "yo los vi primero", y se me ocurrió la mejor solución para quitarle lo "mexicano" a la marcha. Entre el inglés de los irlandeses y el mío, aunque ninguno de los dos es la lengua que se habla en estas tierras, nos entendimos inmediatamente. Los invité a entrar a la marcha ya, de boleto, con todo y su bandera tricolor. Cuando llegamos al centro de Chicago, la marcha era, por así decirlo, más plural, más internacional de cómo había sido, con la bandera irlandesa ondeando entre la mexicana y la de Estados Unidos.

Cómo parar en seco a 300 mil personas

Una vez paré un camión, un "chato" mexicano de a 50 centavos, manejado por un chofer que no tenía ganas de pararse para que no se lo pintáramos en la esquina de la Prepa 6 con las consignas de la semana. Me le puse al frente y levanté la mano. Se frenó a regañadientes a cinco centímetros de mi rodilla y me causó sudor frío por una semana, pero ha de haber calculado que le salía más barato andar anunciando alguna marcha por toda la ciudad que pagar un estudiante atropellado.

Se me quedó grabada la imagen porque era tan impactante como la de una película de Tarzán (el racista aristócrata inglés que fue mi héroe hasta que aprendí qué era el racismo), donde paraba la estampida de una manada de furiosos elefantes nomás levantándoles la mano.

Pero ni Tarzán ni yo hemos hecho nunca lo que El Gordo Mora hizo a media marcha del 10 de marzo: parar 300 mil personas en movimiento nomás levantando la mano. Y hablando un poquito fuerte.

Cruzamos la Avenida Halsted sin novedad, y pasamos por encima de la autopista Kennedy por ahí de las 12 y cuarto de la tarde. Entre la emoción de escuchar el montón de coches y camiones que circulaban por el *expressway* y que tocaban el claxon al mirar la marcha que pasaba por arriba del puente y la emoción de ver hacia atrás, a lo largo de la Jackson, aprovechando la relativa elevación del puente, me di cuenta también de que la marcha era tan esquizofrénica como sus mejores organizadores, y que en realidad no había una sino por lo menos tres manifestaciones, porque en las calles paralelas, cruzando los puentes, iban miles de personas caminando también con banderas. Eran los que no cabían por la Jackson y decidieron marchar una cuadra a la derecha y una cuadra la izquierda de la manifestación.

Además era lógico, si lo pensaba uno un segundito, porque curiosamente siempre hay quien está más interesado en llegar al destino de una manifestación antes que los manifestantes, y la amplitud de los puentes y el espacio abierto y sin edificios de la autopista me dejó verlo con más claridad que nunca.

La cosa es que entre ésos que quieren llegar antes había dos grupos bastante particularitos de personas. El primero iba encabezado por El Pistolero, Luis Gutiérrez y otros "líderes", que parecían haber entendido que marchando por la Jackson nunca iban a poder ponerse al frente de la manifestación, y en el otro iban Elvira Arellano y un sacerdote de apellido Cárdenas, de alta denominación dentro de la Diócesis Católica de Chicago, quienes cargaban un Cristo de madera que con el tiempo se convertiría en el "Cristo de los Inmigrantes", figura que con bastante frecuencia nos ha acompañado a través de los años en el movimiento por la reforma migratoria, obra y gracia de Eduardo Piña, panista recalcitrante de Chicago.

De alguna manera los dos grupos, tanto Elvira y su cohorte

como los "líderes", alcanzaron la marcha un par de calles más adelante, después de que cruzamos el río Chicago, y al llegar a la esquina de la Jackson y la Wells se habían vuelto "líderes de verdad" y encabezaban la marcha. Por momentos, esto provocó un caos. Docenas de personas querían marchar junto con El Pistolero, una vez que lo reconocieron, y el locutor quería marchar delante de todo el mundo. Luis Gutiérrez no se podía quedar atrás de un locutor, porque a final de cuentas en el micrófono y a la hora de echar rollos nadie le debe ganar, y Elvira como era, autonombradamente "la única indocumentada" en Chicago, obviamente tenía que encabezar la marcha.

Entre los tres y sus acompañantes, se las ingeniaron para empujar gente de las banquetas, colarse entre los escasos policías que de todas formas no controlaban nada, y se posicionaron al frente de la marcha. Y ahí es donde Tarzán le quedó chiquito al Gordo Mora. Todo iba marchando, literalmente, demasiado bien como para que un trío de estrellitas le echaran las cosas a perder. Juan Andrés se paró de pronto a media calle, con el megáfono en una mano y levantando la otra, y nomás dijo "Alto ahí".

Y ahí justito hicieron alto la policía, los "líderes" y los 300 mil o más manifestantes que venían detrás. Después de pararse ante tan imperial comando, y sin entender todavía por qué, la policía empezó a preguntarle a Juan por qué había parado la marcha, a lo cual el Gordo contestó en español, lenguaje obviamente incomprensible para los chotas que nos acompañaban, que porque en primer lugar estaba harto del oportunismo de todos los oportunistas del planeta en general, y en particular estaba dos veces hasta la madre de los oportunistas locales.

Sin pelar a la policía, que se preguntaba cómo continuar la marcha si uno de los dos que la habían hecho arrancar la había parado, Juan Andrés se dirigió en línea recta hacia los alborotadores que habían provocado su ira, y en un tono que no admitía reclamos les dijo que la marcha no marchaba más hasta que se pusieran detrás de las banderas. Gutiérrez, El Pistolero y demás soltaron un par de palabritas no aptas para los micrófonos, y Elvira reclamó que "venía acompañada de un representante de la Diócesis y de Jesús Nuestro Señor", lo cual podría haberle abierto las puertas del Cielo pero dejó a Juan Andrés tan impasible como si hubiera andado sola por en medio del campo. Si acaso, se le ha de haber ocurrido a Juan, había que parar a otro cuate más, el tal Jesús.

"O se mueven detrás de las banderas o no se mueve nadie", le espetó Juan Andrés al trío de tres y sus acompañantes. Después de dudarlo por un microsegundo, y dado que la compañía de Jesús Nuestro Señor no se manifestó con oportuna oportunidad fulminando al Gordo con un rayo, los "líderes natos" del movimiento inmigrante decidieron que era mejor ponerse detrás de las banderas que detener para siempre la historia, y se movieron los cuatro o cinco metros necesarios.

Juan Andrés se volteó y me dijo "ya vámonos", lacónico mensaje que traduje para beneficio de la policía, y la Marcha siguió hacia la historia.

Plaza rodeada

Por aquello de que el cerebro no puede dejar de pensar y además tiene cierta tendencia a pensar más rápido de lo que uno puede moverse, se me ocurrió que así como los "líderes" se habían pasado al frente, y así como había gente que esperaba en las banquetas, habría otra cantidad de gente ya esperando en la Plaza Federal, destino final de la marcha.

Nomás por preguntar, le pregunté a la policía qué sabían de la situación de la Plaza, y después de una breve consulta con quien estuviera por aquellos rumbos me comunicaron que la Plaza ya estaba llena y que no íbamos siquiera a poder llegar; que probablemente llegaríamos a la esquina de la Jackson y la Clark, es decir, a la esquina suroeste de la Plaza. Hasta donde yo sabía, la tribuna en la Plaza Federal estaba instalada en la esquina noreste del lugar.

La verdad no me gustó mucho la respuesta. Había estado el año anterior en la manifestación silenciosa en solidaridad con el Peje en la Ciudad de México y en contra de su desafuero, y me había tocado no poder entrar al Zócalo, y no estaba dispuesto a que me pasara lo mismo en Chicago. Echando mano a la casualidad de que los "líderes" ahora sí iban, a final de cuentas, medio-liderando la marcha, le dije al vicesuperintendente que ya ni la amolaban, que tenían que abrir camino para que los pseudodirigentes pudieran llegar hasta la tribuna, porque si no se iba a armar un desmadre.

En realidad, me importaba más que llegaran a la Plaza Federal los compañeros con discapacidades, porque a un lado de la tribuna se había designado un lugar especial, con sillas, para todos ellos, y me preocupaba que no fueran a poder llegar. Pero el argumento de los "líderes" tenía más peso, me supuse, para la policía. Al parecer le atiné, porque los mensajes fueron y vinieron mientras caminamos por las siguientes calles, y cuando llegamos a la Clark y la Jackson la policía se las había ingeniado para abrir por lo menos dos carriles a media calle, y por ahí avanzamos hasta la Jackson y la Des Plaines, para dar la vuelta y entrar, al coro de "Sí Se Puede", a la Plaza Federal de Chicago, al frente de los primeros 300 mil manifestantes de la Primavera del Inmigrante.

Excuso decir que a la mejor entramos dos o tres mil personas a la Plaza, porque los demás ya nunca cupieron. El lugar, que alberga a cuando mucho unas 10 mil personas, estaba ya hasta el gorro.

Tribuna asediada

Mi primera impresión al entrar a la Plaza Federal fue la emoción de la gente al ver llegar la marcha. Todo el mundo aplaudía como si hubiera sido una gran hazaña haber caminado unos cuantos kilómetros desde el Parque Unión. Pero los aplausos, claro, no tenían que ver con la distancia o el esfuerzo realizado, sino que era el simple saludo dado con ruido ante la imposibilidad de darlo mano a mano, de unos inmigrantes a otros, de una gente que protesta a otra, de camaradas a camaradas de una misma lucha. Tenían que ver con la cercanía de unos y otros luchadores por la misma causa.

La segunda impresión me arruinó la primera. Arriba de la tribuna estaba Emma Lozano, rodeada de un nutrido grupo de gorilas medio uniformados, miembros de algún servicio de seguridad, todos ellos de más de dos metros de alto y bastante más de cien kilos.

Con *walkie-talkies* en la mano y esa asquerosa actitud que tienen los gorilas cuida-puertas de cantina, trataron de impedir que la marcha llegara hasta la tribuna y que el contingente de personas con discapacidades llegara al sitio reservado con asientos para ellos. Pese a los imponentes físicos, les fue imposible parar la marcha debido al empuje que llevábamos. Alguno entre ellos reconoció a nuestros "líderes" y les abrió paso, lo cual aprovechamos para colar a los compañeros con discapacidades, y prácticamente todos terminamos dentro del perímetro interior de los gorilas. Los "líderes" se subieron a la tribuna, los compañeros con discapacidad llegaron a sus sillas, y el resto de la marcha se dispersó entre los pocos lugares medio vacíos de la Plaza.

Me enteré después de la historia de los gorilas. Temprano en la mañana, mientras en el Parque Unión hacíamos gala de nuestra desorganización buscando a ver qué usábamos de tribuna, Emma Lozano había llamado a Omar López, encargado de la tribuna de la Plaza Federal, para informarle que la noche anterior, después de abandonar la Asamblea de Casa Michoacán, el Pueblo Sin Fronteras había decidido que como al fin y al cabo ellos habían tramitado los permisos para la Plaza ellos iba a controlarla y solamente iban a dejar hablar a quien ellos quisieran. Que les pasáramos nuestra lista de oradores aprobados por la Asamblea y el Comité Ad Hoc, y que "si había tiempo, los iban a dejar hablar".

A ellos se debía la presencia de los gorilas, que destacaban desde cualquier lado que se mirara hacia la tribuna no solamente por su descomunal tamaño, sino porque eran de los pocos no latinos en medio de cientos de miles de latinos.

Si las discusiones políticas y la forma de relacionar el movimiento con los políticos locales habían llevado a la aparición de distintos puntos de vista y opiniones, la presencia de guardaespaldas y la toma de la tribuna prácticamente por la fuerza llevaron a evidenciar que también había distintas maneras de actuar entre los grupos organizadores. Por desgracia, esta táctica de tomar la tribuna por parte de algunos grupos, una vez con gorilas y alguna otra con pandilleros, se repitió en los siguientes años, a veces complementada con amenazas de violencia y hasta de muerte en contra de otros activistas, de mí en lo particular.

"A ver si se pueden mover"

Por estar, el 10 de marzo de 2006 estuve en la tribuna aunque no tenía mucho que hacer ahí. Controlada y todo, habíamos logrado llegar hasta ella y ahí nos quedamos. Igual, hubiera sido bastante difícil bajarse, porque el lugar quedó rodeado de decenas de miles de personas. En algún lugar me tocó ver una foto donde estoy sentado en una de las esquinas de tubería de la tribuna, como chango en su jaula, fumando y con la playera del PRD de Chicago para que todo el mundo la viera.

Desde mi esquinita de la tribuna me tocaron pocas funciones, porque yo al fin y al cabo ni iba a hablar y apenas me había colado a través de los gorilas. Entre lo que me acuerdo, auto-incorporado a labores de segundo anillo de vigilancia, me tocó pararle los tacos a dos cuates que querían, por querer, subir a la tribuna para verse bien y posiblemente tomarse fotos. A ninguno lo identifiqué en el momento en que los paré, después de que habían pasado el anillo de los gorilas, lo cual evidenciaba por sí mismo que ya tenían permiso de los dueños de los gorilas para subir y la tribuna y, si no de hablar, por lo menos de dejarse ver "con los migrantes". Ambos dos se sorprendieron de que los haya bloqueado, pero como buenos políticos no la hicieron de tos.

Los reconocí cuando ya les había negado el acceso: uno era Ed Burke, poderoso segundo de a bordo en el Ayuntamiento de Chicago, Presidente de la Comisión de Finanzas, y el otro era Tony Peraica, quien había querido subir con todo y cartelito y guardaespaldas que lo sostenía, para anunciar su "vote por Peraica". Tony fue comisionado del Condado de Cook, republicano, candidato eterno en una elección y otra, desde para senador hasta para gobernador. Perdió su última elección en 2012, en noviembre, y en diciembre de ese año lo condenaron a cuatro meses de supervisión por "daños criminales a la propiedad ajena", por andar quitando y manchando los letreros de campaña de su adversario.

Por el contrario, si se colaron hasta la tribuna Susana Mendoza, en aquél entonces representante estatal y a quien se calificaba como dedo meñique del líder (ese sí sin comillas), de la mayoría demócrata del Congreso Estatal, Mike Madigan, y hoy Secretaria de Gobierno de la Ciudad de Chicago. La acompañaba Michelle Chávez, pero Susana no andaba candidateándose para nada; solamente quería tomarse una foto desde arriba, con la gente como panorama a sus espaldas. Se bajó en cuanto se tomó su foto.

Otra cosa que recuerdo, que me dio risa pero al mismo tiempo sirvió para refrendar lo indudablemente masivo de la marcha, fue el Superintendente de Policía para Eventos Especiales, quien una hora después de haber llegado a la Plaza, desde debajo de la tribuna, me dijo que teníamos que anunciar que "la gente debía moverse para dejar espacio para los que todavía iban llegando a la Plaza". A gritos le dije que iba a pasar el recado pero que de todas formas era inútil hacer el anuncio. No me entendió, así que lo convencí de que subiera a la tribuna y desde arriba le mostré que las calles que llegan a la Plaza estaban cubiertas de gente por lo menos en un espacio de dos cuadras alrededor. Las fotos lo muestran con claridad. Por cuadras y cuadras, la gente llenaba el centro de Chicago para todos lados. Los que habían llegado habían llegado, marchando o no, y los que no pues ya simplemente no cabían y punto.

Todavía otra hora después, cuando terminó el evento y salíamos de la Plaza Federal, había gente tratando de "acercarse para poder oír" a los oradores, porque habían quedado muy lejos y no escuchaban. Habían estado parados a dos y cuatro cuadras durante dos horas, y cuando el evento terminó y la gente empezó a desalojar la Plaza pensaron que era su chance de acercarse y oír algo.

Un millón de dólares por segundo

Cuando se tomó la decisión en Casa Michoacán de que Omar anunciara el boicot a la cerveza Miller, nadie sabía que en la realidad real Omar iba a ser prácticamente el último orador, gracias a los artificios de Sin Fronteras, y que solamente iba a hablar como 20 segundos. A la mejor exagero, pero por ahí debe haber alguna grabación del rollo de Omar y estoy seguro de que no llegó a un minuto.

Pero esos segundos que Omar tomó el micrófono el 10 de marzo de 2006 le costaron a la Miller millones de dólares. Bastó decir, tal como se había argumentado en Casa Michoacán, que la Miller patrocinaba a Sensenbrenner para lograr la misma reacción. Nomás que en Casa Michoacán habrían sido 100 personas, y en la Plaza Federal de Chicago y sus alrededores había más de un cuarto de millón.

Al día siguiente, sábado, estábamos todavía saboreando las mieles del increíble triunfo que había sido la marcha, cuando Salvador Pedroza recibió una llamada medio misteriosa y al colgar nos informó del motivo: Algunos dueños de restaurantes de la Calle 26, la más popular de la comunidad mexicana en Chicago, habían reportado a la Cámara de Comercio de La Villita que la gente no estaba comprando Miller. Para las diez de la noche o algo así, la alarma estaba sonando por toda la ciudad. Los mexicanos no solamente no estaban comprando Miller, sino que se reportaban incidentes de clientes que le pedían a los dueños y encargados de bares y restaurantes que quitaran los anuncios luminosos que la Miller regala para hacerse publicidad, porque eran "antimexicanos".

El domingo se reafirmó la tendencia del sábado. Los padres de familia que se mueren de hambre toda la semana para llevar a la familia a comer a un restaurante el domingo se negaban a pedir Millers. El lunes no pasó nada, pero el martes 14 de marzo Omar me habló por teléfono para decirme que la Miller se había comunicado con él y le había pedido una reunión para discutir los términos para terminar el boicot. Un año después, más o menos, un ejecutivo de la Miller nos confesó que a causa del boicot la cervecera perdió cerca de 40 millones de dólares no solamente en Chicago y el medio oeste, sino en lugares como Los Ángeles y Dallas, hasta donde repercutió el boicot.

¿Y ora qué les pedimos?

Pero de alguna manera, el boicot más exitoso en la historia del movimiento inmigrante nos exhibió como chamacos babosos. La verdad es que nunca se nos ocurrió, igual que nunca pensamos que íbamos a sacar 300 mil personas a la calle, que la acción contra la Miller iba a pegar con tubo. En otras palabras, nunca se nos ocurrió que íbamos a ganar, y mucho menos que íbamos a ganar en tres días, y nunca habíamos siquiera especulado sobre la posibilidad de una eventual negociación con la Miller.

Cuando los ejecutivos llamaron a Omar, hicimos una reunión medio de emergencia, y Omar nos preguntó que qué les íbamos a pedir. Nadie podía responder a una pregunta tan picuda. Empezamos a especular acerca de qué pedirles, y finalmente elaboramos una media lista de peticiones, sin tener idea de que era "adecuado", "correcto" o "suficiente". Nadie tenía idea, por ejemplo, de cuánto gastaba la Miller en propaganda en un año, o qué donativos en total le hacía a los políticos o cuánto le daba a algunas organizaciones comunitarias o cuánto invertían en un desfile del 5 de mayo, aunque se sabía de un contrato de 100 millones de dólares con Univisión para la Copa Mundial de Fútbol.

Francamente, no sabíamos qué o cuánto pedir. Nunca se nos ocurrió que pudiéramos tener una medida así de eficaz contra una corporación gigantesca, nada en nuestra historia nos había dicho que sí se podía ganar. Ese análisis completo lo hicimos en nuestra columna México del Norte de por ahí del 19 de marzo.[13]

En caso de dos horas nos pusimos de acuerdo en algunos puntos, pero sobre todo en que no andábamos buscando lana, sino propósitos políticos. Estaba bien sacarle una lana, pero más importante era sacarles apoyo político.

---

13 http://mx.groups.yahoo.com/group/mexicodelnorte/message/183

Al otro día comenzaron las reuniones de negociación con la Miller, ahí mismo en la Casa Michoacán, y dos días después Nehl Horton, Vicepresidente de Comunicaciones y Asuntos Gubernamentales de Miller, declaró que la "Miller Brewing Company se opone a cualquier legislación que trate injustamente y busque reducir la inmigración". Recordó que la Miller fue fundada por un inmigrante alemán hace 151 años, y agregó que "apoyamos el libre movimiento de la gente, el trabajo, las mercancías y los servicios en una economía global, con protección especial a los individuos y sus familias".

El resto de los acuerdos con la Miller prácticamente no se llevaron a cabo. Habíamos demandado un programa permanente de becas para estudiantes indocumentados, que por más de un año se renegoció varias veces para afinar los detalles, pero que nunca, que yo sepa, se hizo concreto, en parte porque nunca supimos obligarlos a hacerlo, y en parte por la injerencia de un periodista chismoso.[14]

Los millones y las chicas miller

Sí nos cayeron unos centavos de parte de la Miller, pero no como lo manejaron los chismosos y los medios de comunicación. A mí me consta que la Miller cooperó con unos 30 mil dólares que fue el costo de la Convención Nacional de Activistas de Inmigración en agosto de 2006, y que imprimió un montón de carteles que ellos mismos repartieron entre los distribuidores y tiendas, y que decían "nosotros apoyamos a los inmigrantes y vamos a cerrar esta tienda el primero de mayo", o algo similar, e hicieron una nueva edición del cartel en 2007. Fuera de ahí, no tuve mucho que ver con el resto de las negociaciones y la lana, y no tengo datos exactos. Las personas que se hicieron cargo de eso nunca rindieron cuentas detalladas.

Pero no le dieron salarios a nadie, ni financiaron la marcha de Batavia ni nada más. Sin embargo, gracias a Óscar Ávila, un reportero latino chismoso del *Chicago Tribune*, que en vez de cubrir las noticias y eventos se dedicó a buscarle seis pies al gato,

---

14 http://groups.yahoo.com/group/protectourbordernow/message/2375

se especuló que habíamos recibido una fortuna y los Minuteman se enteraron y primero declararon una jornada de apoyo
a la Miller nomás porque nosotros la habíamos boicoteado, y
después en contra de la Miller por apoyar a los migrantes. Pero
además se trató de manchar al movimiento precisamente acu-
sándolo de oportunismo, de venderse y otras lindezas.

De hecho, la posibilidad de las becas para los jóvenes indocumentados se perdió porque a la Miller siempre le dio miedo sufrir otro boicot, ahora de parte de la derecha, por apoyar
"ilegales". Varias veces tratamos de encontrar una fórmula que
permitiera disfrazar el hecho de que los estudiantes beneficiados serían indocumentados, pero nunca pudimos sacarle el
miedo a la Miller.

Eso sí, en la convención de agosto, en la *hospitality suit* de la
Miller, donde nos regalaron unos cuantos barriles de cerveza,
e hicieron su aparición las "Chicas Miller", las de los calenda-
rios, para enojo de muchas compañeras y deleite de muchos
compañeros que se tomaron un montón de fotos con ellas. A
la mejor hubiera sido más importante para el movimiento que
las Chicas Miller hubieran hecho la declaración a favor de los
millones de migrantes participantes en el movimiento, o que
hubieran ido a alguna marcha y hubieran sacado esas fotos en
el calendario de 2007.

Las calles o las urnas

Entre todos los oradores del 10 de marzo en la Plaza Federal
se las ingeniaron para lanzar consignas, demandas, promesas
electorales y políticas, y también para no decir nada significativo en muchos casos.

El Congresista federal Luis Gutiérrez habló dos veces, una
porque si y la otra porque sus corifeos tenían tomada la tribuna y se les ocurrió que debía hablar dos veces; el alcalde de
Chicago, Richard M. Daley, que se la ingenió para desplazar a
la comunidad latina a los suburbios sobre la base de extensos
programas de "gentrificación" o "blanquización" como algunos le llaman en español, y de no proteger los trabajos indus-
triales de la ciudad, juró que Chicago era una ciudad de inmi-

grantes y que todos tenían derecho de estar aquí y que a nadie lo iban a correr.

Pero entre todos los rollos, consignas y demandas destacó una, lanzada por Juan Salgado, Director Ejecutivo de Latinos Progresando, escuela situada en Pilsen, y a la sazón Presidente de la Coalición de Illinois por los Derechos de Inmigrantes y Refugiados, que definió mucho del desarrollo posterior del movimiento inmigrante. La consigna de Juan era "Hoy Marchamos, Mañana Votamos".

La consigna es pegadora y efectivamente pegó a nivel nacional, pero no porque tenga bonito ritmo y se pueda gritar marchando, sino porque denotaba una concepción, una propuesta y una estrategia. El 2006 era un año electoral, y la consigna de Salgado transparentaba una idea, la de llevar el movimiento a las urnas. Funcionaba como promesa y como amenaza, la promesa de que eventualmente cientos de miles de latinos participarían electoralmente y podían influir en los resultados electorales, y la amenaza de que los que no se pusieran a mano con los latinos, particularmente el Partido Republicano, podían sufrir las consecuencias en noviembre.

Por otro lado, significaba un viraje en el rumbo y destino, y sobre todo en las acciones de miles de personas que, a ojos vistas, estaba lista para muchas cosas. En vez de acciones de masas, de presión colectiva para obligar al estado a legalizar a los inmigrantes, de la misma manera que lo habían hecho los afroamericanos en los años 60's, el lema de Salgado implicaba organizar trabajo electoral, con la visión de que eligiendo políticos se resolvería el problema del sistema de la oferta y la demanda de mano de obra indocumentada.

A la larga, quienes se unieron a la estrategia electoral se llevaron la rebanada más grande del pastel. De hecho, se llevaron la única "ganancia" de las marchas, en la forma de grants, donativos para promover el registro electoral entre los inmigrantes, para entregárselos en bandeja al Partido Demócrata.

En los siguientes meses, y particularmente después de la Marcha a Batavia de septiembre de 2006, quien todavía estaba activo en el movimiento estaba envuelto en las elecciones locales y federales. Años después, comprobamos que fue un viraje que no llevó a ningún lado. Elegir mayorías demócratas no resolvió la cuestión de los indocumentados, ni lo resolverá en el futuro.

Pero nos quitó la iniciativa para entregársela a los políticos. En vez de movilizaciones callejeras para presionar, delegó la resolución en los políticos. En pocas palabras, castró la fase de la rebeldía pública prácticamente desde su inicio.

We Are America

Tal vez la foto más significativa, tomada desde debajo de la tribuna en la Plaza Federal, siempre me dio risa. Es una toma de la manta que adornaba la tribuna, y atrás de ella tres personajes centrales en la organización de las marchas y el movimiento inmigrante, con los brazos en alto y agarrados de las manos como si fueran los mejores cuates del mundo, con gestos de rebelión y triunfo en las caras.

Los personajes son Carlos Arango, José Luis Gutiérrez y Salvador Pedroza. La manta sobre la que sobresalen dice "We Are América", consigna cuidadosamente elaborada para hacerle entender al público gringo que los inmigrantes todos somos parte del país, por más que el país se niegue colectivamente a percibirlo.

La ironía de la foto no hubiera existido si los personajes arriba del *We Are America* fueran Juan Salgado, Emma Lozano o Luis Gutiérrez, pero los "tres amigos" eran, en aquellos tiempos, los máximos representantes de los tres partidos políticos mexicanos: Arango era Presidente del PRD, Pedroza del PAN, y Gutiérrez del PRI.

In English, Please

A través del período de las marchas tratamos de ser cuidadosos en demostrar que la cuestión de inmigración y su movimiento no eran mexicanos y latinos, pero el 10 de marzo probablemente tuvo más latinos juntos que en toda la historia de Chicago y no había manera de decir que no.

Uno de los oradores en la Plaza Federal el 10 de marzo de 2006 fue un político que hoy está en la cárcel, acusado de corrupción, Rod Blagojevich. De hecho, es el último de una larga lista de políticos de Illinois que han terminado en la cárcel, según reportó el *Chicago Sun-Times* precisamente en septiembre de 2006, unos meses después de las marchas. De 1972 a la fecha, más los que se acumulen esta semana, por lo menos tres gobernadores, dos oficiales electos a nivel estatal, 15 legisladores estatales, dos congresistas federales, un alcalde, 27 regidores, tres funcionarios de la Ciudad, empezando con la primera latina electa para un puesto de toda la Ciudad, Miriam Santos, 19 jueces del Condado de Cook y otros siete oficiales del Condado han ido a dar a la cárcel.

Han ido a dar, que conste, lo cual no quiere decir de ninguna manera que no hayan salido ni que sus carreras políticas hayan terminado por ese hecho, como es el caso de Ambrosio Medrano, que después de un rato tras las rejas volvió a la política, compitiendo por su antiguo puesto de regidor, y cuando un Juez dictaminó que sus antecedentes le impedían postularse, puso a su hijo a competir por el mismo puesto. Dicho de otra forma, además de corruptos los políticos de Illinois tienen la virtud de parecerse al Ave Fénix y resurgir de sus cenizas.

Todo me lleva a pensar en cómo se le puede ocurrir a alguien poner en manos de los políticos decisiones tan importantes para la vida de la gente común y corriente como la reforma migratoria o el bienestar de los inmigrantes, pero en fin.

El caso es que Rod Blagojevich, entonces gobernador de Illinois, se las ingenió de alguna manera para llegar al atestado estrado de la Plaza Federal, y con incontrolable emoción se echó uno de los mejores discursos del día, salvo tal vez por el del Alcalde Richard M. Daley, que se echó uno muy bueno y de pura paja, diciendo que "Chicago era una ciudad de inmigrantes y que nadie nos iba a sacar de aquí".

"Blago", en corto porque los nombres balcánicos le salen muy mal pronunciados a todo el mundo, se echó el rollo que le habíamos escuchado una docena de veces porque era lo único que hablaba en español, de que "Como hijo de inmigrantes... bla bla bla", él entendía las necesidades de los inmigrantes y sus derechos y etcétera.

Le agregó algunas frases nuevas a su rollo típico, porque habló cerca de cuatro minutos. Al terminar, radiante de felicidad de tener un público tan nutrido, saludó y se dio la vuelta para irse. Azorado, alguno de los que estaban en la tribuna coordinando el evento, lo tomó del codo y le dijo "Please, can you repeat it in English?".

Cabe señalar, como colofón, que a la tribuna subieron todos los que no tenían que ver con la marcha y su organización, además de los que sí. Ahí estuvieron, como si la hubieran organizado, los regidores de Pilsen y parte de La Villita, Danny Solís y George Cárdenas, más Michelle Chávez y Susana Mendoza. Además, hablaron los chinos, los coreanos, los polacos y otros invitados que sí se había decidido que hablaran, más algunos dirigentes sindicales que tampoco habían tenido nada que ver con la organización pero que se había considerado que los queríamos ahí, como Tom Balanoff, Presidente del Local 1 de SEIU, Sindicato de los Trabajadores de Servicios.

Cartel para el Primero de Mayo de 2013

Capítulo 3
¿Y ahora qué sigue?

Tercera introducción: sueños y pesadillas

Al 10 de marzo le siguieron muchas cosas. Buenas, malas, mediocres, brillantes, pleitos, acusaciones, divisiones y acciones de unidad, y millones de personas marchando en las calles de un centenar de ciudades de Estados Unidos. Los siguientes relatos son, o parecen ser desde mi punto de vista, tan coherentes o incoherentes como fueron los siguientes 50 días. Algunos eventos fueron cuidadosamente organizados, y docena de ellos fueron básicamente desorganizados y espontáneos.

Muchas veces se ha repetido la frase del "gigante dormido", con variables y cambios, que "no estaba dormido sino que estaba trabajando", "que había despertado, que estaba marchando", y que "tenía pesadillas" y demás. Lo cierto es que sí, hay un gigante, y que si bien dejó de marchar no dejó de existir. Ahí está, y la sociedad civil, la economía y la clase política no solamente de Estados Unidos sino del mundo tienen que lidiar con él. A nosotros nos tocaría, si acaso, organizarlo lo mejor posible para que la lidia se presente con la mejor correlación de fuerzas posible.

De chicha, votos y limonada

Para el 20 de marzo, el movimiento viró hacia las elecciones internas. Todavía bajo el nombre del Comité Ad Hoc Contra la HR4437, se citó a una conferencia de prensa con carácter de "Llamado Urgente para llamar a los latinos a votar el 21 de marzo", agregando una lista de "candidatos que deben ser derrotados en las urnas electorales". Además, se citaba a "nuevas acciones de boicot" que en realidad nunca se llevaron a cabo, y a diversas "actividades en contra de las compañías que despidieron trabajadores por asistir a la marcha del 10 de marzo".

La conferencia de prensa se llevó a cabo frente a las oficinas de Dan Lipinski, ejemplo de cómo un demócrata no tiene nada que ver con las causas buenas y nobles del pueblo inmigrante.

Desde antes de la marcha, y lo repitió en todas las ocasiones que pudo, Martín Unzueta, quien entonces estaba al frente del Chicago Workers Collaborative, Colaborativa de Trabajadores de Chicago, había preparado una carta con la cual, en términos de una decencia que hasta parece impropia, los trabajadores pedían permiso a sus patrones para faltar al trabajo e ir a la marcha. El argumento básico y lógico, y según Martín hasta legal, es que los trabajadores tienen derecho a tener derechos, entre ellos el de participar en una actividad de derechos civiles, y si el patrón se pone perro pues se le acusa de violar los derechos civiles o de ser un gandaya. A final de cuentas da lo mismo.

Las acusaciones contra los patrones se podían hacer con y sin la carta, pero el caso es que el documento de Martín pegó con tubo. A los patrones de quienes no pidieron permiso o no se los dieron y los despidieron por haber ido a la Marcha o por no haber chambeado el 10 de marzo, Martín se encargó de hacerles la vida de cuadritos.

El segundo punto de la conferencia se cubrió con el choro de que "estábamos evaluando una lista de empresas que habían hecho donativos a Sensenbrenner y otros políticos antiinmigrantes, y que la íbamos a dar a conocer posteriormente. La idea era real, pero nunca la llevamos a cabo formalmente. Rumbo al primero de mayo, la palabra "boicot" quedó prohibida en nuestro diccionario, como requisito para conseguir la participación de los sindicatos, que por razones legales y de contrato colectivo de trabajo, no pueden declarar boicots contra nadie con quien no tengan un conflicto laboral.

Y el tercer punto probó ser la perdición del movimiento por la reforma migratoria. Durante su discurso en la Plaza Federal, Juan Salgado se había dedicado a decir que la salvación de todas las almas sin mica residía en el voto. Ahí lanzó la famosa consigna de "Hoy Marchamos, Mañana Votamos", y la idea política que movió al movimiento de acciones directas a hacer cabildeo de por vida. En vez de mantenerse como un movimiento independiente de los partidos políticos, las organizaciones estructuradas y con presupuesto (presupuesto que generalmente proviene de ser bien cuates y tener muchos cuates en el Partido Demócrata), lo desviaron hacia actividades electorales. La conferencia de prensa, en la que reveló una lista de amigos, enemigos y políticos y candidatos que decían ser amigos y después resultaron no ser ni lo uno ni lo otro ni servir de nada, fue el primer paso hacia el fracaso del movimiento que había nacido unos días antes.

En vez de convocar a nuevas movilizaciones, a acciones callejeras, a boicots o paros en las fábricas o cualesquiera otras acciones directas, se convocó a ponernos a la cola de la cola de las campañas electorales de nuestros "amigos".

Ese día perdimos buena parte de la iniciativa. Lenta pero seguramente, el movimiento por la reforma se convirtió en un apéndice de apoyo callejero al Partido Demócrata. Por así decirlo, nos volvimos como lo que años después sería el Tea Party del lado de los republicanos.

"Tengo unos negocios acá en el norte"

Hacia el 15 de marzo, los activistas de Wisconsin decretaron que como se habían perdido la fecha histórica del 10 de marzo, lanzaban una nueva y llamaron a marchar el 23 de marzo.

Los Ángeles, por no quedarse atrás, llamaron a marchar en la segunda ciudad del mundo con más mexicanos, el 25 de abril. Si Chicago había organizado una mega marcha en 18 días, no había ninguna razón para que Los Ángeles o Milwaukee no organizaran una en 15 días.

La verdad es que los plazos no tenían nada que ver con nada. La gente hubiera marchado prácticamente de un día para otro después de darse cuenta de lo acontecido en Chicago. Y marchó.

No tengo la menor idea de cómo llegó a nuestros oídos la convocatoria a la marcha de Milwaukee, pero cuando llegó se atendió. Se acordó rentar un camión para llevar una delegación de Chicago a la marcha de la capital lechera de Estados Unidos. Christine Newman, Directora Ejecutiva de voces de la Frontera, me dijo que nos podían dar un orador en su acto si podíamos llegar.

Por no dejar, la marcha era en un día de trabajo, un jueves, y cuando llegó el famoso camión para ir a Milwaukee a la Plaza Tenochtitlan, mejor conocida entre la raza como Plaza del Guajolote por el poco parecido del pájaro que está arriba del nopal con una águila, no había gente para ir a marchar.

Por fortuna ahí estaban acampados, como todos los días, los *homeless* latinos, *winos* como le dicen en inglés a los teporochos, y desempleados crónicos que pasan la noche en el refugio de San José Obrero, a la vuelta de la esquina, y a falta de algo mejor que hacer se subieron al camión para acompañarnos a la aventura marchista en Wisconsin. En total, unas 30 personas fuimos a hacernos presentes en el estado vecino.

En el camino, por ahí de la frontera de Illinois y Milwaukee, me llamó Artemio Arreola desde Los Ángeles. Había conseguido permiso de su sindicato, SEIU, para agitar entre la comunidad inmigrante del país, y estaba metido en medio de la organización de la marcha de allá. Me contó los últimos chismes que sabía, entre ellos que una organización "nacional" nacida al vapor la semana anterior, al calor de nuestra marcha del 10 de marzo, bautizada "We Are America", había ya lanzado la consigna de que todo el país debía marchar el 10 de abril, y los grupos de activistas en Los Ángeles estaban debatiendo al respecto. Discutimos durante varios kilómetros las opciones, y yo le insistí en que no, en que la fecha, por su significado histórico y político tenía que ser el primero de mayo.

No sé si lo convencí yo o se convenció solito, porque para los dos tenía sentido convocar a grandes acciones el Día Internacional de los Trabajadores, así que en eso quedamos y dijimos que lo íbamos a impulsar como propuesta de Chicago al mundo.

Llegamos a Milwaukee sin mucha claridad geográfica de a dónde llegar, excepto que queríamos ir a las oficinas de Voces de la Frontera. El chofer del camión estaba magníficamente enchilado porque no podíamos darle direcciones claras, pero de pronto, al llegar al barrio latino de Milwaukee alrededor de la calle 18 empezamos a ver docenas primero y después centenares de personas caminando con rumbo fijo y ese tipo de determinación que habíamos vivido unos días antes en Chicago. Ahí nos bajamos y le dijimos al chofer que nos recogiera unas tres horas después al norte del centro de la ciudad.

Empezamos a hacer bola junto con la bola de gente que iba caminando, y preguntando al mismo tiempo a dónde íbamos. La respuesta automática era que íbamos "a marchar por la amnistía", pero nadie estaba claro de dónde a dónde era la tal manifestación. Era como preguntar a un lugareño en dónde está la tienda, con la respuesta automática de "aquí nomás debajito". Pero la claridad geográfica era lo de menos. La gente iba a marchar por la amnistía.

Alcanzamos el grueso de la manifestación al entrar al puente que junta el norte y el sur de la ciudad, y la vista era obviamente impresionante. Decenas de miles, unas tres decenas según los organizadores, iban marchando para arriba y para abajo del puente de cerca de una milla de largo.

Sacamos nuestra manta y marchamos con la gente, que nos recibía con sonrisas y saludos, con el gusto de saber que gente que había marchado hacía unos días había ido a acompañarlos, pero también con el gusto de saber que no necesitaban a nadie de Chicago, porque Milwaukee también era capaz de marchar.

Llegamos hasta el ridículamente pequeño parque central de Milwaukee en donde terminaba la marcha, en el que no cabían más allá de un par de millares de personas bastante apretadas, y me apuntaron para hablar. Cuando faltaban un par de oradores para mi turno, un cuate de pelo largo que después conocería como Juan Carlos Ruiz se me acercó y me dijo que él iba a hablar después de mí, que representaba a "We Are América" y que iba a convocar a marchar nacionalmente el 10 de abril. Le dije que nuestra idea en Chicago era marchar el primero de mayo y montó en cólera. La "consigna nacional", me dijo, "era marchar juntos el 10 de abril, porque así lo habían decidido en la reunión "We Are América" en Washington.

No alcanzó a decirme qué más había decidido We Are América en Washington, porque en ese momento me tocó hablar. Y claro, fiel a la idea de que Washington está en otro continente y que Chicago está en el centro del movimiento inmigrante en Estados Unidos, después de las obvias palabras de saludo a la multitud y la felicitación por seguir los pasos de Chicago, pues invité a la gente a marchar el primero de mayo, Día Internacional de los Trabajadores. La gente lo aceptó inmediatamente con ovaciones, gritos y exclamaciones. En honor a Juan Carlos, tengo que decir que se adaptó rápidamente a la irremediable situación y que en su discurso dijo que había que marchar y marchar y volver a marchar, y que antes del primero de mayo había que marchar el 10 de abril, lo cual fue igualmente aceptado por los presentes.

Volvimos a reagruparnos y a marchar hasta donde alguien había quedado de acuerdo que nos recogiera el camión, a varias millas de donde estábamos, y al abordar pasamos lista de presentes. Nos faltaba un cuate, uno de los homeless que se habían sumado a la aventura, y que no había manera alguna de localizar.

Otro de ellos nos informó, de manera clara y concisa, que el compa había anunciado que se iba a quedar en Milwaukee de todas formas, pues "tenía unos negocios en el norte".

198

Los cinco Antiminuteman

El 19 de marzo de 2006, a una semana escasa después de la marcha del 10, se hizo un evento en la iglesia de San Pío, en Pilsen, para apoyar la defensa de los "Minuteman 5", los "5 contra los Minuteman". Para esos días, la Fiscalía de Illinois los traía fregados, amenazando hasta a sus abogados defensores e incluso emitiendo *gag orders*, órdenes de silencio a los medios de comunicación que habían entrevistado a los jóvenes y solicitando sus grabaciones y otros materiales para usarlos en el juicio.

El 15 de octubre de 2005 se fundó el Proyecto Minuteman de Illinois, en el suburbio de Arlington Heights, a cargo de Rick Biesada y Rossana Pulido, su "token Latina". Un par de docenas de activistas pro inmigrantes, latinos y no latinos, incluyendo y varios gringos, se presentaron a la Academia Christian Liberty, a aguarles la fiesta.

Los Minuteman, que para variar eran menos que los manifestantes en su contra, no tuvieron más remedio que llamar a una fuerza aliada por naturaleza: la policía.

Policías y agentes de cuatro condados se presentaron en escena, con perros, gas lacrimógeno en mano, y llevaron a cabo el arresto de cinco de los peligrosísimos activistas, y los acusaron de haberse "resistido a la autoridad", acusación típica cuando la policía no tiene nada concreto en contra de uno pero que siempre pega porque es una acusación de todo y de nada y de la palabra de uno contra el otro.

A todo esto, siempre me venido a la mente la pregunta de cómo podría uno "resistirse a la autoridad", porque si realmente tuvieran autoridad pues uno los obedecería sin chistar.

El caso es que los cinco Antiminuteman, resistentes a la autoridad fueron encarcelados formalmente, se les otorgó fianza y quedaron en libertad condicional.

Su juicio se llevó a cabo el 25 de abril de 2006, después de un despliegue policíaco casi sin precedentes, con chotas armados hasta los dientes y uniforme antimotines completo y francotiradores en el techo del edificio, por aquello de que fueran a llegar cientos de miles de inmigrantes a liberar a los jóvenes.

Por desgracia no fue así. La solidaridad con los acusados realmente brilló por su ausencia y no llegó al nivel que merecían. Los jóvenes quedaron en libertad después de pactar con el juez. La acusación de "resistir a la autoridad" se cambió por la de "ataques" en general, y los activistas fueron condenados a un año de libertad supervisada y 240 horas de trabajo comunitario.

El saludo desde aquí a Kara "Penny" Norlander, Rehana Sabah Khan, Cynthia Linda Gómez y Eric Zenke, y al otro cuyo nombre ya no recuerdo. Acciones como la suya forman sin duda parte del espíritu que ayudó a sacar las marchas a la calle en 2006.

Salir para afuera

"Salir Para Afuera" es la mejor traducción que he podido encontrar hasta la fecha para el escueto mensaje de "Walk Out" que circuló por las llamadas "redes sociales" de Internet, convocando a los estudiantes a abandonar los salones de clase y marchar fuera de sus escuelas.

En un mundo en que Facebook apenas estaba en pañales, el mensaje corrió como reguero de pólvora en My Space y por mensaje de texto de teléfono celular. El efecto fue que decenas de miles de estudiantes, sobre todo en Texas y California, se "salieron para afuera" para expresarse a su propia manera en contra de la propuesta Sensenbrenner.

Muchos, tal vez la mayoría, lo hacían al igual que mucha gente que había ya marchado en Washington, Chicago, Wisconsin y Los Ángeles, solamente en solidaridad con sus padres, pues la mayoría eran y son nacidos en Estados Unidos, ciudadanos pero de padres inmigrantes, muchos de los cuales son indocumentados. Son la representación de lo que le llamamos las "familias mixtas", en las que hay por lo menos un ciudadano y un indocumentado.

La fecha del lacónico mensaje era el 27 de marzo, apenas dos días después de la gigantesca manifestación del 25 de marzo en Los Ángeles, que había reunido entre medio millón y 750 mil personas. Según Gustavo Jiménez, organizador del Walk

Out en su secundaria en Dallas, Texas, entrevistado días después en *Democracy Now*[15] fueron precisamente las fotografías de la marcha de Los Ángeles las que los animaron a "hacer algo". Localmente, los estudiantes no siguieron la pauta nacional al menos de inmediato, sino hasta abril. Personalmente, lo que me tocó fue ir a sacar de la cárcel de Berwyn, mi propia ciudad, a una docena de jóvenes de la Secundaria Morton West, arrestados porque, según la policía, habían "puesto en peligro a la comunidad al marchar desde su escuela hasta la zona comercial".

Unos 300 chavos se salieron de la Morton West el 12 de abril, desde las nueve de la mañana, y marcharon por la avenida Cermak, con banderas de México y Estados Unidos, siguiendo el ejemplo del día anterior de los estudiantes de la Morton East de Cícero.

Al grito de "Sí Se Puede", se brincaron las patrullas de la policía, y cuando quisieron regresar a la escuela el director les dijo que no podían entrar, y que solamente estaban autorizados a sacar sus coches si es que los tenían en el estacionamiento del plantel. Parece que el mismo director llamó a la policía, que pidió refuerzos a sus colegas de los suburbios de Lyons, Stickney, Cicero y Forest Park.

Al volver hacia la Cermak, la policía les ordenó dispersarse y los estudiantes que quedaban decidieron irse al McDonald's, pero la policía les bloqueó nuevamente la ruta y comenzó a arrestarlos. Hubo 11 arrestados, 4 de ellos menores de 17 años, acusados todos de "conducta desordenada".

Precisamente porque eran menores de edad, y yo no era ni padre ni tutor ni nada de nada, si acaso vecino de los jóvenes, la policía no me dio ni información ni me permitió hablar con ellos, pero estuve con sus papás esperando que los pusieran en libertad hasta entrada la tarde.

No me tocó ver ni un regaño de los padres a los recientemente liberados jóvenes, y me dio la impresión de que todos estábamos haciendo lo correcto y que todos entendíamos qué estábamos haciendo. El movimiento no era "de indocumen-

---

15 http://www.democracynow.org/2006/4/11/dallas_high_school_
student_describes_organizing

tados", como lo calificaban los medios de comunicación más reaccionarios, y ni siquiera "de inmigrantes", sino de todos, de una comunidad completa que estaba peleando por el reconocimiento de una serie de derechos básicos que les han negado por generaciones, y que con sus acciones estaba demandando, de perdida, ser tratada con dignidad.

Pese a la acción relativamente tardía en comparación con Los Ángeles, los estudiantes de Chicago se pusieron a mano el primero de mayo, cuando se reportó una ausencia de entre el 10 y el 30 por ciento en las escuelas con altos porcentajes de estudiantes latinos.[16]

Mordeduras sin dientes

El 29 de marzo, al calor de la marcha, el Ayuntamiento de Chicago elevó a categoría de "ordenanza", curioso nombre para describir una medida legal local que ni es ley ni cambia ninguna ley, más bien como un reglamento local, la vieja Orden Ejecutiva 85-1 de Harold Washington, que específicamente le prohibía a la policía y otros trabajadores de la ciudad colaborar con el servicio de inmigración. La Orden Ejecutiva de Harold Washington seguía la tradición de la Resolución del Consejo de Comunes de Chicago de 1850, que prohibía también a la policía local ejercer la Ley Federal de Esclavos Fugitivos emitida en aquél año, y de hecho convertía a la Ciudad en un santuario para los esclavos escapados de sus amos. El 25 de abril de 1989, el Alcalde Richard Daley refrendó la Orden Ejecutiva de Washington mediante la Orden Ejecutiva 89-6.

La marcha del 10 de marzo provocó tal calentura en algunos regidores latinos que hasta la fecha no habían movido una uña en el Ayuntamiento a favor de la inmigración, que arremetieron con tal fuerza para promover su ordenanza que se votó unánimemente (44 votos, los otros 6 regidores quien sabe dónde andaban), a favor.[17] A la mejor a eso se refería Juan Salgado cuando hablaba de "impactar" a los políticos.

---

16 Huffstutter, 2006
17 http://www.chicityclerk.com/journals/2006/march29_2006/march29_2006_part3optimize.pdf

Pero la ordenanza, promovida por el Regidor Danny Solís con la ayuda desinteresada de Emma Lozano y compañía, fuera de tener una sonrisa hermosa está completamente chimuela. Hacia el final, ahí en las páginas que uno generalmente ya no lee porque se aburrió antes, dice claramente clarito: "Este capítulo no crea o forma las bases para inculpar a la Ciudad, sus agentes o agencias. El único recurso para la violación de este capítulo será mediante los procedimientos disciplinarios de la Ciudad para los oficiales y empleados bajo los reglamentos, incluyendo pero sin limitarse a las reglas de personal de la Ciudad, los contratos sindicales, las reglas del servicio civil, o los de cualesquiera otra agencia. Una persona que alegue una violación a este Capítulo deberá dirigir su queja a la Oficina del Inspector General (Inspector General), quien deberá procesarla de acuerdo a los procedimientos de quejas establecidos en el Capítulo 2-56 de este Código excepto que si la queja es en contra de un miembro del Ayuntamiento o algún empleado de los Comités del Ayuntamiento, el Inspector General deberá transmitir con prontitud dicha queja al presidente del Comité de Comités, Reglas y Éticas del Ayuntamiento para procesarla o que dicho Comité tenga jurisdicción sobre tales temas, y si la queja es contra cualquier miembro del Departamento de Policía de Chicago, el Inspector General deberá transmitirla al Departamento de Policía de Chicago para procesarla".

En otras palabras, es una especie de ley que no tiene castigo para quien la viole. Años después, al luchar contra la "Polimigra" y obligar a que hubiera audiencias en el Ayuntamiento para dar testimonio sobre la posible cooperación de la Policía de Chicago e Inmigración, alguien nos contó que para aprobar la ordenanza se había negociado con la policía y los guaruras no habían aceptado que hubiera castigos. Como quien dice, la ley se pactó de antemano con los violadores de la ley. Supongo que un día de estos se podría negociar con los asaltabancos una ley en contra de los asaltos bancarios.

10 de abril, los que no han marchado

Fatalmente, la fecha del 10 de abril llegó a todo el planeta, empezando por Japón, claro, y ya en la tarde del Japón llegó a Estados Unidos y a esa hora la gente marchó, convocada por la famosa coalición de "We Are América", pero organizada por cientos de activistas que no tenían nada que ver con la tal coalición.

En Chicago no marchamos porque estábamos enfrascados en preparar la manifestación del primero de mayo, que nos parecía mucho más importante y significativa que el 10 de abril, que históricamente solo puede ser recordado porque es el día del aniversario del asesinato de Emiliano Zapata. Además, era sábado, y no tenía chiste convocar a un evento al que para asistir no había que faltar al trabajo.

Parte de la poca estrategia que habíamos "diseñado" (o que se iba configurando solita al darnos cuenta del potencial del movimiento), era que de alguna manera había que incidir en la vida "normal", y convocar eventos en días laborales era importante. No íbamos a caer en la lógica de que hay que convocar las huelgas a las doce del día porque es la hora del almuerzo y de todas formas nadie trabaja a esa hora. Por el contrario, había que hacer que los inmigrantes "se sintieran", o que se sintiera su ausencia cuando fueran a un evento.

Lo que decidimos hacer en Chicago fue un evento simple, en el Parque Harrison, curiosamente conocido entre la raza local como Parque Zapata, porque en la Casa de Campo hay un busto de Zapata al que muchos años hemos ido a rendir homenaje los 10 de abril. Nuestro evento, la participación de Chicago al 10 de abril, fue poner una mesa en medio del parque y convocar a quienes quisieran ayudar en la organización y difusión de la manifestación del primero de mayo a ir, registrarse como voluntario para el 10 de marzo o el "M-10-M" como ya le empezábamos a llamar.

Teníamos volantes para la marcha, carteles, entre ellos unos muy bonitos gentilmente "donados" por la Miller, que decían "Este Negocio Permanecerá Cerrado el primero de mayo. Yo apoyo la causa, apoye mi negocio".

Pero en su infinita sabiduría, Televisa no se enteró de que

Chicago no tenía nada que ver con el 10 de abril, así que nos mandaron un reportero y un camarógrafo que se volvieron locos tratando de sacar historias paralelas ante la falta de una marcha en Chicago.

Los mandamos de un lado a otro, a la ciudad y los suburbios, a entrevistar gente que no tenía papeles y activistas para que les contaran historias que hicieran que el viaje valiera la pena. Hasta la fecha, no se por qué se les ocurrió que iba a haber una marcha en Chicago el 10 de abril, y por qué mandaron a su gente a la ciudad antes de averiguar qué iba a pasar y qué no.

Como quiera que sea, el 10 de abril tuvo mucha importancia a nivel nacional aunque, repetimos, fue convocada por unos y llevada a cabo por otros.

We Are América lanzó la convocatoria, pero difícilmente organizó alguna de las docenas de marchas que hubo ese día. En aquél entonces simplemente no tenían la capacidad para hacerlo. Pero eran duchos en hacer llamadas telefónicas para enterarse de quién estaba haciendo qué y en donde, y entonces escribieron comunicados de prensa que mandaron a todo el planeta con la lista de marchas locales y regionales, literalmente docenas de ellas, desde ciudades grandes hasta pueblos pequeños, y se cubrieron de gloria.

Pero la importancia del 10 de abril residió en que miles de personas que no habían tenido la oportunidad de hacerlo, participaron por primera vez en el movimiento, salieron a las calles, demostraron que el movimiento no era de un solo día o solamente de las ciudades y, de hecho, que el movimiento tampoco le pertenecía a nadie. Me explico: el 10 de abril salieron a marchar inmigrantes que los residentes estadounidenses de pequeños pueblos y ciudades no sabían ni siquiera que existían y que vivían entre ellos, a menos que los hubieran contratado de niñeras. Por otro lado, docenas de estas comunidades, sobre todo las de migración reciente, no contaban con las llamadas "organizaciones no lucrativas" que "se encargaran" del movimiento migratorio, como sucede en las grandes ciudades y lugares de residencia de muchos años de grandes comunidades migratorias. Por el contrario, la gente se organizó solita, entre ellos mismo, y marchó el 10 de abril sin necesidad de mayores recursos, trabajadores pagados de organizaciones establecidas, carteles impresos de ningún tipo, ni de famosos y chafas locutores que les dijeran qué hacer, cómo, dónde y cuándo. Eso es parte de lo que después perdimos. La espontaneidad, las ganas de marchar en espíritu de lucha y de fiesta al mismo tiempo.

En todo caso, esos centenares de marchas grandes y chicas ayudaron precisamente a que We Are América se irguiera como "líder" de todo el movimiento, a nivel nacional, no solamente por haber convocado a las movilizaciones del 10 de abril, sino porque compilaron la lista de eventos y la publicaron a su nombre, como si hubieran tenido "organizadores" en cada una de ellas.

En palabras de Alfonso González, "Es irónico que las acciones del 10 de abril hayan sido relativamente pequeñas en Los Ángeles, que junto con Chicago eran los dos epicentros del movimiento a nivel nacional. En Los Ángeles, la acción del 10 de abril contó con la presencia de 5000–10,000 personas (Entrevista de Salas). Según Víctor Narro, la marcha del 10 de abril nunca se pensó como un evento grande, sino como un evento mediático para dar a conocer las posiciones de la Coalición Somos América (Entrevista con Narro). Otros argumentan que el 10 de abril dejó ver los grandes problemas de las organizaciones no lucrativas, sindicatos y la iglesia católica de Los Ángeles, ninguna de las cuales contaba con un programa que hiciera eco en el sentido común de los trabajadores migrantes y que, por lo tanto, pudiera movilizar a cientos de miles en el centro de Los Ángeles. El evento tuvo unos 5000 participantes, a pesar de la tremenda cantidad de recursos y contactos con los medios de comunicación que los organizadores tenían con los sindicatos y la estructura del Partido Demócrata en Los Ángeles (Entrevista con Gochez; Entrevista con Gutiérrez).[18]

---

18 Alfonso Gonzales: "The 2006 Mega Marchas in Greater Los Angeles: Counter-Hegemonic Moment and the Future of El Migrante Struggle". http://www.palgrave-journals.com/lst/journal/v7/n1/full/lst20092a.html

Ni pa' allá ni pa' acá sino más bien en medio

Por cierto, si hubo por lo menos una voz que trató (inútilmente, por desgracia), de que el movimiento no se cargara hacia el lado de los demócratas, y ese fue Carlos Pérez.

Posiblemente percibiendo que los pro demócratas se estaban comiendo al movimiento, Carlos presentó en la Asamblea General del 10 de marzo, el 11 de abril, una resolución llamando a "Un Cambio de Régimen en 2006". Proponía que el Movimiento 10 de Marzo lanzara un candidato "de un tercer partido" para derrotar a Dan Lipinski en las elecciones de noviembre.

Analizando que "Lo menos deseable sería organizar un tercer partido para este propósito, tarea monumental, o llevar a cabo una campaña de *write-in* (donde hay que escribir completo el nombre del candidato en la boleta electoral), y que son muy poco efectivas", Carlos sugería acercarse al Partido Verde, y pedirles "que nominaran a un candidato pro inmigrante en las elecciones de 2006".

"Podríamos entonces", argumentaba Carlos, "dirigir las energías del Movimiento a efectuar un cambio de régimen en el 3er Distrito Congresional que, de ser exitoso, repercutiría como un tsunami entre las filas del Congreso y el Senado de Estados Unidos".

Francamente no recuerdo si alguien le hizo caso y si la propuesta se llegó a votar o no, y si se votó a favor o en contra. En todo caso, no hubo ninguna candidatura inmigrante en el 3er Distrito hasta el 2010, cuando me la endilgaron a mí, y ni siquiera fue con Partido Verde, sino para las primarias del Partido Demócrata.

El que sí fue postulado como candidato del Partido Verde, pero no contra Lipinski sino contra el mismísimo Luís Gutiérrez, fue Omar López, quien sacó la mayor votación del partido a nivel de todo el estado, en las elecciones de 2008.

Convención nacional de abril

En abril nos reunimos porque no había más marchas a la vista hasta el primero de mayo y siguiendo el principio básico de todo activista de la vieja escuela, de que "a toda acción corresponde una reunión". El evento se llevó a cabo en el auditorio del sótano del Sindicato (en aquél tiempo), UNITE-HERE, y asistieron unas 200 personas.

La reunión fue convocada algo así como bajo el nombre de "Primera (aunque debe haber sido como la centésima) Convención Inmigrante de Chicago", bla, bla, bla. Llegaron varios compañeros de otras ciudades y estados, para tratar juntos de darnos una idea de para dónde iba el movimiento solito y, en su caso, para dónde podríamos llevarlo, que no es lo mismo que lo mesmo.

Entre ellos llegaron Travis Morales, quien venía de ganar un largo juicio y proceso legal; Nativo López, del Movimiento Político Mexicano-Americano, una de las organizaciones herederas de las grandes luchas de Bert Corona, acérrimo disidente en los años 1960's de las luchas de César Chávez por la sindicalización de los campesinos mexicanos y méxicoamericanos y el primero que planteó la idea de que la migración era un subproducto de la lucha de clases y había que tratar a los migrantes como obreros y trabajadores, no como minoría étnica.

Llegó también Jesse Díaz, quien se había convertido en uno de los voceros de la Coalición 25 de Marzo, y tres metros detrás de él un camarógrafo y un reportero de CNN. Lo seguían a todas partes para elaborar reportajes sobre las marchas y el movimiento migratorio en general. Jesse era un activista relativamente joven, formado en las luchas contra las redadas de la Migra en Inland Empire, California, en 2003, y la lucha universal en contra los Minuteman.

Después de pelearnos amistosamente, llegamos a las conclusiones de rigor, refrendamos la "Declaración de Chicago", y cada quien se fue para su casa para seguir preparando las marchas del primero de mayo.

"Un año de preparación"

El 19 de abril por ahí del mediodía, se coló la noticia como una bomba entre las filas de activistas del movimiento marchista: IFCO, una empresa de tarimas de madera, había sufrido una

208

redada a nivel nacional, en 26 estados, y cerca de mil 200 inmigrantes sin papeles habían sido detenidos.

Si el calendario todavía no ha cambiado, el 19 de abril es 12 días antes del primero de mayo, y la cercanía de la fecha en que se preparaban marchas en todo el país causó muchas reacciones, de lado a lado del espectro de las especulaciones posibles: era una respuesta del gobierno a las marchas; era para que la gente no saliera a marchar el primero de mayo; era una provocación y había que ser muy cuidadosos para ver cómo se respondía.

En realidad era un poco de todo eso pero la mitad porque era una acción a lo puro "guey" de parte de la migra y el gobierno de George W. Bush. Sucede, nos enteramos después, que desde el 2003 Bush había firmado un protocolo conocido como ENDGAME, un plan de diez años para que Estados Unidos se liberara de los "illegal aliens", y después de un par de años de montaje del plan se habían comenzado a organizar acciones como la operación en contra de los trabajadores de IFCO. Según las declaraciones a los medios de comunicación de los oficiales del Departamento de Seguridad Nacional, ellos ni enterados estaban de las marchas, y su operativo no tenía nada que ver con nada. La verdad no lo dudo. No me extraña que ese tipo de funcionarios no sepa qué pasa en el mundo y mucho menos en las comunidades inmigrantes, excepto que por ahí hay trabajadores sin papeles.

A los medios de comunicación, Michael Chertoff, Secretario de Seguridad Nacional, declaró que llevaban más de un año preparando la operación, bastante factible ya que se llevó a cabo en más de la mitad del país.

El caso es que el contexto en que se dio la operación era el peor para unos y para otros y se prestaba a muchas interpretaciones. Para quienes estábamos en medio de todo, lo que era seguro era que teníamos que dar una respuesta inmediata a la redada, y eso fue lo que hicimos, gracias a que los medios de comunicación si sabían lo que estaba sucediendo y empezaron a llamar para pedir esa respuesta.

Las declaraciones llegaron a la audiencia en punto de las cinco de la tarde, la hora de los noticieros, y como comúnmente se dice, "desde el lugar de los hechos", frente a la planta de IFCO en Chicago, de una manera firme: "No nos van a asustar. No vamos a cancelar la marcha del primero de mayo, sino que esto va a hacer que salga todavía mucha más gente. La operación es absurda porque están arrestando y tal vez deportando hoy a gente que podría legalizarse en poco tiempo, cuando el Congreso apruebe una reforma a la Ley de inmigración", o algo por el estilo. El caso es que respondimos más rápido que nunca, y logramos, si era posible, darle más ganas de marchar a la gente o convencer a los que todavía no estaban convencidos, criticando la redada y exponiendo lo inútil que son estas políticas y acciones del gobierno. De ahí nació otra columna de México del Norte, sobre la ilusión de que "íbamos ganando".[19]

Por otro lado, algunos familiares de la veintena de trabajadores de IFCO detenidos en Chicago encontraron la forma de ponerse en contacto con Emma Lozano, y los abogados de Sin Fronteras se hicieron cargo de los casos legales de algunos o de la mayoría. Creo que a final de cuenta se perdió la mayoría de los casos y los trabajadores fueron deportados de todas formas.

Por cierto, dos años después la compañía pagó más de 20 millones de dólares de multa, se comprometió al pago de 18 millones de indemnizaciones, y soltó otros dos millones de pagos retroactivos y faltantes de salario a mil 700 de sus trabajadores. Y cuatro años después, en abril de 2010, varios ejecutivos de la planta se declararon culpables de haber "alentado" la inmigración indocumentada desde México para trabajar en sus plantas y fueron a dar a la cárcel.

Los inmigrantes no roban trabajos: Jesse Jackson

Gracias a los activistas que se las arreglan para codearse con los políticos y gente de cierta relevancia pública, unos días antes del primero de mayo nos anunciaron la visita del reverendo Jesse Jackson a Casa Michoacán, en una de las conferencias de prensa que habíamos programado para ir elevando el espíritu previo a la marcha.

Se nos había ocurrido hacer conferencias de prensa, por

---

19 http://mx.groups.yahoo.com/group/mexicodelnorte/message/188

lo menos una cada semana, en las que diferentes sectores declaraban su apoyo al movimiento por la reforma migratoria. Tuvimos a los sindicatos, a un grupo de religiosos de todas las denominaciones, y le tocaba a la comunidad afroamericana. Como de todo el mundo es sabido y conocido, Jesse Jackson "representa", él solito, a toda esa comunidad, así que cuando llegamos a la Casa Michoacán ahí estaba el reverendo, con un par de corifeos, representando a "toda" la comunidad afroamericana.

Como quiera que sea, Jackson se echó un buen rollo, incluida la respuesta a una pregunta provocadora de algún reportero, que desde entonces le he copiado y repetido constantemente, de si los afroamericanos no estaban resentidos con los inmigrantes porque les robaban los trabajos. Jackson contestó, en ese tono doctoral que tiene cuando le habla a la gente que cree que es ignorante, que "los inmigrantes no han cerrado ninguna fábrica de zapatos para llevársela a China; los inmigrantes no han cerrado ninguna fábrica de automóviles para llevársela a México; los inmigrantes no han cerrado ninguna fábrica de ropa para llevársela a Honduras. Los inmigrantes no le han robado sus trabajos a nadie. Los inmigrantes trabajan con nosotros, codo con codo, y deben tener los mismos derechos que tienen todos los trabajadores y los apoyamos en esa lucha".

A pesar del excelente rollo y de declararnos todo su amor, Jackson no se paró a una marcha de inmigrantes en Chicago hasta el año 2010, cuando por supuesto quiso dirigirla. Y no solamente no marchó él, sino que prácticamente nunca vimos un contingente afroamericano, excepto los miembros de sindicatos como UNITE y SEIU.

Por el contrario, aunque nunca con la presencia pública de Jackson, las tropas de Louis Farrakhan, dirigente radical musulmán de la Nación del Islam, y en particular el ministro Abel Muhamad, de origen mexicano, siempre estuvieron con nosotros y movieron gente para la marcha del Primero de Mayo y otros eventos del movimiento inmigrante.

211

El "take-over" del Primero de Mayo

Todavía emberrinchados porque no habían podido hacer la marcha del 10 de marzo como ellos querían, con los políticos que ellos querían dirigiéndola, el Pueblo Sin Fronteras decidió no llamar a la marcha del primero de mayo.

Con la ayuda de El Pistolero, comenzaron a decir que no tenía caso marchar, que ya se habían hecho suficientes marchas, y que había que hacer otras acciones. En particular recuerdo al Pistolero diciendo en el radio que "Ya tocamos a la puerta, ya nos oyeron, no tiene caso que sigamos tocando".

Más tarde que temprano, la gente les hizo cambiar de opinión. Querían marchar, y todos los que dijeran que no había que marchar estaban remando en contra de la corriente. Al darse cuenta de que la popularidad y los *ratings* iban necesariamente de la mano de la siguiente marcha, el Pisto cambió el discurso y se puso a invitar a la marcha.

Lo mismo pasó con Sin Fronteras, excepto que ellos fueron más allá. Por consigna o porque alguien les habló al oído, era necesario que esta vez si dirigieran la marcha, y comenzaron a elaborar un plan para lograrlo. Como todo el mundo andaba en la fiebre marchista, se inventaron varias marchas, desde Pilsen y desde Humboldt Park, que llegarían al Parque Unión, desde donde marcharíamos todos juntos. Excepto que en la ruta que le presentaban a la policía, que ya para entonces quería saber de antemano cuantas personas nos cabían por metro cuadrado, su destino no era el Parque Unión sino un par de calles más adelante. Por física y lógica simple, llegarían al frente de la marcha antes incluso de que la marcha comenzara.

Un pajarito nos vino a contar el cuento, con pelos y señales, después de haber asistido a una reunión en Sin Fronteras, y nos pusimos de acuerdo con los sindicatos para "blindar" el principio de la marcha. Los contingentes sindicales, que también harían marchas para llegar a la marcha, llegarían más temprano y coparían las bocacalles al frente de la marcha.

El plan funcionó a las mil maravillas. Cuando llegaron las marchas de Sin Fronteras, no pudieron llegar más que a media cuadra atrás de los contingentes sindicales, y cuando se dieron cuenta miles de personas ya ocupaban las primeras tres o cuatro cuadras de la avenida. Se volvieron a quedar atrás, para su doble berrinche.

De 200 a medio millón

Durante los preparativos del primero de mayo, me tocó ponerme en contacto con la Federación Sindical de Chicago (Chicago Federation of Labor, CFL), estructura burocrática a más no poder, que supuestamente coordina a la mayoría de los sindicatos de la región.

El motivo del contacto era que la Sociedad de Historia Obrera de Chicago, en coordinación con la CFL estaba programando un evento en el monumento a Haymarket. Cuando se llevó a cabo el fatídico mitin obrero de 1886 en el que alguien aventó una bomba contra la multitud, con tal mal tino que le pegó a un grupo de policías, y que desató una de las represiones más feroces de la historia obrera en Chicago, los oradores del evento estaban hablando desde una carreta. En conmemoración del evento, la Sociedad de Historia Obrera instaló, en la banqueta, a media calle sobre la avenida DesPlanes, entre la Lake y la Randolph, un monumento precisamente con forma de carreta. Cada año, desde principios de este siglo, hacen ahí un evento el primero de mayo y dedican una placa conmemorativa en la base del monumento honrando un movimiento sindical destacado alrededor del mundo.

El chiste es que les llamé para ver de qué forma nos coordinábamos para que su evento fuera parte de nuestro evento.

La llamada telefónica fue por demás cómica. Me contestó una compañera de nombre Beth Khanter, y cuando le propuse hacer un evento común me contestó simplemente que nos uniéramos a su evento. Ni enterada estaba de que iba a haber una manifestación similar a las del 10 de marzo, y no entendió de qué le estaba yo hablando.

Con paciencia y sin reírme en voz alta, le dije que lo nuestro era una marcha, no un evento fijo, y me sugirió entonces que termináramos la marcha en el monumento de Haymarket. Le dije finalmente que no me parecía lógico, porque ellos tenían un evento de 200 personas, y el nuestro iba a ser más grande. Me preguntó qué tan grande, y le dije que de un medio millón de personas. Creo que pensó que me estaba burlando de ella. Se tardó un momento en contestar, y finalmente me dijo que no entendía cómo podíamos juntar los dos eventos, que posiblemente lo mejor era que lo hiciera cada quien por su lado. Afortunadamente Larry Spivak, Vicepresidente Regional de AFSCME, Federación de Trabajadores del Gobierno Federal, Estatal y Municipal, y a cargo de la Sociedad de Historia Obrera, si entendió de qué estábamos hablando, y después de innumerables reuniones diseñamos una ruta para la manifestación que pasaba por la esquina de la Randolph y la DesPlanes, a media calle de dónde 120 años antes habían ocurrido los eventos que dieron origen al primero de mayo.

La relación con la Sociedad de Historia Obrera se enfrió después de algunos años. En 2011 frente al monumento de la carreta se llevó a cabo una recreación de los hechos de 1886, con participantes vestidos a la usanza de aquellos tiempos, y párrafos de los discursos de algunos de los Mártires de Chicago. Pero en todo el evento no se mencionó que seis de los siete líderes de aquél movimiento eran inmigrantes, y que el único nacido en Estados Unidos, Parsons, estaba casado con una inmigrante mexicana, Lucy González.

A propósito de Lucy González, a propósito de la pregunta de "qué hacer después" y a propósito del primero de mayo, publicamos una columna de "México del Norte".[20]

Boicot a la huelga

En la manifestación del 10 de marzo la presencia organizada de los sindicatos fue prácticamente nula, aunque miles de miembros de los sindicatos si participaron. Un par de años después dos compañeras del aquél entonces UNITE-HERE me contaron que en cada fábrica y taller que visitaban para atender los asuntos de los trabajadores, éstos les preguntaban si iba a haber camiones o mantas o pancartas, y cómo iban a ir a la

---

20 http://mx.groups.yahoo.com/group/mexicodelnorte/message/189

marcha. Las compañeras no sabían de qué se estaba hablando. A fuerza de repeticiones, se enteraron de algunos detalles de la marcha y en un par de lugares se hizo un esfuerzo organizado por participar.

Pero a más de un ejecutivo sindical le brillaron los ojitos cuando vieron las dimensiones de la marcha. Se les ocurrió que ahí había una fuerza digna de tomarse en cuenta para poder sacar alguna tajada. Para la marcha del primero de mayo, una buena cantidad de organizaciones sindicales se pusieron las pilas y pusieron camiones, pagaron los costos de la tribuna, el sistema de sonido y otra bola de gastos mayores y menores, además de que realmente se coordinaron con nosotros.

Entre ellos estuvieron, en primer lugar, UE (Sindicato de Trabajadores de la Radio y la Electrónica), UNITE-HERE (textiles y costureras), SEIU (Trabajadores de los Servicios, especialmente el Local 1 y el Local 73), y UFCW (Sindicato de Carniceros y Supermercados). También le entraron los Teamsters (Sindicato de Choferes) aunque de manera un poco forzada, los Carpinteros y los *Laborers,* trabajadores de la construcción.

Convencerlos no llevó mucho tiempo o esfuerzo, pero condicionaron su participación a que no habláramos de "boicots" ni de "huelgas", que eran parte del llamado que se estaba haciendo a nivel nacional para el primero de mayo.

Prácticamente la mayoría de los contratos colectivos de trabajo en Estados Unidos tienen una cláusula al mero principio que dice que tanto el sindicato como el patrón se comprometen a no dejar de trabajar durante la duración del arreglo. Ni el patrón tiene "derecho" de cerrar el lugar o no dejar entrar a laborar a los chambeadores, es decir, a un paro laboral, ni el sindicato tiene derecho de hacer huelga, paro, huelga de brazos caídos, tortuguismo u otras acciones que puedan afectar la producción. El llamado a una "huelga general" que manejaban sobre todo los compañeros del movimiento en Los Ángeles no podía de ninguna manera ser apoyado por los sindicatos.

En alguna reunión se nos ocurrió que la solución era no mencionar ninguna de las palabras prohibidas en Chicago, sino decir que hacíamos "un llamado a marchar el Primero de

Mayo" y punto, lo cual no era exactamente igual pero si daba lo mismo. Si la gente iba a marchar, pues obviamente no iba a ir a trabajar, pero tampoco estaba en "huelga o paro".

Los compañeros de Los Ángeles y otros lugares, especialmente algunos donde los sindicatos son muy conservadores y no favorecían la reforma migratoria, nos criticaron hasta el cansancio y nos acusaron de estar rompiendo la unidad del movimiento. A la hora de la hora, haber mantenido su llamado a la "huelga general" los alejó a ellos de los sindicatos, y por ejemplo en los Ángeles hubo ni siquiera dos sino tres manifestaciones distintas, porque cada quien marchó por su lado.

Buscamos otros sindicatos a nivel local, pero no tuvimos mucho éxito. María Teresa Pizarro, que por esos días era delegada sindical de AFSCME, consiguió que Larry Spivack le consiguiera una reunión con Henry Bear, Presidente de la organización, y lo que recibió fue un frío "nosotros no tenemos ni representamos inmigrantes. Nuestros miembros son ciudadanos afroamericanos y son ellos a quienes representamos".

Literalmente no le falta razón, porque el 80 por ciento de los trabajadores de los gobiernos a todo nivel son afroamericanos, pero políticamente es un punto de vista cerrado y limitado. La participación de AFSCME podría haber acercado a los trabajadores negros a la lucha y al entendimiento de la cuestión migratoria.

Los trabajadores internacionales

Acercándose el primero de mayo, dos frases salieron por ahí a relucir que luego hicieron cierto impacto en la concepción y desarrollo del marco teórico del movimiento. Una vino de la vieja frase, inevitablemente recordada por algún ex marxista que la sacó a colación en alguna reunión, de que había que "tomar el cielo por asalto". El contexto no tenía nada que ver, claro, no se trataba de lanzarse a las calles estilo la Comuna de París de 1871, pero si de elevar aún más si se podía, el espíritu de lucha.

Ahí en una entrevista con *Labor Beat,* el programa independiente sobre sindicalismo y movimiento obrero que se transmite en la televisión pública en Chicago, y tratando de reflejar que el movimiento era "más que papeles", nació la afortunada frase de que queríamos "no solamente el cielo, sino el penthouse del cielo". Se trataba de decir que queríamos papeles, seguro gratuito de salud, salarios dignos, transporte gratuito que funcionara bien, aire limpio en los barrios inmigrantes y de pilón fronteras abiertas y el fin del capitalismo como lo conocemos. Andando el tiempo, se convirtió en frase simbólica de que estábamos peleando por todo porque todo lo merecíamos.[21]

La otra frasecita fue una composición que nunca se pudo traducir porque en inglés da lo mismo que lo mesmo. En vez de decir "Día Internacional del los Trabajadores", empezamos a decir "Día de los Trabajadores Internacionales". Ni modo por las limitaciones del inglés, en que "International Worker's Day" tiene exactamente los dos sentidos que descubrimos que puede tener en español.

Para nuestra fortuna, en español la frase refleja mucho más de lo que queríamos decir. Los inmigrantes somos, en primera instancia y en primera intención, trabajadores dispuestos a trabajar en cualquier lugar y, por obviedad obvia, en cualquier país donde haya chamba. Muchas veces me ha tocado explicar así la razón primordial de la emigración, como un movimiento natural de trabajadores en busca de trabajos. Juan Andrés Mora aumentó el concepto de manera chusca y seria al mismo tiempo, años después, advirtiéndole al brasileño Secretario General del Foro de Sao Paulo, que estábamos en Estados Unidos porque acá había trabajos, pero que si la crisis económica de este lado del planeta seguía como iba, a la mejor millones de trabajadores internacionales iban a terminar en Brasil, animándolo a que su país se pusiera las pilas y le pusiera atención a la dinámica y mecanismos de la inmigración.

"Un gafete como éste"

Para el primero de mayo, la Policía de Chicago no estaba dispuesta a otra sorpresa como la del 10 de marzo. Desde un mes antes de la marcha, una vez que la convocatoria para la nueva

---

21 http://www.archive.org/details/CLALB499

marcha agarró fuerza y hasta los que no sabían nada del Día Internacional de los Trabajadores sabían que iba a haber otra manifestación, los "agentes del orden" quisieron ser parte de la jugada.

Y nosotros teníamos que ser parte de ella. En el juego sin reglas escritas que estábamos jugando llevábamos la mano, y podíamos darnos el lujo de tenerle lástima hasta a la policía.

Hubo varias reuniones con los jefes policíacos, de las cuales solo me tocó ir a una, por petición expresa porque alguien decía que "les habíamos mandado a puro relevo" y querían "reunirse con los jefes". Obviamente, ni en ese entonces ni ahora, creo, la policía entendió la dinámica de esa fase del movimiento y el hecho de que "jefes" no había, pero igual me hice presente en una de las reuniones.

Por no variar y cumplir con los requeridos diez minutos de retraso que me acreditan permanentemente como mexicano, llegué tarde y cuando me pasaron al salón de reuniones parecía mitin. Había no menos de dos docenas de chotas de todas las corporaciones habidas y por haber, de la Ciudad, del Condado, de la secreta, la no-tan-secreta y varios tipos de civil que entre el trajecito, los anteojos oscuros y el corte de pelo obviamente no eran civiles.

La discusión era medio caótica, porque la policía quería evaluar si iba a haber disturbios o no y cuánta gente iba a participar el primero de mayo (como si algún pitoniso pudiera responder a la pregunta), y de nuestro lado Salomé Amezcua les aseguraba que nomás iba a ser una marchita y que "todo estaba bajo control".

Para ilustrar su punto, en la reunión a la que me tocó asistir Salomé tuvo a bien presentarle y entregarle a la policía, un hermoso ejemplar a cada uno de los veinti-tantos chotas que estaban en la sala de reuniones, desde la policía del Condado hasta el FBI, un gafete de los que iban a portar las fuerzas de Carlos Pérez, los *peacekeepers*. El gafete, elaborado un par de días antes en Casa Michoacán era el mío, con mi sonriente fotografía a todo color. Si Salomé lo hizo por joder o por puntada o nomás por no pensar en nada mejor, yo no lo sé. El hecho es que desde ese día cada fuerza policiaca en Chicago tuvo mi foto con nombre y todo.

Juntos pero separados

El Primero de Mayo de 2006, por aquello de que "si nadie me ve marchar al frente entonces la marcha no sirve", sagrado principio del oportunismo político, no todos marchamos juntos. De hecho, que yo sepa, en el estado de Illinois hubo cuatro marchas, lo cual no fue del todo malo pues nos ayudó a demostrar que la problemática de la inmigración y las comunidades inmigrantes envueltas en el movimiento no estaban solamente en Chicago.

Encabezados por Lourdes Espinoza, activista comunitaria, prestadora de servicios sociales y abogada que tramita carros para meterlos a México legalmente, las ciudades de Joliet, Elgin y Aurora se rebelaron de muy decente forma, solicitando "permiso para no venir a marchar a Chicago" y en vez de ello marchar en sus propios ranchos.

El argumento no era nada descabellado. "No es lo mismo", dijo la abogada en una Asamblea General, "traer cien o doscientas personas a marchar a Chicago, que traer cinco mil, porque ese es el número de personas que calculamos que quieren marchar el Primero de Mayo".

Lulú se quedó corta. En Aurora, ya la segunda ciudad más grande de Illinois según el Censo de Población de 2010, marcharon unas 15 mil personas, que no hubieran cabido en los trenes suburbanos, y para los que simplemente no hubiera habido suficientes camiones para trasladarse a la Ciudad de los Vientos. En menores números, pero lo mismo sucedió en Elgin y Joliet, más alejadas aún de Chicago, aunque más pequeñas y con menores comunidades inmigrantes.

Pero la mosca en la sopa, la marcha separada que no tenía ninguna razón de ser, y a la cual me refiero con lo del oportunismo político, fue la de la ciudad de Cícero.

Depende desde dónde mida uno, Cícero queda a 15 millas del centro de Chicago, o a medio metro al cruzar las vías del tren si se para uno en La Villita. Fundada, como todas las ciudades del mundo, por inmigrantes en 1863, le sirvió de refugio a Al Capone por ser ciudad independiente de Chicago. Originalmente Checa-Bohemia, es la ciudad a la que Martin Luther King se negó a ir por el reconocido racismo de sus residentes, alegando que de seguro lo iban a matar. En vez de ello, en septiembre de 1966, se fue a marchar a la comunidad de Marquette Park, donde lo apedrearon y echaron su coche a la laguna del parque. Hoy, Cícero tiene cuatro mexicanos por cada cinco residentes, y ya tuvo un presidente oriundo de Jalisco, México.

A las tres de la tarde del primero de mayo de 2006, Blanca Vargas, jefa de LULAC, la Liga Unida de Ciudadanos Latinoamericanos encabezó (y cerró) una marcha de 200 personas en Cícero. Su razonamiento era que para las 3 de la tarde la marcha en Chicago iba a haber terminado y contarían con mucha gente feliz y dispuesta a marchar dos veces, una en Chicago y otra en Cícero.

En vez de ello, el único que llegó fue el senador estatal Martín Sandoval, a quien se le quemaban las habas por hablar en el podio en Chicago y pidió que adelantaran su lugar en la lista porque "tenía otro compromiso". Su compromiso era encabezar, junto con Blanquita, la marcha de Cícero, a la que se fue como balazo en cuanto se bajó de la tribuna, en una patrulla de la policía de la ciudad-suburbio.

Si el 10 de marzo USHLI le hizo el feo a la marcha multitudinaria de Chicago, el primero de mayo fue LULAC quien metió la pata. Sus 200 seguidores se perdieron la marcha más grande de la historia de Chicago, y sus dirigentes perdieron mucho del respeto que alguna vez se le tuvo a la organización de inmigrantes más antigua de Estados Unidos.

Tribuna del Primero de Mayo. entre otros, Clodahg Lawless, Rosi Carrasco, Amanda López, Omar López

Contingente de irlandeses se une a la marcha

Capítulo 4
Respuestas y falta de respuestas

Prácticamente hasta el 1º de mayo de 2006, el movimiento inmigrante llevaba la mano. Después de marchar por millones en todas las ciudades importantes de Estados Unidos y en remotos pueblos en donde nadie se imaginaba que había inmigrantes y que eran capaces de protestar y de organizarse para marchar, bajamos la guardia. Sin un próximo evento que organizar, las coaliciones se perdieron en docenas de discusiones estériles, y cada quien agarró por su lado.

La respuesta que habíamos esperado, de parte del Presidente y los políticos llegó, pero se quedó sin revire.

Mayo 15, obligado a contestar
Posiblemente el 15 de mayo de 2006 haya sido el día más importante del movimiento marchista pro inmigrante.

Ese día, el presidente del país más poderoso del planeta le contestó al movimiento que había sacado a millones de personas a la calle. Por lo menos personalmente, nunca había yo participado en algún movimiento que hubiera obligado a responder a un presidente, a hacerlo hablar de un tema concreto. La primera parte de la respuesta, por supuesto, fue chafa. Bush dijo prácticamente que sí quería pero no podía (igual que Obama sigue diciendo años más tarde), y que "necesitaba que el congreso aprobara una ley". Lo que necesitaba, si mal no recuerdo, era que el Congreso tenía que tomar medidas definitivas para "parar el flujo de inmigrantes indocumentados", para lo cual necesitaba lana para otro titipuchal de agentes de la Patrulla Fronteriza (siempre pensando en la lana el muchacho).

El resto del plan de Bush nos cayó medio de sorpresa, pues decía estar de acuerdo en que había que legalizar a los inmigrantes sin papeles que ya estaban aquí, de alguna manera más o menos lo que nosotros exigíamos. "De alguna manera", y con "detalles más o menos", eso significaba una victoria por partida doble. No solamente habíamos obligado a Bush a hablar del tema, sino a hablar en favor de lo que proponíamos y en contra de lo que su propio partido, vía Jim Sensenbrenner y Dennis Hastert habían aprobado seis meses antes en la Casa de Representantes en Washington.

La victoria, analizaríamos tiempo después, era que habíamos logrado convencer a la opinión pública, no a Bush personalmente en persona. Lo que Bush anunció era que estaba de acuerdo no con los recalcitrantes activistas del movimiento inmigrantista, sino con el público estadounidense. Una encuesta realizada por la Gallup días antes de su rollo televisado[22], revelaba que el 52 por ciento del público quería que el gobierno "detuviera el flujo de inmigrantes ilegales", pero que un fantástico 61 por ciento apoyaba que los inmigrantes sin papeles que ya estaban aquí debían "quedarse y hacerse ciudadanos", contra un mísero 21 por ciento que estaba de acuerdo en que "los deportaran a todos".

Por partida doble, habíamos logrado que el presidente se moviera en un tema sin haber hecho una sola llamada telefóni-

---

22 http://www.gallup.com/poll/22834/bushs-speech-immigration-closely-follows-public-opinion.aspx

ca ni mandado un fax, es decir las acciones típicas de cabildeo que todas las organizaciones recomiendan. Habíamos inaugurado lo que hasta la fecha yo llamo "cabildeo callejero", en vez de las formas tradicionales de "convencer" a los políticos.

Claro que la "legalización" venía condicionada a que se legalizara a "quienes hubieran estado aquí por lo menos 5 años", apoyada por un 74 por ciento de los encuestados; a que se pagara una multa por legalizarse y a que "aprendieran inglés". Fue la primera vez que se manejó esa lista de condiciones, que hasta la fecha sigue figurando en cada discurso sobre el tema.

Y fue también la primera vez que apareció (al menos que yo recuerde), la figura de la "ciudadanía automática". Según Bush, no se trataba de "darle ciudadanía automática a nadie", y de ahí la lista de requisitos. Lo que hasta la fecha no recuerdo es que alguien haya planteado alguna vez, de nuestro lado, que queríamos "ciudadanía automática". Supongo, por suponer, que todos pensábamos en la residencia inmediata, sin condiciones, pero no en la ciudadanía.

El tema es contencioso, porque todos estamos de acuerdo en que queremos que la gente tenga la opción de la ciudadanía más tarde o más temprano, al menos en los términos actuales de la ley, después de cinco años de residencia, pero nuestra demanda era, y es, que se termine con la categoría de "indocumentado", con la existencia de personas que no tengan la oportunidad de una vida "normal" por el hecho de no tener papeles migratorios.

Y una cosa era, por supuesto, que Bush dijera que estaba de acuerdo con la legalización aunque fuera a medias, y otra que le fuéramos a aplaudir. Al contrario, había que mantener la presión y decir que su discurso valía para pura sombrilla y eso fue lo que declaramos. Nos fuimos por el lado de que no había necesidad de reforzar la frontera contra los inmigrantes, y que bastaba con que aplicara la segunda parte de su planteamiento.

Más clara ni el agua

El 20 de mayo, en la Reunión Regional de Organizaciones Inmigrantes (a saber cuál, qué número y demás porque "who's counting?"), el Movimiento 10 de Marzo dejó absolutamente clara su posición, ante la negociación en Washington sobre una posible reforma migratoria.

Nos tomó 5 páginas emitir una declaración simple, porque no hay nada sencillo en toda la dinámica de la inmigración y mucho menos en la cabeza de los políticos que se suponía que estaban "arreglando el problema" en Washington.

Después de un microanálisis donde nos pronunciábamos en contra de un llamado "pacto bipartidista", calificándolo de "nueva versión de la HR 4437", el M10M manifestaba qué quería: 1.- La Legalización de Todos los Inmigrantes; 2.- La Residencia con Derechos Civiles y Laborales; 3.- El Alto a Las Deportaciones, y 4.- Libertad y Justicia Para Todos.[23]

La tercera parte del documento expresaba lo que no queríamos, solo dos cositas: 1.- Un programa de Trabajadores Huéspedes; 2.- Militarización de la Frontera.

La tercera parte eran "Nuestros Compromisos", y ahí era donde la puerca torcía el rabo. Decir qué queríamos y qué no, era relativamente fácil. Decir qué creíamos que íbamos a hacer no tenía nada de fácil porque estábamos metiendo en el mismo costal a docenas de organizaciones con diferentes agendas e intereses. Probablemente ahí me "cayó el 20" de que el Movimiento 10 de Marzo, pese a su bonito nombre, no era un movimiento sino solamente una coalición medio disfuncional para hacer eventos. Para hacer marchas nadie nos podía haber ganado. Para lanzar iniciativas políticas, no teníamos cohesión aunque nos bañáramos con Kola-Loka.

Según nosotros, nos comprometíamos a "presentar propuesta legislativas claras, alternativas a las iniciativas partidistas, demócratas y republicanas, que no ofrecen alternativas justas para los inmigrantes y sus familias". La idea de fondo era que si no escribíamos nosotros lo que queríamos, los políticos y los oportunistas aliados con ellos nos iban a comer el mandado y nos iban a salir con una reforma chafa, sin pies ni cabeza.

---

23 https://groups.google.com/forum/#!searchin/10demarzo/
Declaracion$20de$20Chicago%7Csort:date/10demarzo/XsEA0zM-
puvI/nT7DEQyz09sJ

Creo que fue un intento de no caer en lo que de todas formas terminamos por caer, de no dejarle la solución del problema a los políticos demócratas y republicanos. La buena intención se quedó en eso, en buena y en intención, porque nunca encontramos el apoyo necesario, de abogados especialmente, que se sentaran con nosotros a revisar y redactar un proyecto de ley. Para manifiestos nadie nos gana, pero no pudimos producir, en aquellos años, una propuesta coherente de nuestras demandas.

Años después, en el 2010, el Frente Unido de Inmigrantes publicó un "blue print", un esquema de la reforma que queríamos, cuando ya no teníamos ninguna fuerza porque nadie salía a marchar ni aunque le pagaran.

Vale pena mencionar que proponíamos ya "realizar reuniones abiertas en las comunidades para explicar las actuales (y futuras) propuestas e iniciativas de ley, su conveniencia o complicaciones para las familias, la situación de salud, educación y, en general, de los derechos para los migrantes". Vale la pena, digo, porque era ya obvia la intención de ligar las luchas y los problemas, mucho más allá de la "batalla por los papeles", agregando salud, educación y otros temas como parte integral de las necesidades de la comunidad inmigrante.

En todo caso, ahí se acordó la reunión nacional (dijimos que "en julio" pero la hicimos en agosto), que daría "alternativa a las agencias tradicionales, creadas para dar servicios y no para luchar". Esta era una vieja idea que nos daba vueltas en la cabeza. Los inmigrantes, los mexicanos al menos, fueron organizados básicamente a partir del régimen de Carlos Salinas de Gortari, como respuesta a la ola en favor del Ingeniero Cuauhtémoc Cárdenas en 1988. El furor cardenista se reflejó en el extranjero, Salinas decidió hacer algo al respecto y contrató a varios reconocidos académicos, entre ellos Roger Díaz de Cosío, para disipar el percibido "izquierdismo" de los mexicanos en el exterior. O por lo menos su antipriismo.

Su solución fue impulsar los clubes de oriundos, para "canalizar" las acciones de los migrantes, sobre todo en los programas de 1x1, hoy 3x1, en los que el gobierno mexicano pone un dólar por cada dólar que envían los migrantes para hacer lo que de todas formas el gobierno debía hacer, obra pública. Los clubes se dedican a reunir dinero y se la pasan "mejorando" sus comunidades.

Por otro lado, hay organizaciones de servicios, que ayudan a la comunidad desde pagar la calefacción en invierno hasta a conseguir cupones de comida o registrar a los hijos en los programas de salud. Y ninguno de los dos tipos de organización sirve para luchar. Finalmente están los sindicatos, organizaciones que (por lo menos algunas) todavía son de lucha pero que consistentemente han rechazado a los trabajadores latinos, por discriminación, por racismo, por segregacionismo o simplemente porque no tienen ni idea de cómo organizarlos. En porcentaje general, los trabajadores latinos son los menos sindicalizados y menos cubiertos por un contrato colectivo de trabajo, según el Buró de Estadísticas del Trabajo[24], y los que más han perdido su calidad de sindicalizados en los últimos años. Digamos que, prácticamente, hay más inmigrantes latinos en ligas de fútbol en Estados Unidos que en sindicatos.

En resumen, pocos son los inmigrantes latinos agrupados en algún tipo de organización que les ofrezca una oportunidad de luchar por mejorar sus condiciones de vida, vivienda o trabajo o su vida en general. Y nosotros queríamos a los latinos en organizaciones de lucha, no de fútbol ni de servicios.

Lo que nosotros planteábamos era una lucha integral, sobre la situación de una comunidad, más que la simple lucha por la legalización de los indocumentados. Ese planteamiento se reforzó repetidamente en los años siguientes, cuando insistimos en que la cuestión de la inmigración no se centra en "tener o no tener papeles", sino en la situación entera de una parte de la clase obrera, los trabajadores internacionales, independientemente de su estatus migratorio. Donde unos pueden mejorar con respecto a la situación de sus propios países de origen, la absoluta mayoría es mantenida en los niveles más bajos de vivienda, salud, salarios. Planteábamos, aunque suene ilusorio,

---

24 http://digitalcommons.ilr.cornell.edu/cgi/viewcontent.cgi?article=1176&context=key_workplace

una legislación del estilo de la ADA, la Americans With Disa-bilities Act, Ley para los Americanos con Discapacidades, que contemplara si no todos, si la mayoría de los aspectos de la vida de los inmigrantes.

De Sensenbrenner a Frankenstein

Días después del discurso de Bush, el 24 de mayo de 2006, el Senado de Estados Unidos hizo dos cosas: aprobó una pro-puesta de ley de reforma migratoria, y reconoció también en los hechos que no eran las jornadas de cabildeo, los viajes a Washington o a la esquina del político más cercano ni las lla-madas por teléfono y los faxes lo que obligaba a moverse a los políticos, sino la movilización activa, en las calles, la "organi-zación de las masas" como dirían los leninistas.

La parte mala, porque siempre hay algo malo cuando los político hacen algo, es que la propuesta estaba obviamente destinada a irse a la goma en ese proceso llamado "de recon-ciliación", cuando los proyectos de ley de las dos Cámaras no tiene nada en común y no hay chance de que una se ponga de acuerdo con la otra. Para peor, la propuesta era también bas-tante monstruosa. Para mí era la Ley Frankenstain, legalmente conocida como "Comprehensive Immigration Reform Act of 2006", y también conocida como S2611, que tenía "la cabeza del Sonzo-brenner, una manita de McCain, una pierna de Ken-nedy, los ojos de Tancredo, un brazo de Hastert, una pata de Frist y otra de Obama, y así por el estilo", decíamos en aquél tiempo.[25]

Era una "legislación de compromiso" no con los millones de personas que marcharon por las calles de más de cien ciu-dades en Estados Unidos, porque prácticamente nada de lo que demandaban los marchistas estaba en la dichosa ley, sino entre los partidos. Los demócratas se comprometieron a parar en seco un incómodo movimiento popular, y su compromiso fue con George Bush y el Partido Republicano. Los republica-nos, divididos en extremo entre la Sensenbrenner y el impacto de las marchas, no daban pie con bola, así que los demócratas

---

25 http://mx.groups.yahoo.com/group/mexicodelnorte/message/195

hicieron el trabajo sucio. Votaron en bloque y lograron aprobar una propuesta de ley que ponía al frente prácticamente la militarización de la frontera en aras de la "seguridad nacional", aprobaba un programa de trabajadores huéspedes, criminalizaba a los patrones que contrataran indocumentados y establecía multas de 3 mil 250 dólares por cabeza a quien se quisiera legalizar.

De pilón, establecía el inglés como "idioma unificador" de Estados Unidos, por aquello de que era una ley aprobada por los demócratas y no podían aceptar así nomás como así que una ley que ellos aprobaran tuviera algo parecido al "English Only", reservado para mentalidades puramente Republicanas y nativistas.

Como dato curioso, a los dos días de aprobado el proyecto que incluía la legalización, la migra inició oficialmente su operativo "Return to Sender", "Devolver al Remitente", como parte de la "Operación Endgame", abuelita de los programas que después aplicaría sin piedad Barack Obama para deportar a un millón y medio de inmigrantes en sus primeros cuatro años de gobierno.

Dennis Hastert, entonces Líder de la mayoría Republicana en la Cámara de Representantes mató definitivamente la odiosa Sensenbrenner una tarde de junio, diciendo que "le echarían una profunda y larga mirada a la propuesta del Senado". Mató también la SB2611, pero como decía Omar López en aquellas épocas, "menos mal, porque la Sensenbrenner era como si nos hubieran clavado un puñal de seis pulgadas, y la SB2611 era como si nomás nos hubieran sacado tres".

Habíamos ganado la mitad de la batalla, habíamos derrotado la HR4437. La otra mitad, la legalización de los millones de indocumentados, no la íbamos a ganar en muchos años.

¿Y qué onda con México?

En medio de las marchas, México se volvió una realidad lejana durante el verano de 2006, y de una u otra manera nos perdimos una de las batallas más importantes de la historia contemporánea del país, la elección del Peje Andrés Manuel López

Obrador como presidente y el asqueroso robo de su victoria. Pero nosotros andábamos en otra onda. Fieles a la consigna de "pensar globalmente y actuar localmente", estábamos tratando de resolver una bronca que ni el Peje ni ningún otro presidente mexicano podría resolver: nuestro destino como comunidad inmigrante, con papeles y sin ellos en Estados Unidos.

Aún así, algún hocicón posiblemente de filiación panista se fue a México con el chisme de que Carlos Arango, Martín Unzueta y yo andábamos haciendo propaganda electoral a favor del PRD. La acusación aún consta en los archivos del Instituto Federal Electoral, y ha de haber tenido tan pocos argumentos que el IFE ni siquiera nos molestó con alguna llamadita telefónica.

Al revés volteado pero con los mismos nulos resultados, me la pasé tratando de convencer a algunos funcionarios del PRD de la necesidad de interponer una denuncia por la publicidad a favor del PAN en el consulado mexicano.

Resulta que el IFE, con aquello de que no se podía hacer campaña en el extranjero, tuvo a bien emitir un DVD en el que figuraban todos los partidos, para informar a los posibles electores migrantes de sus "opciones" políticas. Ese DVD lo recibieron todos los mexicanos en el exterior que se registraron para votar y era "interactivo". Después de una presentación inicial, el DVD se detenía en la foto de Felipe Calderón y el emblema del PAN, y uno podía ir directamente a otro partido o candidato seleccionándolo con el ratón de la compu, o seguir la secuencia en orden.

Pero en su infinita sabiduría, el IFE emitió un segundo DVD, que no era interactivo sino que estaba programado para una presentación completa, con todos los partidos en orden de antigüedad, comenzando por el PAN, destinado a las salas de espera de los consulados. Es sabido y conocido que cualquier trámite de documentos en un consulado se lleva un largo rato, así que se gozaba de un público cautivo, electoralmente registrado o no, que por fuerza tenía que enterarse de qué ofrecían los partidos. Ambos DVD's estaban compuestos por las grabaciones que cada candidato había hecho, excepto el Peje porque en otra de las pifias de su campaña del 2006, "había estado muy ocupado" y no había tenido tiempo de grabar nada especial para los migrantes, así que el PRD "rellenó" el espacio con propaganda genérica.

El caso es que empezaron a llegar las denuncias de que en el consulado de México en Chicago había pantallas de televisión que mostraban durante horas la imagen de Felipe Calderón y el emblema del PAN. Me llamaron varias veces, varias personas, y alguna hasta mandó una foto tomada con un teléfono celular. Llamé al consulado, hablé directamente con el Cónsul Carlos Manuel Sada Solana, y él me dijo que "no era posible" pero que lo iba a investigar.

Su respuesta, semanas después, fue que al parecer "alguien se había equivocado de DVD" y en vez de poner el segundo puso el primero, es decir, el que requería de la interacción de un usuario para seguir corriendo en vez del segundo, que tocaba interminablemente de principio a fin. Obviamente, el nombre del olvidadizo funcionario encargado de poner el DVD nunca fue revelado. El hecho es que en junio de 2006 miles de paisanos observaron durante días enteros la foto del Espurio Calderón y el emblema del PAN en el Consulado mexicano en Chicago, porque al llegar ahí el video alguien tendría que haberle hecho un *click* para que siguiera rodando.

La única actividad que hicimos relacionada con las elecciones de México del 2006 fue registrar votantes, y eso prácticamente sucedió al principio de las marchas, dados los tiempos electorales. El IFE envió a los consulados y embajadas, a tiempo, contando con que tenía muy poco tiempo para todo, cientos de miles de solicitudes de inscripción al padrón electoral del exterior. Las cajas con las solicitudes fueron celosamente guardadas por la red consular, en la última bodega del final del pasillo a la derecha junto a los folletos del Programa Paisano, y solamente los entregaban, uno por uno, si alguien los solicitaba.

Quienes estaban más interesados en la cuestión del voto, y debo confesar que a mí no me importaba mucho por la consideración de que era un voto mocho, ciego y especialmente diseñado para no ejercerse, atole con el dedo en cuatro palabras, solicitaron al consulado que soltara las cajas para que todo el mundo pudiera conseguir solicitudes. En primera instancia el consulado se negó, aduciendo que esas no eran las instrucciones que tenía del IFE, pero por lo menos colocaron un montón de solicitudes cerca de la puerta de entrada, donde cada quien podía agarrar una sin problemas.

Cuando apenas quedaban unas tres semanas para enviar las solicitudes de registro, el consulado al fin cedió y notificó por e-mail a todas las organizaciones interesadas que podían pasar a recoger las cajas de solicitudes que se les antojaran a las instalaciones del 204 Sur de la Avenida Ashland. Ahí comenzó el baile.

Todos los días siguientes, y especialmente los fines de semana, varias organizaciones comunitarias como la Casa Michoacán abrieron sus puertas no solamente para que la gente pudiera recoger solicitudes sino para ayudarles a llenarlas y darles indicaciones de cómo enviarlas a México.

En una última y brillante jugada, en vez de enviar las solicitudes recabadas durante la semana, por aquello de que "a la mejor ya no llegan por correo", la presidenta de Durango Unidos en Chicago, Marcia Soto, las empaquetó en un par de cajas y tomó un avión directo al D.F., y las entregó personalmente en persona en el módulo especial del IFE en el Aeropuerto Benito Juárez. Recuerdo haber visto un video por ahí con las escenas de la entrega, que significaron que algunos cientos de cuates de Chicago pudieran participar en la elección presidencial del 2006.

Yo no participé. En un viaje a México, precisamente en el módulo del aeropuerto, entre el registro de mi boleto y la salida del avión, traté de hacer el trámite de registro. Me encontré con que el módulo del IFE no tenía fotocopiadora, por lo cual uno tenía que llevar ya listas las copias fotostáticas de ambos lados de la credencial de elector, del comprobante de domicilio y de la copia verde del papelito azul más la solicitud escrita con tinta negra porque la tinta azul seguro que era panista y el IFE no podía mostrar favoritismos (¡!), así que anduve corriendo por todo el aeropuerto a ver cómo resolvía el dilema. Conseguí que me hicieran las copias en el mostrador del hotel que está en el cuarto piso de no sé qué ala del aeropuerto, sin cobrarme, y según yo cumplí los requisitos para la inscripción. Según el IFE no. En las carreras para que no me dejara el avión, algo debo haber hecho mal, porque al cabo de algunas semanas recibí una linda carta del IFE en la que me explicaban que "por errores" en la solicitud no me habían podido registrar, y que "si yo pensaba que había un error de su parte o quería yo volver a hacer el trámite estaban a mi disposición", bla bla bla. Dejé la carta sobre alguna mesa, y cuando me acordé de ella ya los tiempos de registro habían concluido así que me quedé en calidad de "rechazado" del IFE y no pude votar en 2006.

La historia nos daría la razón. Era mejor dedicarse a las marchas migrantes que a participar en el proceso del voto mocho, que de un posible universo de unos diez millones de personas solo recibió los votos de 36 mil.

Mención especial merece el hecho de que mucha gente, me consta que por lo menos en el caso de mi familia, familia de migrante al fin y al cabo, se sumó en México al llamado a la acción el primero de mayo. Los llamados al "boicot a los productos" y a "las tiendas" gringas se difundió por todos lados, y al menos en Cuernavaca hubo brigadas de jóvenes, entre ellos mis sobrinos, que se dedicaron a recorrer algunos de esos establecimientos, volanteando a la gente y llamándola a boicotear, por lo menos ese día, los negocios gringos en apoyo a la lucha en la que nosotros estábamos participando.

Julio 19, la marcha de El Pisto

Ante el fracaso de su participación en la marcha del primero de mayo, Sin Fronteras y El Pistolero empezaron a hacer planes para recuperar el estrellato. La forma de hacerlo, se figuraron, fue "llevar a Washington D.C. a un millón de latinos" para "tocarle la puerta al Presidente George Bush" y demandarle una "inmediata amnistía incondicional para todos los indocumentados". Y marcharon.

Pero marcharon en Chicago, porque les fallaron la logística y la lógica para realizar sus planes mayores.

Primero, ante el rotundo éxito de la marcha del primero

de mayo, la más grande en la historia de la ciudad, tuvieron que darle una vuelta de 180 grados a todos los argumentos que habían esgrimido durante semanas de por qué no valía la pena marchar, para tratar de convencer a sus seguidores de que después de todo sí había que hacerlo. Segundo, les fallaron las matemáticas. En un memorable programa de radio, El Pisto y sus corifeos debatieron durante largo rato cuántos camiones serían necesarios para llevar un millón de personas a Washington, y no pudieron encontrar el resultado. De a 50 personas en promedio por camión, se hubieran necesitado 20 mil camiones "nada más", pero ni El Pisto ni ninguno de sus secuaces pudieron con la complicada ecuación y el número de ceros necesarios. Hicieron sumas, restas y multiplicaciones al aire, y de plano optaron días después (posiblemente cuando alguien les resolvió la complicadísima división entre 50 y la poderosa multiplicación por $4,000 dólares por camión rentado Chicago-Washington-Chicago por 20 mil camiones, igual a 80 millones de dólares), por mejor convocar a otra marcha del Parque Unión al Parque Grant, el mismo curso de la marcha del primero de mayo.

Pese a las tensiones, gritos, amenazas y jalones de chongo entre nuestras organizaciones, no quedó más remedio que apoyar la marcha de El Pisto, pero sin comprometerse a convocarla ni a participar. Es decir, declaramos en público, incluido el programa radial de Pulido que el Comité 10 de Marzo apoyaba la movilización, pero no movilizamos ni un alma para marchar.

El resultado fue desastroso. Según la Policía de Chicago ese día marcharon alrededor de 20 mil personas, según yo 30 mil, y según El Pistolero, que todavía no resolvía bien a bien eso de contar las piernas de quienes marchan y dividir el número entre dos para saber exactamente cuánta gente marchó, aproximadamente un millón. Durante los días siguientes a su evento, El Pisto se la pasó criticando a la Policía de Chicago por "no saber contar", y autoconvenciéndose de que él era el papá de los pollitos y que todos los pollitos habían acudido a su convocatoria. No lo dudamos. Esa marcha nos dio el número definitivo de la capacidad de convocatoria y movilización del locutor de Univisión Radio. Al igual que el año anterior, en números, El Pisto representaba aproximadamente a 30 mil personas. El resto, las otras 300 mil que salieron el 10 de marzo, y las otras 800 mil que salieron el Primero de Mayo de 2006 en Chicago, no las llevó él.

Chapultepec en Illinois

El 13 de agosto convertimos Hillside, un suburbio de Chicago que no tiene ni una sola colina y si un apestoso tiradero de basura, en un auténtico Chapultepec, una colina de grillos de México del Norte. Reunimos a más de 700 subversivos activistas por los derechos migratorios en la "Convención Nacional de Estrategia por los Derechos Migratorios", por cortesía de la Cerveza Miller, que pagó el hotel de todo el mundo y algunos pasajes.

Con una intención de unidad que no se había visto en años, los 723 activistas no solamente no se mataron entre ellos sino hasta se pusieron de acuerdo en algunas cosas.

Llegaron representantes de más de 25 estados, cerca de 400 organizaciones, y se dedicaron a no dejar las cosas al "a ver qué pasa", sino a "hacer todo lo posible para que este año NO se apruebe una reforma migratoria". En otras palabras, "es mejor que no haya ley a que haya una mala ley".

Por supuesto, la Convención se pronunció por el cese inmediato de las deportaciones, por el boicot contra Kimberly Clark, changarro familiar que mantiene la riqueza de Sensenbrenner con su montón de acciones; y hasta elegir al estado o localidad más racista en Estados Unidos y llevar a cabo una acción nacional en su contra.

Para seguir, se acordó volver a marchar, entre el 1° y el 4 de septiembre, el "Labor Day", acuerdo que virtualmente nadie cumplió porque la "coalición del calendario" como le llamamos, por aquello de que había coaliciones 10 de Marzo, Primero de mayo, 25 de Marzo, 10 de Abril y otras fechas ahora históricas, decidiría que hacer.

De pilón, por aquello de la insistencia en aquellos días de que se "necesitaba un nuevo César Chávez", y que "los afroamericanos tienen Jesse Jackson o al reverendo Al Sharpton, e incluso a

Louis Farrakhan, y que la extrema derecha antiinmigrante tiene a su Tancredo y su Sensenbrenner, y que nosotros no tenemos a nadie", la Convención acordó que a falta de uno, ¡cien!

Fue tal vez un error, posiblemente histórico, y me hago cargo de la responsabilidad que me toca, porque llevando la mesa hice todo lo posible para que así salieran las cosas. Ante dos propuestas enfrentadas sobre una posible "dirección nacional" de unas cuantas personas, y una "coordinación nacional", optamos por la segunda, por la inseguridad sobre nuestros más conocidos "dirigentes".

Por decisión de la mayoría de los organizadores de las marchas, tomando en cuenta que eran los representantes reales de las organizaciones que organizaron las marchas, nos negamos a tener "líderes únicos". En cambio, se formó una Coordinadora Nacional, integrada por 100 voluntarios de todos los estados, las organizaciones y los diversos grupos étnicos, las mujeres, los jóvenes y los estudiantes. En teoría, la Coordinadora Nacional plantearía una nueva propuesta legal de reforma inmigratoria, haría trabajo en los medios de comunicación en todos los idiomas, abriría una página web y tendría conferencias telefónicas para trabajar juntos.

La Coordinadora nunca funcionó como tal. Pese a las conferencias telefónicas donde había 60 u 80 participantes, nunca se acordaron acciones conjuntas, y el grupo de discusión que se abrió en Internet se convirtió en pocas semanas en una suerte de periódico de todos los temas, donde mucha gente posteaba artículos que había leído y se le hacían interesantes.

Un par de eventos, sin embargo, hicieron mella en la Convención. Uno fue la protesta de las compañeras activistas, al reclamar que no había en ningún lugar en la agenda sobre el tema de mujeres, y tampoco había coordinadoras de las diversas mesas de trabajo. Por unanimidad se acordó modificar completamente la agenda y la coordinación de las mesas de trabajo para darle cabida a las 100 compañeras presentes. Pero nunca se me quitó la espina de que se estaba incluyendo a las mujeres nomás para "vernos bien", y de que en realidad las mujeres no habían tenido ni de lejos el chance de ocupar puestos de dirigencia en el movimiento. En todos los comités y asambleas había habido siempre una absoluta mayoría de hombres, por las razones sociales e históricas que todos conocemos. De manera un tanto forzada, incluirlas en la agenda y la coordinación de las mesas de trabajo era más una acción machista y paternalista, que una verdadera acción afirmativa consciente.

Un toque folklórico en la Convención lo pusieron Elvira Arellano y Emma Lozano, que quisieron (fuera de tema, fuera de orden y fuera de todo, por supuesto), que todo el mundo sacara su teléfono celular inmediatamente, en medio de la Convención, y se pusieran a llamar a Homeland Security para abogar a favor de la inmigrante.

Hicieron berrinche cuando solamente unas cuantas personas siguieron sus instrucciones, y se retiraron sin haber logrado que la lucha por toda la comunidad indocumentada se centrara en una persona.

Y por ahí dicen las leyendas que un güero de traje llegó a la mitad de alguna de las sesiones, acompañado de varios señores, güeros también, de traje todos, y se dedicó a recorrer las mesas presentando a fulano y a zutano, demostrando que a todos los conocía y que con todos se llevaba bien. Concluye la leyenda que el güero, Director Ejecutivo de una organización de las llamadas "no lucrativas", consiguió de los señores de traje varios millones de dólares en *grants* para su organización, por haberles demostrado que si de inmigrantes se trataba, él era que tronaba más chicharrones, y que él solito había organizado el evento.

Mención especial merece el congresista Luis Gutiérrez, quien después de vivir del cuento de la inmigración durante 14 años no podía perderse del momento, y que hizo su aparición en la convención sin ser invitado. Se mantuvo al fondo del salón durante unos minutos, como dándonos chance de que lo anunciáramos con bombo y platillos, y después de una micro-conferencia de un minuto decidimos que solamente podría hablar si se comprometía por adelantado firmando la copia tamaño monumental que adornaba la tribuna y que contenía nuestras demandas.

Luis, obviamente, la firmó. Pese a ello, traicionó la mayoría de los puntos el año siguiente, al presentar su propia propuesta de "reforma migratoria", la STRIVE.

La izquierda de acá

Completamente perdida en el tiempo en muchos sentidos, todavía discutiendo si Stalin era mejor que Trotski, a veces la izquierda estadounidense me hace *deja vú all over again* y me recuerda a la izquierda mexicana de la década de 1970.

Como toda izquierda es divisible entre dos, y si se puede entre decimales también, hay un par de docenas de grupos y organizaciones que representan todas las tendencias políticas mundiales y creo que algunas espaciales también. Hay comunistas, socialistas, comunistas revolucionarios, marxistas, tribunos, leninistas, anarquistas, radicales, trotskistas, maoístas, fidelistas, cualesquiera de las anteriores amalgamadas con alguna otra y otras dos docenas que no alcanzo a identificar y siempre me han hecho bolas porque pocas veces entiendo de qué hablan.

Con sus más y sus menos, están preocupadísimos por las divisiones entre las fracciones que participan en los movimientos de liberación y democracia entre Egipto, Irán y Kamchatka, y se mantienen divididos porque cada fracción tiene la razón y sabe la verdad, toda la verdad y nada más que la verdad. Y todos los demás, claro, están equivocados, porque si estuvieran en lo correcto no estarían en otra organización. Ni las posiciones ni las declaraciones se debaten o se negocian, y nunca dos fracciones están de acuerdo en el mismo evento, porque si estuvieran de acuerdo no serían dos sino una.

A punto de terminar este escrito, casi me desdigo de todo lo anterior, porque el triunfo a finales del 2013 en la ciudad de Seattle de una candidata socialista al Ayuntamiento, la inmigrante hindú Kshama Sawant, animó a la mayoría de las organizaciones, grupos y activistas sueltos de la izquierda a medio unirse en la Campaña Socialista de Chicago, con miras a elegir a un concejal socialista al ayuntamiento local. El último socialista electo al ayuntamiento de Chicago, William Rodríguez, inmigrante para variar (¿qué tienen estos inmigrantes que siempre tienen que ser distintos a todos los demás?), ganó su puesto en 1916. Estamos tratando de evitar que Chicago se pase 100 años sin un socialista en el ayuntamiento, y a mí me toca el papel de candidato, pero esa es otra historia...

Todas las organizaciones y grupos de la izquierda gringa participaron, de una y otra forma, durante las marchas y los eventos de la Primavera del Migrante de 2006. De una u otra manera, digo, porque todavía me acuerdo de un grupito que repartió un volante el Primero de Mayo donde proclamaban que "la legalización no resuelve el problema fundamental de la clase obrera, que es el sistema capitalista. Marchemos a la Revolución Comunista". Por supuesto que tienen razón, políticamente hablando. Los "papeles" migratorios no son "revolucionarios", nomás que en la práctica nunca nadie pudo encontrar un parque o plaza llamado "Revolución Comunista", así que nadie marchó para allá.

Por propaganda la cosa no paró. Cada grupo y partido llevaba su propio periódico a las manifestaciones y eventos, y trataba de vendérselo a quien le vieran cara de que se los podría comprar y posiblemente leer, y el que hiciera una pregunta se convertía automáticamente en "candidato" a ser reclutado por alguien. Obviamente, el Primero de Mayo algunos grupos prácticamente convirtieron en tianguis de libros una buena parte del Parque Unión, con la esperanza de vender sus libros y periódicos, y de conseguir reclutas. Para su desgracia, el 99% de sus publicaciones estaban en inglés, y no tuvieron el éxito esperado.

Entre los más consecuentes aliados del movimiento inmigrante por parte de la izquierda estadounidense está el ISO, Organización Internacional Socialista, a la mejor porque la línea no es realmente gringa sino más bien europea. El caso es que a la hora en que se necesitó hablar y escribir bien en inglés, plantear y aprobar las declaraciones más radicales, que a la larga siguen haciendo de Chicago la "sede política del movimiento migratorio", el ISO siempre estuvo presente. Con Bridget Broderick, a la una de la mañana, se terminaban los comunicados de prensa, las "Declaraciones de Chicago" (tres hasta donde me acuerdo), y se mandaban a los medios. Desde que apareció en escena, Shaun Harkin tiró línea en todos los lugares donde había que tirarla, y además le tocó convertirse en nuestro "token" blanco, nuestro inmigrante blanco, porque cada vez que queríamos demostrar que la bronca "no era latina", aventábamos al irlandés al frente, quien entre su claridad, su cara y su maravilloso acento cumplió a la perfección su papel.

No menospreciamos a Betsy Farley y el Partido Socialista de los Trabajadores, quienes pusieron también lo suyo a favor del movimiento y consiguieron conchavarse un par de reclutas.

Con la gente del DSA, Democratic Socialists of America, me había reunido un par de años antes en una interesante reunión-comida, y haciéndole al pitoniso les había yo anunciado un repunte en el movimiento inmigrante, particularmente el mexicano. Las marchas del 2006 me confirmaron como al pitoniso, y a ellos les confirmaron que no habían entendido nada de la comunidad inmigrante, ni el mexicano ni el de ningún otro país del mundo, porque el movimiento los agarró por sorpresa, igual que todos los eventos de la realidad real. Pero participaron con gusto en las actividades, aunque rara vez en las reuniones de organización.

Del Partido Comunista de Estados Unidos me habían botado a principios de los años 1990 por cuestionar sus posiciones respecto a varios puntos esenciales, entre ellos el muro de Berlín y la realidad. Los conozco bien y los vi en algunas ocasiones, participando en algunos eventos, y alguna vez firmando algún comunicado o declaración. La absoluta mayoría de su militancia, sin embargo, tiene en promedio diez años más que yo, y tampoco participaron en las reuniones de organización de los eventos o las marchas. Algunos de sus jóvenes se unieron a los eventos, pero al único que yo recuerdo que participó en alguno de los muchos comités de organización es Cristóbal Cavazos, quien años después fundaría la organización de Migrantes de DuPage.

Con la lentitud que los caracteriza, a la mejor estaban discutiendo lo correcto de la invasión de la URSS a Afganistán, y no pudieron virar a tiempo para integrarse en un movimiento que evolucionó tan rápidamente como el de la Primavera del Migrante. Con los años, el Partido Comunista de Estados Unidos se destacó como aliado de la burocracia del "movimiento inmigrante" y, hasta la fecha, es el único Partido Comunista del mundo, que yo sepa, que apoya al presidente estadounidense. Sin ser un juicio sumario, creo que la izquierda estadounidense sufrió un trauma grave en la década de 1950, bajo el McCarthismo, el cual no han podido superar. El miedo a declararse de izquierda en un país donde ser "liberal" parece ser delito grave los detiene en el autoconsumo. Todos tienen posiciones revolucionarias ante todos los acontecimientos del planeta pero prácticamente no dirigen ni un solo movimiento popular local y, hasta la fecha, solamente se nota su influencia en dos sindicatos. Por respeto a sus propios miedos y formas de actuar, tendremos que dejar al lector con la duda de cuáles, no sea que me vayan a acusar de policía o algo peor.

Elvira Arellano en santuario

El 15 de agosto de 2006, Elvira Arellano, la inmigrante arrestada en el aeropuerto porque se le ocurrió que podía seguir trabajando con papeles falsos en un lugar declarado de alta seguridad prácticamente desde el 11 de septiembre de 2001, pidió y obviamente se le concedió "asilo" en la Iglesia Metodista de San Adalberto, frente religioso del Pueblo Sin Fronteras, en vez de presentarse a las oficinas de Inmigración para que la deportaran a México.

Elvira llevaba años en Estados Unidos después de haber sido deportada en una primera intentona, y una mañana del 2002 la sorprendió el FBI en su casa, prácticamente la acusó de terrorismo por osar no tener papeles y trabajar en el aeropuerto, y la entambó. La dejaron salir porque tiene un hijo, Saúl, ciudadano estadounidense y es madre soltera. Se pudo quedar en Estados Unidos porque varios activistas le pidieron al congresista Luis Gutiérrez y al Senador de Illinois Richard Durbin que intercedieran por ella, y éstos lo hicieron durante varios años, hasta que la dejaron colgada de la brocha en 2005.

En mayo de 2006, Elvira había armado una tiendita de

campaña y se había declarado en huelga de hambre junto con Flor Crisóstomo. A los 15 días de no comer sólidos, ni quien la pelara, porque al cabo de los años su papel de mártir y representante de todas las madres indocumentadas de niños estadounidenses había levantado mucha controversia. Sus actitudes, entre otras haberse autonombrado la "Rosa Parks de los mexicanos", habían levantado un sinnúmero de críticas no muy positivas, particularmente en la comunidad afroamericana. Levantó su huelga de hambre frente a la indiferencia del público, que no la apoyó como ella lo esperaba.

Agotados sus recursos, abandonada por los "paladines" políticos de los inmigrantes, Durbin, Gutiérrez y por la comunidad, Elvira y Sin Fronteras optaron por una jugada valiente y publicitaria: asilarse en una iglesia y llamar la atención sobre su caso.

Docenas de representantes de organizaciones y activistas nos acercamos a la iglesia a brindar solidaridad. Una cosa era negarse a aceptar las tácticas y vericuetos de Sin Fronteras, y otra era dejarla, nosotros también, colgada de la brocha. Por días, los medios de comunicación se estacionaron en la Avenida North, frente a la iglesia donde estaba Elvira, hasta que el tema perdió interés para ellos. Hacia finales de agosto, pese a los rezos y misas, ningún medio reportaba nada sobre Elvira.

La idea no era mala, pero le faltó estrategia y carisma. Las controversias que había despertado Elvira no la hacían la mejor candidata y rostro del problema de las deportaciones y la separación de familias, y el tema y la acción se manejaron como "exclusivas". La iglesia en general, como institución, y me refiero a las iglesias de cualquier denominación, nunca hizo un llamado a todos los indocumentados en la situación de Elvira a "asilarse" en las iglesias. De hecho, ni siquiera los activistas que habían proporcionado asilo a salvadoreños y guatemaltecos en las décadas de 1970 y 1980 apoyaron la acción de Elvira, haciendo distinciones y presentando excusas legales remarcando la diferencia del "asilo por razones políticas" y el "asilo por razones económicas".[26]

26 http://www.lawandreligion.com/sites/lawandreligion.com/files/ Emily%20Breslin%20Final.pdf

En un par de ocasiones Elvira logró convocar nuevamente a los medios de comunicación, dando conferencias de prensa y enviando a su hijo Saúl a Washington en misiones de cabildeo, pero el movimiento y el ejemplo no prosperaron. Después de un año abandonó la iglesia. Un periodista del *Chicago Tribune* me llamó temprano en la mañana del primer aniversario de Elvira en San Adalberto para preguntarme en dónde estaba. Le contesté que no tenía idea, que suponía que en la iglesia, y me respondió que eso no era cierto, que había abandonado la iglesia hacía dos días y que estaba en Washington (tal como ella había declarado días antes que posiblemente haría), o en Los Ángeles. Me pidió teléfonos de algunos contactos en Los Ángeles y le di el de Javier Rodríguez, uno de los activistas históricos del movimiento en esa ciudad.

A media tarde nos enteramos que Elvira había sido arrestada en Los Ángeles, y que había dejado a su hijo Saúl a cargo de Emma Lozano. Semanas antes, en una de las pocas conversaciones directas que tuve con Emma, le dije que convendría que algún ciudadano se hiciera legalmente capaz de solicitar la custodia de Saúl, y le propuse que lo hiciera mediante un bautizo, pues las Cortes aceptaban al padrino o madrina como guardián legal. Emma me contestó que ella era guardián legal de Saúl y no había necesidad de nada más.

Después de ser deportada, Elvira visitó a Felipe Calderón en Los Pinos, cortesía de Martha Sánchez y el entonces diputado federal José Jacques Medina, en otra controversial acción. Calderón era el titular de una oficina que muchos mexicanos se negaban a reconocer, dados los resultados electorales del año anterior, y las escenas de Elvira y Martha besando a Calderón no le hicieron gracia a muchos mexicanos. Por otro lado, Elvira le planteó que la nombrara "embajadora o funcionaria" del gobierno para así poder, supongo, disponer de un pasaporte oficial y solicitar una visa para volver a Estados Unidos. Obviamente, Calderón no le ofreció ningún tipo de ayuda más allá de alguna chambita.

En 2009, Elvira se registró como candidata a diputada federal uninominal usando la dirección de Martha Sánchez en

Tijuana, y quedó en el 5° lugar en el distrito. José Jacques la registró nuevamente como precandidata a diputada, esta vez como plurinominal, en 2012, solo para que las tribus del PRD la rechazaran contundentemente.

Con Elvira se escapó una oportunidad de plantear un movimiento nacional de asilo. Con mejores estrategias y tácticas, con menos protagonismos y con menos "exclusividades", tal vez hubiéramos podido convocar a una ola de asilos en iglesias. Al menos esa fue mi idea y llamamiento alrededor de la fecha en que Elvira se asiló en San Adalberto[27], pero después de un año y de su deportación la personalización de la lucha no me pareció nada bien[28].

La marcha a Batavia

"El movimiento se demuestra andando", dice un refrán popular, y si queríamos demostrar que el movimiento existía, no podíamos quedarnos parados.

A principios de agosto todo el mundo seguía esperando que algo pasara en el Congreso, y ahí no pasaba nada, prácticamente como siempre. El Senador Kennedy daba vueltas y vueltas tratando de negociar con la Casa Blanca, Bush le decía que sí, y el Comité Nacional Republicano decía que no porque al parecer el tema era demasiado bueno como para resolverlo y no usarlo en las elecciones. Para colmo, dos políticos republicanos, uno de Texas y uno de Indiana, presentaron una "nueva" propuesta de ley de reforma inmigratoria. Kay Bailey Hutchison y Mike Pence, decían que su proyecto aseguraba "la seguridad nacional" sin darle "amnistía a nadie".

Quienes andaban metidos en el proceso electoral andaban regados y desperdigados, o concentrados en hacerle el caldo gordo a los políticos, dependiendo del color del cristal con que se miren sus acciones, y quienes no hacíamos trabajo electoral pues también andábamos si no desperdigados sí rascándonos la barriga sin saber bien a bien qué hacer.

---

27 http://mx.groups.yahoo.com/group/mexicodelnorte/message/203
28 https://mx.groups.yahoo.com/neo/groups/mexicodelnorte/conversations/messages/203

En ese contexto nos dimos cuenta de que se acercaba la fecha a la que los gringos le llaman el "Día del Trabajo", nominalmente el primero de septiembre pero en realidad celebrado el primer lunes del mes, y de que obviamente iba a haber "puente" y teníamos cuatro días para hacer algo. La exótica fecha para conmemorar el Día del Trabajo en Estados Unidos se debe a que un par de meses antes de que la Primera Internacional Socialista se reuniera en Europa en 1888 y decidiera que el Día Internacional de los Trabajadores debía ser el primero de mayo, ya los sindicatos gringos de la época se habían reunido y decidido que lo iban a conmemorar en septiembre. Para cuando la delegación gringa llegó a la Internacional, ya los europeos se habían decidido por mayo, y como a los gringos no les gusta perder pues hicieron berrinche y 120 años después siguen conmemorando el Día del Trabajo en septiembre.

Algunos proponían otra manifestación, pero los argumentos en contra abundaban, desde que todo el mundo andaba de vacaciones hasta que las marchas ya estaban "muy vistas" y que había que hacer algo distinto.

Reflexionando *a posteriori,* me da la impresión de que ése fue el momento en que perdimos la posibilidad de la victoria en 2006. Nuestra Convención Nacional de agosto, nuestro "Chapultepec", debió convocar a nuevas movilizaciones para el Día del Trabajo, con vacaciones o sin ellas. Tal vez si hubiéramos vuelto a la calle hubiéramos podido poner la suficiente presión pública para obligar a los legisladores a actuar.

Pero no se hizo, y todo el mundo volvía a preguntar "¿y ahora qué?", sin dar respuesta. En una discusión del "ahora qué" en Casa Michoacán, se nos ocurrió que el responsable de la falta de avance en la negociación por la reforma migratoria en el Congreso era el tal Dennis Hastert, congresista por un distrito de Illinois y en esos tiempos gran jefazo de la Cámara de Representantes, Líder de la mayoría Republicana.

La propuesta concreta fue "ir a verlo", y así nació la idea de la Marcha a Batavia. Batavia está, dependiendo del medio de comunicación, a una hora de Chicago en coche, a unos 45 minutos en tren suburbano, y a cuatro días caminando, y nosotros optamos por la tercera vía, terceristas tradicionales de siempre.

Se trataba de desafiar a Hastert con todos los medios de comunicación que se pudieran de nuestro lado, y agarrar un coche y mandar una delegación a su despacho no lo iba a lograr, así que había que hacer una acción vistosa, apantallante hasta donde fuera posible, y se planeó marchar en los cuatro días de fin de semana y puente del Día del Trabajo, desde Chicago hasta Batavia.

La primera respuesta de los activistas a los que se lo propusimos fue la misma que todavía a la fecha me siguen dando de cuando en cuando: una mirada que revela duda, escéptica, como preguntándose a sí mismos si estoy hablando en serio o los estoy poniendo a prueba a ver cuánto aguantan antes de soltar la risa. Pero a los tres minutos de explicación les brillaban los ojitos y aceptaban.

Supongo que Joshua Hoyt asignó a Gabriel "Gabe" González a "operar" la operación, y durante quince días tuvimos reunión tras reunión para ver exactamente cómo le hacíamos para llegar a Batavia. Mapa sobre mapa, trazamos y diseñamos rutas y contra-rutas, por carreteras, calles, avenidas y puentes, mientras otra comisión se encargaba de algo bastante más complicado: buscar aliados lo suficientemente aventurados y orates como para seguirnos en la aventura.

Había dos objetivos: los sindicatos, porque a final de cuentas la caminata se llevaría a cabo el fin de semana del Día del Trabajo, y las iglesias. A los primeros se los pintamos como una marcha obrera, de trabajadores internacionales en lucha por su dignidad y sus derechos y demás, y a los segundos como una peregrinación, un evento solemne, de autosacrificio. Pese a los terriblemente convincentes argumentos (para nosotros), ninguno nos peló mucho.

A principios de agosto Mauro Pineda, quien en aquél entonces era asesor del Cardenal de Chicago, Francis George, y hoy se gana la vida decente y humildemente trabajando en un "Home Depot", despojado de su cargo anterior por su radicalismo, nos puso en contacto con Elena Segura, Directora Asociada del Programa de Peace and Justice, dependiente de la Arquidiócesis de Chicago. Nos reunimos con Segura y con un cura de apellido Cárdenas, el mismo que había tratado de ponerse al frene de la marcha del 10 de marzo con Elvira Arellano, y les expusimos la idea de la marcha-peregrinación a Batavia. Pidieron detalles y fechas, y cómodamente propusieron que tuviéramos la siguiente reunión a mediados de septiembre. De golpe y porrazo, se cortaron del proyecto.

Alguien salió después con el chisme de que la Iglesia Católica había propuesto un pacto con el Partido Republicano, intercambiando el fin del aborto para siempre por la reforma migratoria: Si el Partido Republicano, aún mayoría en el Congreso en aquél momento, eliminaba el aborto de una vez por todas, la Iglesia Católica se retiraba de las actividades del movimiento por la reforma migratoria.

Nunca nadie ha desmentido fehacientemente el chisme, y nadie tampoco lo ha validado completamente. Quedó siempre en eso, chisme, pero el hecho concreto es que la iglesia se retiró del movimiento. Algunas parroquias y algunos párrocos se han mantenido ligados a las luchas de los inmigrantes, pero nunca al nivel que los vimos participar entre marzo y mayo de 2006. Algunas iglesias, como la de San Pío, nos acompañaron al final de la marcha a Batavia, pero sin los llamados a la acción y la movilización de los meses anteriores.

Exteriormente, a los medios de comunicación, la Marcha a Batavia se anunció como un símbolo de los tres o cuatro días que los inmigrantes caminan por el desierto para poder cruzar la frontera desde México y llegar a algún lugar dentro de Estados Unidos donde puedan continuar su viaje en algún medio de transporte. Eran cuatro días de caminar, de Chicago a Batavia, para arreglar un problema.

Y se les dijo, por supuesto, que íbamos a ver a Dennis Hastert para pedirle que pusiera a discusión en la agenda de la Casa de Representantes el tema de la reforma migratoria. Hastert, por supuesto, nunca nos vio, pese a que se hicieron varios llamados a su oficina solicitándole estar ahí cuando llegáramos a Batavia.

48 millas en cuatro días

Para demostrar, otra vez, que la cuestión de la inmigración no era "cosa de mexicanos", decidimos iniciar la caminata desde el Barrio Chino de Chicago, en la Cermak y el *expressway*. La marcha se inició a las dos de la tarde del viernes, frente al Muro de los 9 Dragones, copia de un muro en Beijing, ante las expresiones de apoyo de la comunidad China que, sin embargo, no se unió a la marcha. Por el contrario, la comunidad coreana aportó un grupo de sus famosos tamborileros que nos acompañaron los cuatro días y nos hicieron marchar con el retumbar constante de sus instrumentos. En total, no más de unas cincuenta personas salimos al inicio de la marcha de cuatro días.

Al caer la tarde, llegamos a La Villita, donde Jesús *Chuy* García, hoy Comisionado del Condado de Cook y a la sazón Director Ejecutivo de la organización Enlace, nos recibió dándonos a bienvenido a "la mayor concentración de mexicanos en el Medio Oeste". La recepción, descanso y evento de encuentro con cientos de personas que manifestaban su apoyo, se llevó a cabo precisamente frente al Arco de La Villita, el mismo lugar que seis meses después se vería convertido en la intrusión más asquerosa de la migra en nuestra comunidad.

Ahí creció la cantidad de marchistas, por una lógica de horario, porque ya salían de trabajar un par de docenas de activistas que no habían podido llegar a las 2 de la tarde a Chinatown. En una banqueta, con una mesa por cabina, se encontraban El Pistolero y la abogada Rosalba Piña, quien hasta la fecha sigue haciendo dinero de los inmigrantes y manteniendo un programa en la radio pública de California. En tono altanero, a la mejor todavía ardido por su fallida marcha de mayo, me entrevistó y aprovechó para cuestionar la Marcha a Batavia como un evento elitista y no de masas, preguntando por qué solamente había 60 personas, y diciendo que era un evento sin sentido; que la comunidad no nos apoyaba. Lo dejé invitándolo a convocar a la gente a que se uniera en el recorrido en los siguientes días. No lo hizo.

Al caer la noche llegamos a Cícero, a la iglesia de la calle 14, donde pasaríamos la noche. Una calle antes de la iglesia, al bajar una banqueta, se me falseó la rodilla, y lo único que se me ocurrió cuando alguien me preguntó que "¿qué hacía?" para ayudarme, fue pedirle una bolsa de hielo. En los siguientes tres días, entre caminatas, vendas, descansos y bolsas de hielo, se me fregó para siempre la rodilla. Pero marché los cuatro días por la reforma migratoria.

Un alcalde por la reforma

El segundo día de nuestra marcha nos hizo pasar por Berwyn, mi ciudad en aquellos años, residencia también de Gabe y de Artemio, y el Alcalde salió a recibirnos en una esquina, la última en la frontera con Oak Park.

Michaell O'Connor había desertado del Partido Demócrata, para formar una organización independiente "en contra de la maquinaria". Ganó las elecciones derrotando a los políticos demócratas, y su primer acto de gobierno fue despedir al Jefe de Policía, quien tenía un salario más alto que el del Alcalde. Lo fuimos a ver un par de veces el año siguiente, para tratar de convencerlo de trabajar con la comunidad latina de Berwyn, pero lo único que se le ocurrió decirnos fue que nosotros organizáramos a la comunidad y después volviéramos a hablar. Perdió su puesto a los cuatro años. El actual Alcalde es el demócrata Robert Lovero, quien en 2006 precisamente, siendo regidor del Ayuntamiento, propuso que la Junta Educativa de Berwyn llevara a cabo una investigación casa por casa de todos los estudiantes de la secundaria Morton, para comprobar si eran residentes legales de Berwyn. Un par de telefonazos pararon en seco su ordenanza, pero nunca pudimos parar su elección a Alcalde, apoyado por el Sindicato de Policías y los sindicatos de toda el área que acudieron a poyar su campaña después de un conflicto pre-fabricado de contrato colectivo contra Michaell O'Connor.

A Berwyn le siguió Oak Park, ciudad de historia progresista, donde a falta de políticos nos recibió la comunidad blanca liberal. A medio camino, por casualidad, descubrimos una de las tiendas de helados de Jim Oberwise, notorio antiinmigrante a quien alguna vez se le sorprendió contratando indocumentados en su rancho y sus tiendas.

En el parque central de Oak Park se llevó a cabo otro descanso y otro evento, con una cantidad de gente que me pareció francamente impresionante. Alrededor de mil personas se reunieron en el parque a nuestra llegada, para escuchar las razones de la marcha y darnos la bienvenida. Al salir de Oak Park, la marcha ya había crecido hasta un centenar de personas, por lo menos.

Esa noche nos tocó descansar en la Iglesia de Monte Carmelo, en Melrose Park, otra de las ciudades donde la mayoría de los residentes son latinos, especialmente mexicanos, y que sin embargo sigue teniendo alcaldes italianos. En el camino se nos unieron mis suegros, Doña Beatríz en silla de ruedas, ante la imposibilidad de caminar más de una cuadra a sus 95 años.

El condado de los Minuteman

Nuestro tercer día de marcha fue el más largo, al que más le teníamos miedo, y el más lleno de incidentes.

Salimos de Melrose Park con más marchistas que antes, cerca de los 150, para adentrarnos, después de cruzar la carretera interestatal, en el temido Condado de DuPage, supuestamente el más reaccionario en el norte de Illinois.

Cruzar la carretera nos costó trabajo y kilometraje, porque a juicio la policía local no podíamos seguir la ruta que nos habíamos trazado, y había que desviarse. Y nos desviaron, agregándole unas cuatro millas a nuestro trayecto del día. En la frontera de cada ciudad, un grupo de policías locales nos "entregaba" al siguiente, felices de haberse "librado" de un peligro potencial. Desde el aire, un avión de la Policía Estatal nos acompañó toda la marcha, los cuatro días, revoloteando una y otra vez.

Del otro lado de la carretera, ya en DuPage, nos encontramos con nuestro primer comité de recepción y nuestros primeros opositores. Tres señoras estaban paradas en la banqueta, con cartelitos hechos a mano en los que demandaban que nos "regresáramos a México", para delicia y carcajada de los tamborileros coreanos.

Más adelante, medio centenar de personas nos recibieron en la banqueta con aplausos y botellas de agua, animándonos continuar luchando por la reforma migratoria. Docenas más se nos unieron, unos por un rato y otras por el resto del camino, despejando por lo menos el miedo que le teníamos al Condado.

A media tarde, a otros dos Minuteman se les unió una mujer que nos dijo que "si queríamos ser ciudadanos, nos uniéramos al Ejército". Según ella, así podíamos "dejar de ser ilegales y hacernos ciudadanos inmediatamente y hacer algo de provecho para Estados Unidos". Todo el resto del día y el día siguiente, los dos Minuteman y la mujer se adelantaban a nuestra caravana en automóvil, y nos gritaban sus consignas desde la banqueta de enfrente. Las primeras horas pensamos que eran diferentes, pero a la tercera vez que los vimos todos sabíamos que eran los mismos tres.

En un descanso, en el claro de una de las reservas forestales de la ruta, tuvimos el incidente que pensamos podía echarnos a perder el día. Alguien, creo que un niño, se tiró al pasto cuando declaramos que nos detendríamos un rato para descansar, y puso en el suelo la bandera estadounidense que portaba.

De la nada, apareció un iracundo veterano de guerra, que a gritos recogió la bandera y nos mentó la madre por haberla dejado en el suelo. Los policías de turno lo rodearon y lo convencieron de que no armara problemas. Después de todo, éramos inmigrantes ignorantes que no sabíamos que la bandera gringa no puede estar en el suelo.

Hicimos ahí el llamado público a tener cuidado con la bandera de las barras y las estrellas, y no dejarla en el suelo para no provocar pleitos. El veterano se retiró a disgusto, clamando que "ya nos llegaría el día", lo que nos hizo ponernos en alerta por un rato, pero por lo visto ése no era "nuestro día", y no pasó nada.

Frente a la migra

Sin embargo, la migra nos pegó un susto todavía más grande. Un par de kilómetros antes de llegar a la mezquita de la Fundación Musulmana de Villa Park, donde habríamos de pasar la noche, nuestros vigías de avanzada nos pasaron a reportar que había un grupo de migras con todo y un tremendo camión con todo y disco satelital y demás. La información corrió como pólvora de principio a fin de la larga columna de marchistas, y de plano hubo que decretar un alto momentáneo para digerir la información.

Los "scouts" explicaron exactamente cuál era la situación.

En un estacionamiento del otro lado de la calle por donde marchábamos, estaba la susodicha camioneta y el grupo de agentes de la migra, todo en uniforme pero al parecer papando moscas porque aparentemente no traían ningún equipo especial para eso que llaman "control de multitudes", escudos, cascos, nada. Es más, algunos andaban de shorts.

En dos minutos decidimos seguir marchando y hacer dos columnas. Del lado de la calle marcharían los ciudadanos y residentes legales, y del otro los que no tuvieran papeles. Si la migra se nos venía encima trataríamos de hacer una barrera para darle chance a los más vulnerables de pelarse a todo vapor. Por ahí anda todavía el video, no publicado, de las dos columnas marchando al otro lado de la calle, con los agentes de la migra medio asombrados de ver que había una marcha, bastante ruidosa por cierto, porque en esas circunstancias la mieditis no causa pánico sino euforia, y los 200 o 300 marchistas gritamos a voz en cuello todo el recetario de consignas los tres minutos que tardamos en cruzarnos frente a ellos. La tembladera de piernas siempre llega después.

Al parecer, se trataba de una sesión de entrenamiento de la migra programada, como todos sus eventos, sin tomar en cuenta la realidad. Mientras docenas de miles de personas sabían por dónde iba la marcha a Batavia, la migra no tenía ni idea. Menos mal, porque podían haber convertido su capacitación en algo así como un "día de campo" y "practicar" con nosotros.

Esa noche, en la mezquita musulmana de Villa Park, fuimos agasajados con una espléndida cena proporcionada por las congregaciones católicas de DuPage, en un tipo de colaboración entre congregaciones que yo nunca había visto. Con el tiempo he aprendido que es más común que raro que las congregaciones hagan actividades comunes sin importar sus particulares denominaciones. Las que no se pueden ver son las jerarquías de las iglesias.

"Durmiendo con el enemigo"

La última noche de la marcha a Batavia la pasamos en una iglesia católica a pocas millas de nuestro destino, en medio de una fuerte lluvia y con la "amenaza" rumoreada de que los Minuteman podrían pasar a darse una vuelta por el campamento. A falta de paredes para defendernos, porque nos tocó alojarnos en el patio trasero de la iglesia, la mayoría bajo un toldo con remedo de carpa y los demás en tiendas de campaña, establecimos guardias de un par de horas por brigada de vigilancia. Fuera de la lluvia, que calaba hasta los huesos, era entre chusco y serio encontrarnos con alguien más de la brigada de vigilancia cada 15 minutos y reconocernos en los linderos de la vegetación que marcaba el límite del terreno de la iglesia.

A las tres de la mañana me tocó irme a acostar, para encontrar que alguien más estaba ocupando mi tienda de campaña.

Se trataba de Eliseo Medina, a quien nuestros líderes habían importado expresamente desde la hermana república de Washington D.C. esa tarde y cuyo papel, me supongo, era liderar la entrada a Batavia por aquello de que a alguien se le ocurriera decir que el movimiento no tenía líderes. Eliseo es uno de los latinos con mayor rango en el movimiento sindical, llegó a ser Secretario Tesorero del Comité Ejecutivo internacional del Sindicato de Trabajadores de los Servicios, SEIU. Desertor del Sindicato de trabajadores Agrícolas de César Chávez, con quien parece que se disgustó en alguno de los momentos trepidantes de aquella organización, Eliseo subió uno a uno los escalones de la burocracia sindical en D.C. y en California, a donde lo devolvieron para supervisar un Local progresista al que el propio Comité Ejecutivo Internacional dio golpe de estado contra la dirección local.

Con el pasar del tiempo, Eliseo pasó a formar parte y en algunos momentos a ser la voz del *establishment* del movimiento migratorio, con subibajas y bandazos a derechas e izquierdas, desde el elogiable posicionamiento de la AFL-CIO de 2007 hasta la nefasta aceptación sin reservas de la terriblemente negativa S744 de 2013, en la que se aceptaban sin tapujos la militarización de la frontera, los programas de trabajadores huéspedes y la criminalización de facto de los inmigrantes sin documentos en Estados Unidos. En 2013, junto con otros "líderes" del movimiento inmigrante se puso 23 días en huelga de hambre para "forzar al Partido Republicano a poner a votación la Reforma Migratoria en la Casa de Representantes", y al final decidieron que mejor comían otra vez porque simplemente no había modo. En privado, en una recepción donde anunció su jubilación "del Sindicato pero no del movimiento", me dijo que "le tenía sin cuidado qué pasara con la legislación, porque el verdadero objetivo era ganar una mayoría demócrata en las elecciones intermedias de 2014", mayoría que según él garantizaría que si hubiera reforma migratoria en 2015.

Me tocó dormir con él esa última noche, en un rincón de mi tienda de campaña, que por cierto desapareció al día siguiente para no volverse a ver jamás, demasiado cansado como para protestar por la presencia de Eliseo, que con toda seguridad estaba también cansado de su vuelo y necesitaba reponer las fuerzas para poder dirigir la triunfal entrada de la marcha a nuestro destino final, Batavia.

"Marchen hasta México"

Los Minuteman de Illinois hicieron propaganda para concentrarse en Batavia para contrarrestar el efecto de nuestra marcha. En este tipo de vida de activistas, de derecha, de izquierda o de en medio, siempre impera la ecuación psico-matemático-social de que tu importancia es el resultado de lo fuerte que gritas dividido por la cantidad de gente que juntas y vuelto a dividir por el volumen de los gritos de tus oponentes. Nunca falla.

En este caso, los Minuteman hicieron escándalo contra los "ilegales" que marchaban "impunemente" por Illinois (peor todavía después del episodio de la migra, a la cual acusaban de incompetente por habernos "dejado escapar"), pero no alcanzaron a juntar más de 150 changos en su lado de la banqueta. Por cierto, la policía limitó el área en la que podían manifestarse a una esquina donde, por encima de sus cabezas, se percibía claramente el anuncio de un restaurante cercano que vendía "burritos". Aunque sea irónico pensar que los "burritos" ni siquiera son mexicanos, la imagen francamente provoca risa.

Por nuestro lado, desde la madrugada habían llegado a la iglesia centenares de personas que se nos unieron para completar la marcha a Batavia. Otros cientos se unieron en los últimos kilómetros de la marcha, y al llegar a Batavia la columna la componían no menos de dos mil personas y en la ciudad nos esperaban otros tantos.

Al dar la última vuelta hacia la plazoleta donde esperaba el resto de la gente que concentraron los sindicatos y las organizaciones pro inmigrantes, un Minuteman nos conminó en voz a "seguir marchando al Oeste, hasta que llegáramos a México". Su estupidez geográfica quedó para siempre consignada en el documental *Immigrant Nation* de Esaú Menéndez al que nos hemos referido anteriormente.

En el mitin que siguió a la marcha, la Coalición de Illinois de Inmigrantes y Refugiados se encargó de refrendar el destino del movimiento, en voz de una de sus organizadoras, quien después se iría a vivir a Washington, D.C. como personal contratado de CCC, los Centers for Community Change (Centros por el Cambio Comunitario): "Ya se", dijo la compañera", a donde será la próxima marcha. Es a las urnas electorales para elegir una mayoría demócrata que haga posible una verdadera reforma migratoria".

Cruces blancas y manzanas podridas

Entre reunión y reunión para organizar la maratónica marcha, a Ernesto Mo, compañero activista sumado a los eventos y la marcha, se le ocurrió proponer que lleváramos miles de cruces, para reforzar y darle vida y nombres a los miles de fallecidos cruzando la frontera. Fieles al principio entonces reinante en el 10 de marzo de que el que propusiera algo se encargara de hacerlo, Ernesto se dio a la tarea, consiguiendo ayuda del Sindicato de Carpinteros.

Una camioneta con miles de cruces nos acompañó en la

marcha a Batavia, y las cruces blancas quedaron ahí, en el pueblo, frente a la oficina de Dennis Hastert, al pie de los árboles, en medio de los patios y los jardines, arriba de los coches. Simbolizaban los más de 400 muertos al año en el cruce fronterizo, más muertos cada año de los que hubo en toda la existencia del Muro de Berlín.

En su turno al micrófono, Martín Unzueta anunció un digno colofón a la marcha a Batavia. Habría camiones para llevar a quienes quisieran de regreso a Chicago pero con una escala. Se trataba de parar en la sucursal local de Applebee's, cadena de restaurantes que en la semana habían despedido a docenas de trabajadores inmigrantes por ser indocumentados según los patrones, basados en información de cartas No-Match del Seguro Social. De nada habían valido las protestas por teléfono de la organización de trabajadores de Martín, y se trataba de hacer una acción directa.

Dos camiones nos llevaron al mentado restaurante, el cual invadimos durante cerca de 15 minutos, mientras Martín y el abogado Chris Williams hablaban con los gerentes del turno y le entregaban una carta de protesta.

La policía local se presentó a tratar de intimidar pero la acción de todas formas era breve, y para el momento en que llegaron ya estaba prácticamente concluida.

La lucha contra las cartas del Seguro Social continuó por un par de años, hasta que convencimos a la agencia de no mandar más cartas a los patrones, sino solamente a los trabajadores. La decisión fue revertida en 2011, y después de las declaraciones de impuestos de 2012 los patrones volvieron a recibir las cartas y a despedir trabajadores pese a que los documentos mismo establecen que "tomar una acción en contra de un trabajador basándose solamente en el anuncio del Seguro Social puede violar varias leyes laborales y disposiciones del Departamento de Justicia de Estados Unidos".

Mayormente, los patrones las han utilizado para deshacerse de sus trabajadores de planta con mayor antigüedad (y salarios y beneficios), y reemplazarlos con trabajadores temporales a salario mínimo y sin beneficios. En no pocas ocasiones han

servido para despedir trabajadores sindicalizados y reemplazarlos también con trabajadores de agencia, a quienes les es
prácticamente imposible organizarse.

Convocando al Primero de Mayo con la Central Sindical de
Chicago, en el Monumento de Haymarket, a los Mártires de

Voces migrantres, periódico oficial del Movimiento 10 de Marzo

Capítulo 5
Los años siguientes

La marcha a Batavia fue la última gran acción del 2006. Después de desafiar, entre comillas, al Presidente de la Cámara Baja, el movimiento continuó su dispersión hacia las elecciones, mientras que el Congreso votaba la Sensenbrenner en abonos, sin acciones callejeras que le pusieran presión. Otra hubiera sido la historia si en vez de "marchar a las urnas", el movimiento se hubiera seguido moviendo.

La HR4437 en abonos

En septiembre de 2006, mes y medio antes de las elecciones en las que perderían su mayoría, los republicanos aprobaron retazos de la HR4437 en cuatro iniciativas distintas.

La primera era la HR 6091, Border Security Enhancement Act (Ley de Reforzamiento de la Seguridad Fronteriza), que autorizaba la construcción "nomás" de 700 millas de barda en la frontera entre México y Estados Unidos, dividido en cachitos entre Calexico, California, y Douglas, Arizona; entre Laredo y Brownsville, Texas; de Del Río a Eagle Pass, también en Texas; en Nuevo México, entre El Paso y Columbus, el rancho que Pancho Villa invadió el siglo pasado, y una última porción entre Tecate y San Diego, en Califas.

La segunda iniciativa era la HR 4844, Federal Election Integrity Act of 2006 o Voter ID Bill, (Ley de Integridad Electoral), para obligar a los votantes a presentar un documento de identidad cuando se presenten a las urnas a emitir su voto. Era un fallido intento de evitar su derrota electoral, que le impedía a miles de ciudadanos estadounidenses, latinos, negros y pobres, votar por falta de una "ID" oficial, con el cuento de que por ahí andaban registrando indocumentados para votar a favor de los demócratas.

La tercera iniciativa de la Sensenbrenner en abonos era la HR 6090, Immigration Enforcement Act, titulada "Ending the Catch and Release", que estableció que a los inmigrantes especialmente centro y sudamericanos atrapados en la frontera no se les soltara solamente poniéndoles una fecha para presentarse en Corte, sino que se les detuviera y procesara como a los mexicanos.

El último cachito de la Nueva Sensenbrenner era la HR 6089, Illegal Immigrant Deterrence Act (Ley de Disuasión de los Inmigrantes Ilegales), que autorizaba a todas las policías locales a hacerla de migra y detener a todo el mundo por sospechoso de no tener papeles migratorios. Fue la primera de la larga lista de iniciativas, algunas de ellas hoy aprobadas en Georgia, Arizona, Carolina del Norte y Alabama, y la introducción en serio de la "Polimigra", un programa que existía pero nadie había pelado hasta la fecha.

La aprobación contó, nuevamente, con la desinteresada ayuda de 64 demócratas, sin los cuales la iniciativa no se hubiera aprobado.

"Queremos platicar con Mújica"

Por ahí de junio la señora que contratamos en la casa para ayudar a cuidar a mis suegros, en aquél entonces de 86 y 96 años, me dijo que "unos señores habían ido a buscarme a la casa", que "no se habían querido identificar" y que "dijeron que luego lo buscaban".

Mi casa era un lugar conocido de muchas personas, ahí se había llevado a cabo reuniones organizadas y desorganizadas en muchas ocasiones, y no me cayó el veinte de que algo inusual estuviera pasando. Cualquier persona podía haberme ido a buscar a la casa, particularmente algunos compañeros que le tienen tirria al teléfono y prefieren hacer todo personalmente en persona.

A la tercera vez me comenzó a extrañar, cuando la señora me dijo otra vez que me habían ido a buscar "justito se acababa de ir usted". Las otras veces, al parecer, también habían tocado el timbre "justito cuando usted se fue". Pese a mis constantes reproches de la paranoia galopante de muchos compañeros en el movimiento, la "casualidad" de que alguien siempre llegara a la casa a buscarme siempre "justito cuando me acababa de ir" me alertó. En un par de días detectamos un par de coches estacionados por horas en las dos esquinas de la cuadra.

La siguiente vez que tocaron dejaron sus tarjetas de visita, que los identificaban como agentes de la División de Investigación Antiterrorista del Buró Federal de Investigaciones, el FBI, y dejaron el mensaje de que "Querían hablar con el Sr. Mújica".

Por ocurrencia, se me ocurrió que a la mejor era algo que tenía que ver con mi pasaporte y mi computadora perdida, que alguien había utilizado en algún acto ilícito o algo por el estilo, así que llamé a los teléfonos que venían en sus tarjetas. En ocasiones no hubo ninguna respuesta, y en otras contestaba un fax.

El siguiente paso fueron llamadas a mi celular, que por aquellos días parecía campana de iglesia que sonaba cada 15 minutos y yo perdía muchas llamadas. Por cosas del destino, o más bien porque prefería contestar las llamadas de conocidos y no las de desconocidos, nunca le contesté a las llamadas de los agentes del FBI y siempre me entraron como recados. El caso era que insistían en "hablar con el Sr. Mújica".

Me comunique con Jim Fennerty, de la Asociación Nacional de Abogados en Chicago, quienes siempre nos han echado una mano participando en las marchas y otros eventos como "observadores independientes", figura técnica que en realidad quiere decir que pueden ir a declarar a la corte y rendir testimonio de que nosotros no hicimos nada y que la policía tuvo la culpa en caso de un desaguisado. En otras palabras, si hay bronca porque la policía se pasa de la raya, los abogados no meten la mano, solamente observan y anotan, y su testimonio sirve para contrarrestar las acusaciones de la policía contra los activistas y manifestantes.

Jim me pidió los nombres de los Agentes, sus teléfonos y nos echamos una larga plática sobre las posibles razones para que el FBI "hablara con el Sr. Mújica". Saqué a colación lo de la compu y el pasaporte robados y no se me ocurrió nada más. Me llamó un par de semanas después, para avisarme que había contactado a los agentes y que ninguna de las dos cosas tenía que ver con nada. La razón, me dijo Jim, era "una investigación abierta a propósito de una denuncia de que 'el Sr. Mújica' era una persona posiblemente peligrosa y había estado llamando a 'derrotar al gobierno de Estados Unidos" o algo así por el estilo, y que insistían en "tener una plática en sus oficinas con el Sr. Mújica".

La denuncia, por supuesto, era "anónima", decían los agentes del FBI, aunque estoy seguro de que provenía de un pseudoperiodista potosino de ultraderecha, Eric Muñiz de la Rosa, que dedicaba sus artículos en el periódico *El Norte* alternadamente a criticarnos a mí, a Martín Unzueta y a Carlos Arango por "comunistas", y que por teléfono me amenazó precisamente con denunciarme al FBI.

Me solté a reír y le expliqué a Jim aquella vieja política de hacer todo siempre a la luz y le comenté que la mayoría de mis discursos estaban seguramente grabados en algún lado y que no recordaba nada así de "terrorístico".

Jim concordó en que sonaba absurdo, porque si tuvieran algo serio en mi contra ya no estaría libre, sino en Guantánamo, y me recomendó que no "platicara" con el FBI porque seguramente me harían un interrogatorio completo donde cualquier palabra se podía "utilizar en mi contra". Les volvió a llamar y les sugirió que si tenían algo serio en mi contra me arrestaran o me dejaran en paz.

Me dejaron en paz, lo cual quiere decir que no volvieron a ir a mi casa o a llamar, no que dejaran de vigilarme. O eso creo.

Un año, inmovilizados

El 10 de marzo de 2007 nos agarró todavía en la *letargia* del año anterior. Seguíamos, absurda y equivocadamente, esperando a que el Congreso tomara en sus manos la problemática y el tema de la reforma migratoria. El Partido Demócrata tenía amplia mayoría en la Cámara de Representantes y la suficiente en la Cámara de Senadores, y todos esperábamos una propuesta de legislación al respecto. La fecha llegó, sin propuesta en el Congreso.

Por no dejar pasar el día, convocamos en la Plaza Federal a un evento que más que mitin calificamos de conferencia de prensa para dejarle saber a los medios de comunicación y al público cuáles eran los planes para el año, como si de verdad los supiéramos. Acudió poca gente y pocos medios, y nos limitamos a esbozar algunos planes, esbozar demandas y exigir que el Partido Demócrata dejara de hacerse pato y propusiera algo en el Congreso.

Una semana después de nuestro evento, el Congresista Luis Gutiérrez cumplió y presentó su propuesta de ley, denominada STRIVE. Ojalá nunca la hubiera presentado. Le hizo más daño al movimiento y ocasionó más divisiones que todas las que habíamos tenido hasta la fecha.

La STRIVE Act (Security Through Regularized Immigration and a Vibrant Economy), o "Seguridad a Través de una Inmigración Regularizada y una Economía Vibrante", fue vista por muchos como "mala pero posible" y como "lo único que podemos conseguir". La STRIVE era, efectivamente, mala. Legalizaba a los indocumentados a cambio de criminalizar la inmigración sin papeles. Al decir de Dolores Huerta, en conversación una noche de visita en Chicago, Luis Gutiérrez había pensado que con la mayoría demócrata se iba a convertir en el rey de la inmigración, y en realidad nadie lo peló, empezando por Nancy Pelosi, la nueva líder de la mayoría en la Cámara. Encabritado a más no poder, Gutiérrez se habría reunido con los líderes republicanos para proponerles una ley "bipartidista", y éstos le habían presentado la Sensenbrenner sin muro en la frontera, al cabo que ya se había aprobado el año anterior. A cambio, Luis le puso las partes de la legalización, las mismas que hasta hoy seguimos oyendo cada vez que alguien habla de reforma migratoria: ponerse al final de la cola, declararse violador de todas las leyes habidas y por haber, pedir perdón, registrarse como trabajador huésped, pagar un montón de multas y varias zarandajas más.

Citando a Jesús Vargas, mecánico y uno de los más aguerridos activistas del Comité 10 de marzo, la STRIVE nos dejaba "peor que antes porque antes no había una carnada" para el movimiento.[29]

Tal vez profético sin intención, Jesús le atinó. La carnada era que ya había en el Congreso una propuesta de legalización.

2007, 24 de abril, la redada en La Villita

A media organización del primero de mayo de 2007, y cuando todos pensábamos que la manifestación iba a salir tan mal que a la mejor ni valía la pena convocarla, el Servicio de Inmigración y Aduanas vino en nuestra ayuda.

En otra de esas operaciones tan perfectamente planeada que no tomó en cuenta la cercanía del primero de mayo, la migra mandó medio centenar de operativos al centro comercial de La Villita, en el corazón del barrio mexicano y al decir de Jesús García, ex Regidor de Chicago y ex Senador de Illinois, la concentración más grande de mexicanos del Medio Oeste.

Se trataba de pescar "con las manos en la mica", a los "miqueros" de la calle 26, esos servidores públicos que hacen negocio gracias precisamente a la falta de una reforma migratoria, vendiendo lo que sea siempre y cuando sea falso y sirva para trabajar, declarar impuestos y para vivir cuando no se tienen papeles. Ahí se conseguían micas, tarjetas del Seguro Social y algunos otros papeles, con fotografía incluida si era necesario.

---

29 http://mx.groups.yahoo.com/group/mexicodelnorte/message/237

Los pescaron, con dos docenas de migras armados hasta los dientes como si estuvieran en Bagdad, gracias al infalible recurso de detener a toda la gente que se encontraron en el centro comercial, clientes y comerciantes, hombres, mujeres y niños, y de sembrar el terror en la comunidad.

Por aquellas épocas estábamos bien organizados entre los activistas, y de celular en celular corrió el mensaje de texto de que había redada en La Villita. En minutos llegamos al lugar una docena de organizadores para tratar de averiguar de qué se trataba el operativo. Obviamente la migra no soltaba prenda, pero la gente que iba saliendo del centro comercial nos informó que los checaban uno por uno contra las fotografías y las órdenes de arresto que andaban cargando, y que ni siquiera estaban pidiendo papeles migratorios a nadie.

Arrestaron a unos 12 miqueros y se los llevaron por el acceso trasero del estacionamiento, mientras que al frente de nosotros ya habíamos paralizado el tráfico en la avenida más transitada de todo el barrio, habíamos convocado a los medios de comunicación y organizado una marcha hasta la iglesia más cercana, en donde unos se dedicaron a rezar mientras otros nos dedicamos a convocar a una conferencia de prensa para el día siguiente.

La aparatosa intervención de la migra en el corazón del barrio encendió los ánimos y se sintió de inmediato el cambio. Sin el operativo de la migra, no hubiera salido la gente a marchar y no hubiéramos logrado otra vez la hazaña de poner un cuarto de millón de personas en la calle.

Otro mayo dividido

Días antes de la manifestación del primero de mayo, la mitad del movimiento apoyaba la STRIVE y la otra mitad quería marchar para denunciarla y tratarla igual que a su predecesora, la HR4437.

Accedimos después de varias reuniones de negociación con la Coalición de Inmigrantes y Refugiados de Illinois y el Pueblo Sin Fronteras, a que nadie hablara de la STRIVE el primero de mayo. Que cada quien marchara por lo que quisiera y nadie le mentara la madre a nadie.

El acuerdo, por supuesto, no se cumplió. Apoderándose nuevamente de la tribuna principal, basados en que tenían el permiso legal para controlarla, el Pueblo Sin Fronteras volvió a rodearla de "guardias de seguridad" e impidió el acceso hasta a los oradores que habían aprobado de antemano.

Después de una exitosa marcha de unas 200 mil personas, el evento final en el Parque Grant se convirtió en un festival, con El Pistolero y Emma Lozano al frente, y su hijo adoptivo Roberto cuidando la seguridad y amenazando de muerte a quien quisiera pasar sin su permiso.

Después de que se había rumorado que Luis Gutiérrez ni siquiera se iba a presentar al evento, el Congresista llegó antes que nadie, y habló de las ventajas de su propuesta sin mencionar, por supuesto, las desventajas, y la pintó como la última Coca-Cola en el desierto: o te la tomas o te mueres.

La STRIVE, presentada por cierto sin permiso de la Pelosi, estaba muerta de nacimiento. Nunca se discutió siquiera, y menos aún pasó a votación. Pero eso sí, cuando en mayo el Senador Ted Kennedy pactó el llamado "Grand Agreement", el Gran Acuerdo con el todavía presidente George W. Bush y el Senador John McCain, los republicanos respondieron con la propuesta de Gutiérrez, diciendo que esa era su propuesta y no se movieron de ahí.

SB1176, la respuesta legal

La SB1176 era otra propuesta estilo Frankenstein, con las piernas de McCain, la cabeza de Sensenbrenner, los brazos de Kennedy y las manos de Bush", escribimos por aquél tiempo.[30]

Establecía "Visas tipo Y", renovables cada tres años, que daban permiso de trabajar dos años en Estados Unidos, regresar seis meses a su país y volver a solicitar un permiso por otros dos años, y se podían renovar indefinidamente, siempre y cuando cada dos años el migrante se quedara en su país por lo menos seis meses. Obviamente, no incluía la posibilidad de traerse a la familia y establecía una cuota de 1,500 dólares cada vez para solicitarla.

---

30 http://mx.groups.yahoo.com/group/mexicodelnorte/message/240

Proponía además "Visas Z" para quienes ya estaban aquí, renovables cada tres años, y en cada ocasión el inmigrante debía pagar otros 3 mil 500 dólares de multa y renovación. La intención, según la Casa Blanca, era "que la reforma migratoria se pague sola y no constituya una carga para los contribuyentes estadounidenses". Se admitía la solicitud de residencia permanente a cambio de un pago de solamente 10 mil dólares.

Según John McCain, en entrevista en el 2012, Barack Obama fue quien mató esa propuesta en el 2007, cosa que hasta la fecha no sabríamos si agradecerle o no. "(La Reforma Migratoria)", dice McCain, "fue destruida por gente como el entonces Senador Barack Obama en la izquierda, gente que se oponía al programa de trabajadores huéspedes, y algunos en la derecha que le llamaron, obviamente, cito textualmente, amnistía".[31]

Podríamos reírnos de la caracterización de Obama como "izquierdista", pero la verdadera ironía es que "el entonces Senador Obama fuera parte de la destrucción del esfuerzo que hicimos Ted Kennedy y yo. Pero eso no lo escucharán con frecuencia", sostiene McCain.

Continuando sus declaraciones, declara que "Ted Kennedy y yo estábamos haciendo la Reforma Migratoria. Fue el Senador Obama quien propuso una enmienda que eliminaba el programa de trabajadores huéspedes que Ted Kennedy y yo habíamos acordado, y que fue parcialmente la razón para destruir la Reforma Migratoria".

Yo digo que hasta esta fecha no se si agradecer o condenar a Obama por esa actuación, porque es parte del debate de que "se apruebe lo que haya" contra "no debemos aceptar nada que legalice la futura esclavitud" de los trabajadores internacionales, y la propuesta de los trabajadores huéspedes prácticamente garantizaba esta esclavitud, creando una categoría más de trabajadores, los "huéspedes" sin derecho a la antigüedad, a los aumentos salariales, y trabajadores obligados, como los viejos braceros mexicanos, a un "ahorro" forzoso, pagadero cuando estuvieran de regreso en sus países de origen.

---

31 http://latino.foxnews.com/latino/politics/2012/05/14/fnl-exclu-sive-john-mccain-on-latinos-romney-and-more/#ixzz1v9Ukxpz9

Huelga sin sindicato

El 25 de julio de 2007 Martín Unzueta me llamó cerca de las 5 de la mañana, para anunciarme que iba a pasar por mí porque un grupo de trabajadores se iba a la huelga y teníamos que ir a ayudarles.

En el camino me contó que lo habían llamado una hora antes para decirle que "ya estaban en huelga", y para preguntarle que "ahora qué hacían". Mi primera pregunta fue "¿de qué sindicato son?", y su respuesta fue lacónica: "de ninguno".

Las huelgas en Estados Unidos son prerrogativa de los sindicatos, que no solamente firman sino que son legalmente dueños de los contratos colectivos de trabajo. Sin sindicato y sin contrato colectivo de trabajo, no puede haber huelga.

Sin embargo, los trabajadores de Cygnus Packing Corp. habían ya declarado la huelga y había que apoyarlos. Llegamos cerca de las 7 de la mañana a la calle 134, frontera de la Ciudad de Chicago con la de Dolton, donde se ubica Cygnus, subsidiaria de una de las 500 compañías más grandes del mundo citadas por la revista *Fortune,* y donde envasaban champú y detergente de marca "genérica" para Walgreen's.

Y ahí estaban los trabajadores huelguistas, parados nomás en la banqueta, sentados en los escalones de la casas de junto, resguardándose de los rayos del sol que para esa hora ya pegaban con fuerza. Del total de 118 trabajadores de Cygnus, solamente una docena estaba chambeando. Entre los trabajadores del turno nocturno y los del matutino, había unos 50 a la entrada de la planta.

La historia que nos contaron era por demás fascinante. La compañía había cambiado de Directora de Recursos Humanos, y la nueva administradora tenía una amiga dueña de una compañía de trabajadores temporales, por lo que decidió despedir a quienes venían de la agencia de empleo diario Total Staffing Solutions, y pasarle el negocio a su amiga. En total, Cygnus tenía 8 trabajadores de planta, y 110 eventuales. La noche del 24, la administradora llamó al supervisor del turno nocturno, Francisco Reyes, y le dijo que "había encontrado unas cartas 'No Match' del Seguro Social en los expedientes de los trabajadores, así que ya sabía que no tenían papeles migratorios". Por lo tanto, "quedaban despedidos en un plazo de 15 días y en el ínterin tenían que ir entrenando a los nuevos trabajadores que ella iba a conseguir".

A la hora del *break* del turno nocturno, una de la madrugada, Francisco le pasó la mala noticia a los trabajadores, y al final se quitó el casco y los lentes de seguridad y les dijo que "Ha sido un gusto trabajar con ustedes y yo les quiero decir que yo tampoco tengo papeles y una cosa que no voy a hacer es entrenar a nadie que me venga a quitar mi trabajo. A'i ustedes sabrán, pero yo me voy en este mismo momento". Y ahí se armó la historia. Nadie volvió al trabajo, y dedicaron el resto del turno a discutir estilo asamblea, qué hacer. Decidieron abandonar la chamba y esperar a los del turno de la mañana, que comenzaban a llegar a las cuatro, para hacerles saber las noticias y su decisión. Los de la mañana apoyaron y para las 5, cuando le hablaron a Martín, ya la "huelga" era un hecho.

Para nuestros adentros, Martín y yo nos moríamos de risa por la inocencia de los trabajadores, al mismo tiempo evaluábamos la situación desde varios puntos de vista, y admirábamos su unidad y las acciones que ya habían tomado.
Obviamente el movimiento no era una "huelga", pero sí era un paro laboral. Las complicaciones legales eran desquiciantes. La compañía ni siquiera tenía que despedirlos por abandonar el trabajo porque la mayoría eran temporales; siendo temporales, no tenían los derechos de un trabajador de planta y demás. Pero estaban afuera y lo mínimo que había que hacer era un *picket line*, o piquete de huelga como se le llama en estos lugares a marchar por la banqueta mentando madres contra el patrón y tratar de ganarle por coraje, porque es una acción que difícilmente pone presión económica a una compañía.

Fuimos a comprar carteles, unos palos y cinta de pegar, y para las 10 de la mañana teníamos una línea formal de protesta, y los trabajadores coreaban desde el fondo del alma "El Pueblo Unido Jamás Será Vencido". Ahí nos cayó otro veinte. No era la primera vez que estos cuates marchaban y coreaban juntos. Habían ido juntos a las marchas del año anterior, y ahí se habían entrenado. Después nos contaron que fueron de los que pidieron permiso y lo consiguieron, para ir a la marcha del primero de mayo de 2006. Ese día la planta se había quedado vacía, con solamente 8 o 10 trabajadores, y todos los demás habían ido a marchar al centro de Chicago. "Ahí aprendimos", comentaría después Ignacio, uno de los trabajadores que terminó convertido en activista, "que si queríamos, podíamos parar la planta. Nomás era cosa de que quisiéramos".

Al día siguiente, el espectáculo era aún más impresionante. Ya con carteles más formales, algunos traídos por Martín y otros de las casas de los trabajadores, con sillas de jardín en la banqueta y hasta con un toldito que apareció por ahí, con hieleras para limonada fresca, la cuadra era un camping completo y la puerta de la fábrica estaba llena de trabajadores "en huelga" que se turnaban en el *picket line.*

Sindicalistas sin sindicato

Supongo que Martín y yo podíamos haberles dicho que su huelga no era huelga, y que legalmente no podían hacer huelga o algo así, pero nuestra decisión fue apoyar su movimiento y punto. Nomás faltaba que nos pusiéramos a convencerlos de que se rindieran por "detalles técnicos". Por el contrario, les dimos explicaciones hasta el cansancio de qué se podía hacer, cómo, desde el piquete de huelga hasta volanteos, de qué había que argumentar si alguien preguntaba, de cuáles eran los límites legales de la propiedad de la empresa que no se podían cruzar y cómo lidiar con la policía y demás.

Al tercer día el sitio era un carnaval. Pudimos movilizar activistas y contactos de la zona, y un centenar de personas estaban a las puertas de Cygnus, marchando y apoyando de una u otra forma. Conseguimos también que asistieran algunos medios de comunicación, y El Pistolero los puso al aire por cinco minutos haciéndoles una serie de preguntas terriblemente estúpidas que no permitieron siquiera exponer ni el problema ni qué se pedía.

Internamente, los "huelguistas" formularon un pliego petitorio, que incluía su contratación ya no como temporales sino como trabajadores de planta, además de un aumento salarial. La compañía de trabajo temporal les daba solamente $6.50 por hora, 25 centavos por encima del salario mínimo legal. Esa demanda se reforzó porque al segundo día del movimiento la Directora de Recursos Humanos trajo, efectivamente, a los trabajadores de la agencia temporal de su amiga, en su absoluta mayoría afroamericanos, con el argumento de que "ellos no tenían problemas con inmigración", pero le salió el chirrión por el palito. Hacia las 10 de la mañana hubo una conmoción en la planta con los nuevos trabajadores, unos 30. La mitad se subieron a sus coches y se fueron, y algunos nos explicaron que en el almuerzo habían decidido ir a la oficina a "pedir aumento de salario porque el trabajo estaba muy duro". Cuando la directora les negó el aumento, simplemente abandonaron el trabajo.

Conseguimos también algún apoyo sindical. Moisés Zavala, del Sindicato de Trabajadores de Carnicerías y Supermercados, UFCW Local 881, se puso con 500 dólares, y le hicimos una petición oficial a la Federación del Trabajo de Chicago (Central Sindical), que reconociera la "huelga". Nunca nos respondieron oficialmente, por aquello de que no había sindicato al cual responderle, pero a los pocos días los camiones con choferes organizados en el Sindicato de Camioneros, los famosos Teamsters, dejaron de entrar a la fábrica para gran coraje del guardia de seguridad que se desgañitaba gritándoles que "esto no es una huelga legal, es una protesta solamente".

Los que fallaron miserablemente fueron los del Sindicato Internacional de Maquinistas, Distrito 8. Por ahí del tercer día de "huelga" me dediqué a llamar a cuanto sindicalista conocía para que apoyaran y para ver la posibilidad de sindicalizar a los trabajadores de Cygnus. Los que encontré no tenían tiempo o no tenían interés, pero al quinto día se apareció sorpresivamente Ramón Becerra, Enlace Laboral de la Federación Sindical de Chicago, con alguna solidaridad material y con el anuncio de que los grandes jefes del Sindicato de Maquinistas vendrían a organizar a los trabajadores.

Llegaron, efectivamente, a eso de las cuatro de la tarde, cinco güeros monolingües que se quedaron con los ojos abiertos cuando vieron a los "huelguistas". Al enterarse de que los trabajadores eran temporales, su asombro aumentó pero sospecho que ahí fue también donde se rajaron. El caso es que después de una plática medio inconexa por la falta de lenguaje común, no de idioma porque todos nos entendimos en inglés, quedamos en que si podíamos conseguir las firmas de la mayoría de los trabajadores, el Sindicato pediría el reconocimiento.

Me llevó 24 horas conseguir las firmas, 94 en total, porque los demás no se pararon por el lugar en ese lapso. Eso creo que escamó aún más a los sindicalistas embarcados por Becerra. Si no se imaginaban una huelga de trabajadores temporales sin sindicato, menos se imaginaban que estuvieran listos para entrar en masa al sindicato. La comunicación se perdió después de entregadas las firmas. Nunca regresaron a la huelga y cuando al fin me contestaron las llamadas por teléfono, me dijeron que sus "abogados estaban investigando la situación y que iban a pedir el reconocimiento del sindicato cuando todo estuviera claro".

Entre quienes entraron a trabajar, nuevos, temporales y un par de traidores, se las arreglaron para despelotar la planta. Los camiones salían a medio cargar, y el 9 de agosto nos reímos como locos viéndolos desde afuera mientras trataban de limpiar un derrame de champú con agua y formaban gigantescas nubes de burbujas por todo el estacionamiento de la planta.

A las dos semanas la empresa dobló las manitas. El grupo industrial Marietta Corp. mandó desde Nueva York a dos gerentes a reunirse con los chambeadores. Su primera oferta fue recontratar a los ocho trabajadores permanentes, que fue inmediatamente descartada por ellos. "Todos o ninguno", declaró el comité negociador. Al final de la negociación, la fábrica aceptó recontratar a la antigua compañía temporal, es decir, recontratar a todos los trabajadores, además de comprometerse a no ejercer ninguna acción de represalia contra nadie.

Ciento dieciocho trabajadores inmigrantes indocumentados derrotaron a una de las compañías de *Fortune 500,* sin siquiera tener sindicato. Fue un garbanzo de a libra, pero no se supo aprovechar por parte de las instituciones sindicales. No se repitió el ejemplo en muchos años, a pesar de que hay miles de centros de trabajo en condiciones similares[32] hasta el 2012, cuando las trabajadoras de Artistic Stitches decidieron hacer una "huelga" de un día en protesta porque el patrón no les quería pagar el jueves de Acción de Gracias como día festivo así que decidieron no trabajar el viernes. Dos meses después, luego de una campaña sindical relámpago, la mayoría votó por sindicalizarse con Workers United, una de las dos fracciones sindicales derivadas de lo que anteriormente era UNITE-HERE. En febrero de 2013 otro grupo de trabajadoras, de las tiendas de segunda mano Unique hizo lo propio, iniciando también su camino a la sindicalización.

La generación que sigue

Ahí, en medio de la huelga de Sygnus, me di cuenta de pronto de lo que habíamos hecho con las marchas y las protestas.

Un caluroso mediodía a la hora del almuerzo (porque si algo hay en todas las huelgas es almuerzo), los trabajadores abandonaron el *picket line* para arrimarse a la sombrita de los árboles y dejaron las pancartas a un lado de la banqueta.

Los niños, en vacaciones escolares y sin posibilidad de que se quedaran solos en casa y que por lo tanto acompañaban a papás y mamás a la huelga, y que ya habían ingerido sus sagrados alimentos, tomaron la iniciativa.

Entre juego y realidad real, agarraron las pancartas y formaron su propio *picket line*, coreando las consignas de sus padres. "El Pueblo, Unido, Jamás Será Vencido", "No Somos Criminales, Somos Trabajadores" y muchas más salieron de la docena de gargantas infantiles que marchaban frente a la empresa.

Ahí me di cuenta de que el futuro es nuestro y que vamos a ganar, si no en esta generación, entonces en la que sigue.

Después de eso lo vi en muchos lugares, en otras marchas, en otras huelgas, niños que tenían tal vez ocho años, tal vez 10, y algunos de 12. Por estos tiempos estarán cumpliendo los 18, los 20 años, y saben protestar, hacer *picket lines*, saben hacer

---

32 http://www.youtube.com/watch?v=Z8bW-6kIIts

huelgas, saben corear las consignas y las demandas. No son iguales que sus padres y madres, que tuvieron que aprender al vapor. No se van a dejar de nadie. Para quienes dicen que las marchas no resultaron en nada, más les vale que no se pierdan la siguiente década, porque van a ver muchas acciones de los niños que participaron, también, en la Primavera del Inmigrante y los años que les siguieron.

Patrones por la reforma y contra los trabajadores

Algunos patrones merecen algunas palabras aquí. Muchos, miles tal vez, se unieron a la etapa marchista del movimiento, permitiéndole a sus trabajadores faltar a la chamba para ir a marchar los primeros de mayo. Otros muchos no castigaron a los trabajadores que faltaron a trabajar por irse a las marchas.

Muchos cerraron voluntariamente sus changarros, y también muchos llegaron a acuerdos con los trabajadores sobre cambios de horarios, entradas más tempranas o salidas más tempranas para que la mayoría pudiera ir a marchar, e incluso algunos propusieron cambios de día de semana por trabajo el fin de semana, aunque fuera de media jornada, para "compensar" por el permiso para la marcha. Me tocó hablar con media docena de ellos para hacer las negociaciones, luego de que los trabajadores nos habían pedido consejo de qué hacer.

Otros patrones y compañías donaron agua, algunos comida, otros playeras con lemas pro inmigrantes, y las repartieron en las marchas.

Pero hay un par que merecen menciones especiales: el Centro Médico Alivio, que contradictoriamente apoyó y firmó las convocatorias a las marchas pero le prohibió a sus trabajadores asistir, mezclando la lucha inmigrante con la de sindicalización que entonces se llevaba a cabo. Carmen Velázquez, su Directora Ejecutiva, en otro momento, se negó a darle la mano a Barack Obama, en un signo de desprecio por haber votado en favor del muro en la frontera.

La otra es V&V Supremo, popular marca de quesos ubicada en Pilsen. En total contradicción, V&V imprimió carteles apoyando decididamente el movimiento y la legalización de los indocumentados. Contradictoriamente, digo, porque algunos años antes había luchado furiosamente en contra de la sindicalización de sus propios trabajadores indocumentados, llegando a amenazar, según versiones del sindicato, con "llamar a la Migra" si se ponían en huelga.

El futuro presidente

Conocí a Barack Obama en 2004, cuando era senador estatal y comenzaba a trabajar en su campaña para la elección primaria como Senador Federal.

Viajamos juntos varios días por Illinois como parte de su campaña, yo en calidad de reportero del periódico *La Raza,* y lo recuerdo como buen conversador pero demasiado serio, además de fumador empedernido. Cada tantas millas o tantas horas tenía que parar la caravana para que Obama se echara sus cigarritos, lo cual de hecho nos acercó un poco más porque yo era el único otro fumador del grupo de personal de campaña y periodistas que viajábamos juntos.

Recuerdo particularmente una conversación que tuvimos sobre lo "justo o injusto", desde el punto de visa de derechos constitucionales, de obligar la salida del país de un niño estadounidense por la deportación de sus padres. Yo insistía en que era el equivalente a "deportar" a un ciudadano, y él sostenía que no, porque los menores de edad no tienen derechos ciudadanos.

Otra parte del argumento era la separación familiar, esa sí desde el punto de vista estrictamente humanitario, y fue lo único en que coincidimos, en que fuera legal o no, era una desgracia para todos la separación familiar por las deportaciones. Quién diría que pocos años después Obama rompería todos los récords históricos y sería responsable de la separación de un cuarto de millón de familias, armando programas antiinmigrantes que resultaron en la deportación de más de dos millones de inmigrantes en sus primeros seis años como presidente de Estados Unidos.

Lo volví a ver, ya como Senador Federal, cuando llegó al Parque Unión, el primero de mayo, entre un vuelo y otro, creo que entre California y Washington, a echarse un rollo. Juan Salgado había estado buscándolo como loco, como si lo más importante del primero de mayo fuera llevar a un montón de políticos a que se lucieran, y finalmente había (según confesión de Salgado), "prácticamente chantajeado" a Obama para que fuera a la marcha. El argumento de Salgado era que la marcha estaba precisamente "dirigida a los políticos, a los que van a solucionar el problema" de la inmigración.

No sé si Juan estaba enterado realmente de la postura de Obama. Desde principios de abril el senador se había montado al carro del tema de la inmigración, hablando en la cámara alta de programas de trabajadores huéspedes, de respeto a la ley y de integración de los inmigrantes a la cultura y la sociedad estadounidense. Nada de andar cantando el himno nacional en español y de no aprender inglés; sí a pagar multas, impuestos y a esperar 11 años para una eventual ciudadanía. Si Juan sabía la posición de Obama, me pregunto entonces por qué la insistencia en invitarlo.

Bueno, para el caso, Salgado se las arregló para que el primero de mayo, antes de salir la marcha, hablara también el entonces congresista Rahm Emanuel, supuesto enemigo mortal y responsable real de que se hubiera aprobado la Sensenbrenner en el congreso. Curioso, porque hacía apenas tres meses la Coalición de Inmigrantes y Refugiados y Luís Gutiérrez lo habían denunciado en conferencia de prensa.[33]

A Obama me tocó verlo llegar, pero no escuché todo su rollo, porque para mí la marcha no era para los políticos, y llegó al 5 p'al ratito. De hecho, a mitad de su discurso la marcha arrancó dejándolo atrás.

Volví a ver a Obama dos veces, una de lejos cuando en plena pre-campaña presidencial hizo una gira por Pilsen y se metió al Jumping Bean, café de estudiantes e intelectuales de Pilsen que adorna su pared con una foto del Subcomandante Marcos mostrando una playera de la cafetería, y una segunda vez en el aeropuerto, ente viaje y viaje, poquito después de que votó a favor del Muro de la Ignominia entre México y Estados Unidos.

---

33 http://joun.leb.net/sustar05032006.html

Alguna tirria traía conmigo, porque al entrar al salón que se llenaba de politiquillos que no habían tenido ninguna participación en el movimiento pero no podían perderse la oportunidad de una foto, Obama espetó al verme que "no quería prensa en la reunión". Le aclaramos que yo era el vocero del 10 de marzo, me miró con desconfianza y aceptó que me quedara en el lugar.

Le habíamos refrescado la jefa unos días antes, telefónicamente, mostrando nuestra indignación por su traicionero voto a favor de la propuesta que originalmente era parte de la HR4437, y por eso había accedido a la reunión. Ahí le oí decir esa frase clave que en varias ocasiones ha proferido, explicando sus razones para votar por el Muro, de que "hay que dar un poco para obtener un poco". Sería, el tiempo demostró, no solamente una frase sino una política de gobierno.

Tal vez por conocerlo un poco en persona, nunca me dio la confianza que le inspiró a quienes no lo conocen, y lo dejé escrito desde que votó por el muro en septiembre de 2006, cuando se le daba por posible candidato a la vicepresidencia de Estados Unidos.[34]

Su actuación como Presidente, no solo en el tema de la inmigración donde se destacó como el Deportador en Jefe, expulsando del país a más de dos millones de indocumentados, confirmó mi desconfianza en él.[35]

Marchar o no marchar: he ahí el dilema

A partir de 2006, con la manifestación del 10 de marzo, el movimiento por los derechos de los inmigrantes se relacionó con marchar y con el tamaño de las marchas.

Después de una exitosa acción haciendo algo no usual en Estados Unidos, parecería que el tamaño de las marchas marcaría el éxito del movimiento como tal, que el tamaño de las marchas nos llevaría al éxito o al fracaso de una reforma migratoria integral.

---

34 http://mx.groups.yahoo.com/group/mexicodelnorte/message/208
35 http://talklikebarack.blogspot.com/2009/01/immigration-rallies.html

Los medios de comunicación han estado siempre más pendientes de "cuánta gente marcha", que de las demandas de quienes marchan, la legislación en el Congreso o los planes futuros de los activistas por la reforma.

Pero las marchas, comenzando con el 10 de marzo, tuvieron mucho más elementos que su número. El 10 de marzo de 2006 marchamos divididos, con una organización acusando a las demás de sectarismo por no aprobar como oradores a los políticos. Fue la primera división entre los organizadores de las marchas y la primera muestra de intereses diversos entre ellos. Era marcar un rumbo al movimiento con el que no todos estaban de acuerdo.

El Primero de Mayo de 2006 vio la manifestación más grande en la historia de Chicago. No fue casualidad. Por primera vez, marchamos juntos, en uno de los esfuerzos unitarios más grandes que he visto en mi vida, no solamente en términos de diversidad de organizaciones y grupos étnicos inmigrantes residentes de la Ciudad de los Vientos, sino en términos políticos.

No todo fueron rosas, sin embargo, o si lo fueron traían algunas espinas todavía. El Pueblo Sin Fronteras y El Pistolero habían decidido que no había que marchar, y solamente cambiaron de parecer una semana antes del evento.

Sería la primera y última vez que esto sucedió. Los siguientes años estuvieron marcados por la división, el abandono del tema por parte de "aliados" y organizaciones sindicales, y por parte de otros grupos étnicos que participaron en 2006.

Los siguientes cinco años

En 2007 logramos llenar otra vez las calles el primero de mayo, con aproximadamente un cuarto de millón de personas en la manifestación, solamente gracias a que una semana antes, en una de esas acciones diseñadas con meses de anticipación pero que no toman en cuenta la realidad social, la migra entró a La Villita. Sin esa acción, la manifestación no hubiera tenido tanta gente.

Para 2008, cuando comenzamos a organizar el primero de mayo, nos encontramos con un absoluto vacío. Era año electoral nuevamente, y la mayoría de las organizaciones que trabajan en el tema no estaban interesadas en luchar, sino en "ganar la Casa Blanca. Estaban todos dedicados a hacer ciudadanos y registrarlos para votar. Tiempo después alguien soltó en una reunión el "secreto" de que el Senador Dick Durbin había esgrimido el argumento, en una reunión con "representantes de las comunidades inmigrantes", de que "marchar solamente exacerbaba el sentimiento anti inmigrante, y que el Partido Republicano podía recuperar la mayoría en el Congreso sobre esa base". Según Durbin, había que hacer el trabajo de registro de votantes de manera silenciosa y cuando el Partido Demócrata estuviera en la Casa Blanca se podría trabajar tranquilamente en la reforma migratoria.

Por ese camino optaron las organizaciones, y el eventual triunfo de Obama se presentó como solución mágica. En los primeros 90 días de su administración, según sus propias palabras, habría reforma migratoria. Las marchas eran obsoletas, extrañas a la cultura estadounidense, pero a través de las urnas, "a la manera americana", los inmigrantes iban a obtener su ansiada victoria. Las palabras del brazo derecho de Obama, Rahm Emanuel, en el sentido de que "no habría reforma migratoria en el primer período presidencial porque el tema era muy peligroso", fueron desestimadas por los promotores del voto.

Para 2009, pasados los famosos 90 días sin acción ninguna por parte de Obama y su administración, comenzamos a organizar nuevamente para el primero de mayo. Y, nuevamente, enfrentamos el vacío. La consigna, nos dijeron esa vez, era que "Roma no se hizo en un día", de manera que se convocaba a todo el mundo a enviar faxes, e-mails y hacer llamadas telefónicas a los congresistas para aprobar la reforma de salud en la que Barack Obama estaba enfrascado. Después de la reforma a la salud vendría la de inmigración.

Además, había que hacer cabildeo enfocándose particularmente en los congresistas demócratas nuevos, para "sensibilizarlos" sobre el tema, y poder derrotar a los "Blue Dog Democrats" (demócratas conservadores), que se oponían a la reforma migratoria.

Fue el año en que perdimos completamente la iniciativa, y las calles que no ocupamos se llenaron de otros manifestantes, los del Tea Party, engrosados por los Minuteman locales, que ayudados por los recursos del gran capital, volvieron a voltear al público en nuestra contra.

El año 2010 parecía una segunda edición de la Primavera del Inmigrante. El 10 de marzo, conmemorando la marcha de cuatro años antes, un grupo de jóvenes tomaron la drástica decisión de "abrirse" o "salir del clóset" migratorio en la Plaza Federal, frente al edificio que albergaba en aquél entonces al FBI y que hasta la fecha sigue albergando las oficinas de los congresistas y senadores federales.

Era un desafío público y abierto a las autoridades, y a la larga demostró que son más efectivas las acciones de enfrentamiento a la autoridad que las de "cabildeo" para conseguir resultados. Uno por uno, 18 jóvenes pasaron a la tribuna, relataron sus historias personales en un par de minutos y cerraron sus discursos proclamando que "soy indocumentado y sin miedo".

La acción no careció de críticas y problemas. Semanas antes, durante el invierno y en una docena de reuniones, había nacido la Liga Juvenil por la Justicia Migratoria (Immigrant Youth Justice League), y para el final de la acción había prácticamente sufrido su primera división. El ánimo de unidad y colaboración entre los jóvenes se rompió antes de algunas reuniones que se realizaron de manera cerrada, solamente entre los jóvenes que estaban dispuestos a declararse abiertamente "indocumentados y sin miedo". La lógica de las reuniones cerradas era que su acción implicaba una serie de riesgos y que no querían que la información se filtrara antes de tiempo.

Sin embargo, esas precauciones causaron malestar entre algunos jóvenes, que prácticamente acusaron a los primeros de "secretismo" y "sectarismo. Nomás para repetir la historia del 2006, parte de las críticas consistían en que "algunos estaban tomando las decisiones" y habían roto el "proceso democrático", porque habían revertido acuerdos de la asamblea en temas como el de quién iba a hablar y quién no en la Plaza Federal.

A final de cuentas, le tocará a esos mismos jóvenes, los de un lado y los del otro, contar su propia historia. Yo me mantuve como observador ante la dinámica y la lógica de los jóvenes, que en muchas ocasiones se me escapaba y se me hacía poco comprensible.

Paralelamente, programada para el mes de abril, se convocaba a una marcha masiva en Washington, para demostrarle a la administración de Barack Obama que el movimiento se estaba moviendo de nuevo.

Las organizaciones basadas en Washington D.C. lanzaron la convocatoria y, mágicamente, aparecieron dineros en una y otra ciudad para la nueva movilización. Centenares de camiones fueron contratados en docenas de ciudades, para transporta la gente que estuviera dispuesta a viajar para rodear la Casa Blanca con gente entrelazada de las manos. Era el día de decir "nomás salga la reforma de salud, sigue la de inmigración".

Coincidentemente, llegamos a la capital del país el día en que la mal llamada "reforma de salud", "Obamacare", fue finalmente aprobada. De los cientos de camiones bajaron millares y millares de personas, que llenaron parques y calles, para rodear completamente la residencia presidencial, mientras Barack Obama se dirigía a la nación para dejarle saber que la pieza legislativa clave de su administración estaba resuelta.

Pasado el mediodía, la marcha había rebasado las expectativas de los organizadores, y se calcula que hubo entre 200 mil y un cuarto de millón de personas concentradas en el Mall, la explanada con su respectiva fuente que se encuentra frente al Capitolio. A los pocos minutos, comenzó el teatro.

Como producción barata de *reality show,* uno tras otro los locutores de radio y televisión de Univisión aparecieron en la tribuna, haciendo las bromas usuales de las que viven en sus programas de radio, y haciendo emotivos discursos compuestos de mitos urbanos y concepciones erróneas sobre la ley de inmigración y demás.

Les siguieron inmediatamente después otro grupo de artistas, los del Partido Demócrata, con discursos más centrados, más cautelosos y muchísimo más prometedores, por supuesto.

Cuando habló Luis Gutiérrez, no faltó el grupito originado en Chicago y liderado por Emma Lozano, que comenzó a corearle "Luis Gutiérrez, presidente, Luis Gutiérrez, presidente".

Después habló el Presidente Barack Obama, en un video grabado a toda prisa en la Casa Blanca. Dijo todo y no dijo nada, muy a su estilo, y dijo todo lo que los presenten querían oír: que la reforma de salud ya estaba lista, y que para la reforma migratoria se necesitaba que los republicanos le entraran y que él no iba a quitar el dedo del renglón.

Bajo ese espíritu se preparó el Primero de Mayo, y Chicago y en las ciudades más importantes del país los inmigrantes volvieron a llenar las calles y sus aliados. No menos de 50 personas marcharon ese año, en una manifestación convocada por los jóvenes y a la que, por primera vez en años, se unieron las organizaciones "oficiales" del movimiento y algunos clubes y federaciones de oriundos.

Y después del primero de mayo, todo se congeló. Cuando el movimiento parecía tener nuevamente la iniciativa y parecía estar luchando nuevamente por una solución integral (o "comprensiva", como le llaman acá en una pésima traducción de "comprehensive"-integral) a la cuestión migratoria, cuando parecía que la presión pública podía llevar a que se discutiera el tema en el Congreso, de pronto dejó de haber reuniones, propuestas de acciones y de legislación, excepto por el DREAM Act y la AgJobs, una propuesta de legalizar trabajadores agrícolas.

No fue muy sorprendente. Era el último año que los demócratas tenían mayoría en las dos cámaras del Congreso junto con la Casa Blanca, y era año electoral. La consigna bajó, nos enteraríamos después, directamente de los políticos "aliados" del movimiento inmigrante: dejen de hacer olas porque dan la impresión de que el gobierno no ha hecho nada y eso no conviene en un año electoral".

Era completamente cierto. No habían hecho nada. Por lo menos nada a favor de los inmigrantes. Y era cierto, se veían mal por no hacer nada, por las promesas rotas de comenzar a discutir el tema "en los primero 90 días" del régimen de Obama y demás. Según pláticas sueltas, el mismísimo Senador de Illinois Dick Durbin había pasado la información nuevamente de que "no había votos" para aprobar la reforma, y de que había que parar las acciones públicas. La tarea era hacer lo mismo que se había hecho antes y que no había funcionado, elegir demócratas al Congreso, y hacer cabildeo con los demócratas "Blue Dogs", los más reaccionarios, para ganar sus votos. Obama mismo agregó luego otra "tarea" para el movimiento, que se ha convertido en una aburrida cantaleta suya desde entonces: había que cabildear también a los republicanos, porque sin ellos no sería posible una reforma migratoria".

Las organizaciones no lucrativas se dieron de inmediato a la tarea y pararon las acciones, con la brillante excepción de la Liga Juvenil por la Justicia Migratoria, los Dreamers, a quienes la idea de parar el movimiento les pareció absurda y derrotista.

Hacia el otoño, antes de las elecciones, sus acciones callejeras, múltiples arrestos y ocupaciones de oficinas de altos congresistas y senadores forzó al liderazgo del Partido Demócrata a poner a votación en el Senado las propuestas y, de hecho, a su aprobación en la Cámara Baja, Ninguna de las dos se aprobó en el Senado, pero la acción tenía dos propósitos políticos que sí se cumplieron. Por un lado, desviaron la acción de los jóvenes de las acciones de protesta a las de cabildeo, y por el otro dejaron ver que el régimen "si era serio" sobre la inmigración y su reforma, y todo era culpa de los republicanos, propaganda básica un mes antes de las elecciones para reforzar el voto latino por los demócratas. Mentira, como la mayoría de las propagandas de campaña, porque la votación falló en el Senado por culpa de los propios demócratas, no de los republicanos.

En un discurso ante la Causa Hispana del Congreso, Obama dejó clara su posición: "Hay algunos, entre los activistas de los derechos de los inmigrantes, que argumentan que simplemente debemos darle estatus legal a los que están aquí, o que debemos ignorar las leyes que están en los libros y ponerle un alto a las deportaciones hasta que tengamos mejores leyes. Y con frecuencia este argumento está basado en términos morales: ¿por qué debemos castigar a la gente que solamente está tratando de ganarse la vida?

Reconozco que el sentido de compasión que anima este argumento, pero creo que una actitud tan indiscriminada sería poco inteligente y poco justa. Le sugeriría a aquellos que piensa venir aquí ilegalmente que no habrá repercusiones por tal decisión. Y eso podría llevar a una nueva ola de inmigración ilegal. Y también ignoraría a los millones de personas en todo el mundo que están esperando en la cola para venir legalmente.

En última instancia nuestra nación, como todas las naciones, tiene el derecho y la obligación de controlar sus fronteras y establecer leyes de residencia y ciudadanía. Y no importa que tan decentes sean, no importan sus razones, los 11 millones de personas que violaron la ley tienen que responder por ello".[36]

De perdida que ya le paren...

Para el 2011 ya no había espíritu (ni consigna) de marchar por la reforma. Los primeros dos años del régimen de Obama se caracterizaron por la puesta en práctica de los programas de Endgame que ni Bush había aplicado. Además de ultra reforzar la frontera movilizando a la Guardia Nacional, demanda vociferada por los republicanos recalcitrantes de los estados fronterizos, Obama continuó el programa de la Polimigra, amplió el de E-Verify, que permite a un patrón verificar casi de inmediato el estado migratorio de un nuevo trabajador, e implementó el Programa de Remoción de Criminales Extranjeros. En sus primeros dos años, el presidente acusado de liberal y hasta socialista por la ultraderecha, rompió los récords de deportación de inmigrantes indocumentados de todos los tiempos. Esta tendencia continúa hasta el momento de escribir este libro.[37]

Las demandas cambiaron. Si en los años anteriores seguíamos pidiendo una reforma migratoria, los desastrosos resultados de las elecciones intermedias convencieron a muchos de que con una Casa de Representantes en manos del Partido Republicano sería imposible conseguirla. La idea era responsabilizar completamente al presidente que prometió y no cumplió.

---

36 http://blogs.wsj.com/washwire/2010/07/01/transcript-of-obamas-immigration-speech/

37 http://www.voxxi.com/obama-administration-deportation-records/

Todos los presidentes de Estados Unidos tienen por lo menos dos formas de incidir en la ejecución de las leyes: con Acciones Ejecutivas, y con Órdenes Ejecutivas. De Bill Clinton para acá, las Órdenes Ejecutivas se volvieron más populares. Con una firma, Barack Obama puede "decretar" que una parte de la Ley de Inmigración no se ejerza hasta que la Ley que él mismo reconoce como no funcional, sea cambiada por el Congreso. Y eso fue lo que se le pidió a Obama.

Se pedían 10 puntos, desde parar las deportaciones hasta eliminar los programas de su propia creación, como Comunidades Seguras, un plan terrorista de mezclar las bases de datos del FBI, la CIA, el Seguro Social e Inmigración, para detectar inmigrantes indocumentados. Nunca lo hizo. Firmó 19 Acciones Ejecutivas, lineamientos presidenciales para el proceder de las oficinas administrativas del gobierno, para paliar el problema de la tenencia de armas de fuego después de la masacre de estudiantes en Newtown, pero no firmó una sola Orden Ejecutiva para la inmigración.

La únicas Acciones Ejecutivas de su régimen fueron DACA y un llamado Memorándum de Morton (Director de Inmigración), también conocido como Discreción en las Deportaciones.

La primera, DACA, es una Acción de Deportación Diferida para Jóvenes, los Dreamers, que les concede una estancia temporal de dos años, previo cumplimiento de una serie de requisitos. No otorga la residencia permanente ni permite la obtención de becas federales para estudiar. Se limita a la emisión de un número de Seguro Social y el correspondiente permiso de trabajo, y está sujeta a "buen comportamiento" durante los dos años. Está establecido que es renovable. Hasta mediados de 2013, de los supuestos un millón 700 mil jóvenes que podrían usarla, solamente 530 mil la habían solicitado y le había concedido a poco más de 350 mil. El resto, especulativamente, o no cubrió los requisitos o no tuvo el dinero o no existía el supuesto número de "beneficiados".

La segunda, el Memorándum Morton, establece que Inmigración debe usar la discreción en todo caso de detención y proceso de deportación, Si el detenido no tiene antecedentes penales, puede quedar en libertad. Peor que DACA, tampoco establece residencia, no emite números de Seguro Social, y tampoco concede permisos de trabajo o algún tipo de estancia regular. Es un "te quedas como estabas y a'i muere". En la realidad real, se aplicó a medias. Miles de personas sin antecedentes penales fueron retornadas a su país de origen sin tomar en cuenta el Memorándum.

Ante la presión pública para que emitiera Órdenes Ejecutivas, Obama respondió repitiendo su discurso de que había "sido elegido para ejercer la ley" y la de Inmigración era la Ley aunque no sirviera, y lo siguió repitiendo hasta el 2013, al iniciarse la discusión de la Reforma Migratoria dizque "integral".[38] Hábilmente, le volvió a echar la culpa a los republicanos por no haber avanzado en una propuesta migratoria. Sus corifeos, como Eliseo Medina, Vicepresidente de SEIU, Sindicato de Trabajadores de los Servicios, le hicieron, naturalmente, el coro: "Realmente tenemos que elevar los reclamos al Partido Republicano, como responsable de que estemos donde estamos".[39]

Débilmente, y de manera dispersa, los activistas de base respondieron con la vaga amenaza de "retener el voto por presidente en las elecciones primarias" del 2012. Si el presidente no podía ayudar a la comunidad, entonces la comunidad no tenía por qué ayudarlo a él a re-elegirse.

Sin embargo, en las elecciones de 2012, ante las propuestas de Mitt Romney, candidato del Partido Republicano a la presidencia, de que había que hacerle la vida imposible a los inmigrantes indocumentados en Estados Unidos para que se "autodeportaran", la comunidad latina se volcó en obvio favor de Barack Obama y su reelección.

---

38 "My job as the head of the executive branch ultimately is to carry out the law," the president said. "When it comes to enforcement of our immigration laws, we've got some discretion. We can prioritize what we do. But we can't simply ignore the law." http://www.latina. com/lifestyle/politics/president-obama-says-immigration-reform-likely-6-months-speaks-spanish

39 http://thecaucus.blogs.nytimes.com/2010/06/29/ obama-tries-to-resurrect-immigration-reform/

2013: la Sensenbrenner cabalga de nuevo

Cuenta la leyenda que a finales de 2012, una vez pasadas las elecciones en las que Obama se reeligió por amplia mayoría, el Partido Demócrata mantuvo una mayoría mínima en el Senado y el Partido Republicano solo mantuvo su mayoría en la Casa de Representantes, los "líderes" inmigrantes se reunieron con el senador Dick Durbin para discutir las perspectivas de una reforma migratoria. Traían el choro de que Obama había ganado gracias al voto latino" y había que responder con la legalización.

Digo el choro porque la realidad estadística es que Obama ganó con el voto de la mujer, de los afroamericanos, de los gays o de los jóvenes, con cualquiera menos el de los latinos, porque solamente en cinco estados este voto fue decisivo, entre ellos Florida, donde los cubanos y puertorriqueños realmente no necesitan de ninguna reforma.[40]

Pero hasta los republicanos se tragaron el cuento y el tema volvió con fuerza a la mesa de discusiones.

El problema fue que ni siquiera los demócratas querían tratarlo de manera seria. No había votos, se le informó a los "líderes", ni siquiera dentro del Partido Demócrata en la Cámara de Senadores donde tenían mayoría. Mucho menos los había en la Casa de Representantes, de mayoría Republicana.

El "brillante" plan para convencer a los demócratas fue simple: la legalización tenía que llevar, obligadamente, a la ciudadanía para los 11 millones de indocumentados. Estadísticamente, alrededor de un 80 por ciento de los inmigrantes que se naturalizan ciudadanos de Estados Unidos, se registran para votar y votan, lo hacen por el Partido Demócrata. Hacer ciudadanos a todos los indocumentados le acarrearía unos 8 millones de votos potenciales a los demócratas. Eso convenció a todos de que la reforma era urgente y necesaria.

Pero a los republicanos no les hizo gracia, quien sabe por qué. Desde las primeras reuniones de un grupo de trabajo con cuatro senadores demócratas y cuatro republicanos, se estable-

---

40 https://mx.groups.yahoo.com/neo/groups/mexicodelnorte/con-versations/messages/483

cieron todos los obstáculos posibles para que la ciudadanía no le alcanzara más que a unos cuantos "legalizados" y eso a largo plazo, muy largo plazo. Una cosa era ponerse a mano con el voto latino y otra darle los votos a los demócratas.

La propuesta S744 presentada por la "Pandilla de los Ocho", como se popularizó el grupo de trabajo, es otra Sensenbrenner con legalización. Autoriza una residencia temporal por seis años, seguida de otra de cuatro años, y después la Residencia Legal Permanente. Tres años después se puede solicitar la naturalización. Si la "reforma" se hubiera aprobado en 2013, la primera elección general en la que los nuevos ciudadanos hubieran podido votar sería la del año 2028, más o menos.

Y los que no se pudieran "legalizar" pasarían a ser delincuentes federales, con penas obligatorias de cárcel de uno a cinco años por la "primera ofensa", hasta cinco a 20 años de cárcel para las "ofensas sucesivas" y la "reincidencia. La Sensenbrenner, pues.

Según cálculos de organizaciones y agencias de gobierno, entre cinco y ocho millones de indocumentados podrían legalizarse. Los requisitos son extremadamente difíciles de cumplir. Haber llegado a más tardar el 31 de diciembre de 2011, comprobar el pago de impuestos por todos los salarios obtenidos, comprobar residencia continua sin ausencias, comprobar trabajo continuo (uno de los más difíciles dada la crisis económica 2008-2011), y no tener antecedentes penales ni aquí ni en el país de origen.

A los "legalizados", se les obliga a no tener más de 60 días de desempleo en los primeros seis años de Residencia Temporal, y a demostrar un ingreso promedio por lo menos del 125 por ciento del Nivel Federal de Pobreza, para poder mantener su estatus y avanzar al siguiente paso. En un cálculo rápido, esto podría descalificar hasta un 25 por ciento de las familias migrantes, que ganan menos del Nivel Federal de Pobreza. El ingreso mínimo para que dos personas califiquen debe ser de $9.32 por hora, contra un salario mínimo de $7.25. Los requisitos económicos forzarían al "legalizado" a trabajar como sea, donde sea, al salario que sea, con tal de no perder su segunda oportunidad para otros cuatro años de Residencia Temporal.

Un trabajador con salario mínimo legal trabajando 40 horas por semana podría no llegar a cumplir el requisito, y mucho menos cubrirlo para su familia, esposa o hijos que no trabajen. Equivale a por lo menos 49 y media de las 52 semanas de un año, suponiendo un trabajo de tiempo completo. Para acabarla de amolar, la ley de reforma al sistema de salud (o de las compañías de seguro, más bien), el Obamacare, llevó a millones de trabajadores a perder sus trabajos de tiempo completo, pues si trabajan solamente 29 horas por semana el patrón ya no está obligado a brindar cobertura médica.

Además, a los "legalizados" no se les otorga ningún beneficio público y de remate se les confiscan sus contribuciones al Seguro Social entre 2004 y 2014, es decir, se les restan diez años de contribuciones para la jubilación.

Por supuesto, la ley fortifica la frontera hasta hacerla la más vigilada del mundo, destronando a la que divide las dos Coreas, pero en ningún lado aumenta, por ejemplo, la vigilancia para que se respeten los derechos del trabajador.

Ciudadanía o nada

La Pandilla de los Ocho publicó su propuesta, pasó a discusión en el Senado y para aprobarla hubo que darle a los republicanos todo lo que pedían, incluidos 24 mil nuevos agentes fronterizos y 46 mil millones de dólares en total para gastarlo en la frontera. Con las concesiones, se lograron suficientes votos para su aprobación. Al día siguiente, el Presidente de la Casa de Representantes, John Behner, la declaró "dead on arrival", es decir, "muerta a la llegada" y se negó a discutir el tema.

En el siguiente año y medio, los demócratas hicieron todo el teatro posible para posicionar a los republicanos como los "malos" y a ellos mismos como los "buenos". Habían logrado la aprobación en el Senado controlado por ellos, y si no había "reforma" era culpa de los republicanos.

El plan funcionó a las mil maravillas, con los republicanos rechazando la discusión y los demócratas insistiendo en que tenía que abrirse un "Camino a la Ciudadanía para los 11 millones", a pesar de que sabían que su propio plan eliminaba a casi la mitad de los eventuales "ciudadanos".

Las organizaciones aliadas a los demócratas hicieron todo lo posible por participar en el plan, haciendo marchas, mítines, caminatas a las casas de los congresistas republicanos y poniéndose en huelgas de hambre. Pero todas las actividades estuvieron encaminadas a culpar a los republicanos de la falta de reforma, a sabiendas de que nunca habría los votos necesarios en la Cámara de Representantes para aprobar la iniciativa del Senado. Por año y medio, mientras Obama deportaba inmigrantes a diestra y siniestra, la llamada "reforma migratoria integral" se convirtió simplemente en un tema de la agenda electoral, sin tener posibilidades de hacerse realidad.

Desde temprano en el año, los activistas y muchas organizaciones se deslindaron de la iniciativa S744, incluyendo todas las de la zona fronteriza. Por docenas, firmaron desplegados denunciando la S744 como una reforma draconiana, antiobrera y antiinmigrante, pero las organizaciones "fuertes", las del dinero y las ligas con el Partido Demócrata siguieron adelante, dándole a millones de inmigrantes la "esperanza" de una ciudadanía imposible de alcanzar. Sus movilizaciones se caracterizaron por ser pagadas y su esfera de influencia no alcanzó más que a la gente que pudieron engañar.

¿Si se puede o no se puede?

Para variar, el movimiento apareció más dividido o menos unido que nunca. Por un lado, las organizaciones profesionales haciendo actividades por el "camino a la ciudadanía", y por el otro los activistas rechazándola y denunciándola. En medio de la confusión, tomó fuerza la campaña por parar las deportaciones, fuertemente criticada por los profesionales por "distraer la atención" sobre la "reforma". Docenas de organizaciones simplemente declararon muerta la S744 y se dedicaron a poner presión en Barack Obama.

Esta campaña trajo la división más fuerte, y al mismo tiempo más clara, en las filas del movimiento inmigrante desde 2006. Se trata de poner presión directamente sobre el presidente, responsabilizándolo por las deportaciones, y obligarlo a actuar. Es alejarse del juego electoral (aunque insertándose contextualmente dentro del mismo), y volver al origen, a la presión directa para forzar una resolución. Por otro lado, las organizaciones profesionales se alinearon aún más, si se puede, a los dictados del Partido Demócrata y su estrategia de culpar a los republicanos.

Durante los primeros meses de discusión (o falta de discusión), la Casa Blanca adoptó una actitud meramente contemplativa, sin poner presión, sin meter las manos. La línea oficial de Obama fue que las leyes son prerrogativa del Congreso y que él no tiene más remedio que hacerlas cumplir, y que espera una resolución bipartidista al tema en general, una "reforma integral", con "camino a la ciudadanía", claro.

Ocasionalmente, cada vez que el Congreso volvió a sesionar al final de sus largos períodos de receso o vacaciones, durante todo 2013 y 2014 se abrieron espacios en el debate. Los republicanos cedieron un poco en el tema de la ciudadanía, aunque reservada y no como requisito indispensable para la legalización. Después, los demócratas la descartaron, diciendo que "no era indispensable para la reforma". Desde Luis Gutiérrez hasta Barack Obama coincidieron en que el chiste era dar legalización, no hacer ciudadanos.

Los republicanos no aceptaron la empalagosa rebanada de pastel. Las fuerzas más radicales del Tea Party se apoderaron de la discusión y la radicalizaron aún más. Los republicanos que habían apoyado la legalización fueron rechazados, aislados, y en última instancia Eric Cantor, Líder de la Mayoría Republicana en la Casa de Representantes, fue derrotado en las elecciones primarias por un candidato del Tea Party, como "castigo por su apoyo a los inmigrantes ilegales".

La presión sobre Obama para hacer uso de sus facultades ejecutivas aumentó, para proporcionar algunas formas de alivio a los inmigrantes indocumentados. El Presidente actuó en dos frentes, contradictorios: Por un lado, continuando la deportación sin ton ni son de cualquiera que tuviera el infortunio de caer en las garras de la migra y dando un discurso cada semana "aclarando" que "no tiene el poder de no aplicar la ley y por el otro dictando medidas paliativas para algunos sectores. Los familiares de ciudadanos estadounidenses ya no tienen que cruzar la frontera para esperar sus visas, los familiares de militares pueden solicitar una regulación, y lo mismo los provenientes de un país que forme parte del programa de "excepción de visas" y que se hayan quedado indocumentados al expirar sus permisos de visita. De paso, todos los nacionales de Liberia pueden obtener papeles inmediatamente debido a la situación en su país.

La respuesta Republicana vino en la forma de una amenaza, primero, con la aprobación de una iniciativa de ley en la Casa de Representantes que jamás se aprobaría en el Senado, limitando los poderes ejecutivos del Poder Ejecutivo, así de estúpida. Segunda, con la amenaza directa de demandar legalmente a Obama si se atrevía a hacer uso de los poderes ejecutivos que Obama decía que no tenía pero que de todas formas usó parcialmente.

La última crisis

Políticamente, la situación quedó definida así hacia mediados de 2014: los republicanos están dominados por el miedo al Tea Party y le tienen más miedo a los radicales que a los latinos y otros inmigrantes que los van a "castigar" en las elecciones intermedias de noviembre. No por ello van a perder o ganar ni posiciones en el Senado ni en la Casa de Representantes. Todo es calentamiento para las elecciones presidenciales del 2016.

Los demócratas son ineficientes pero "amigos de los inmigrantes", en tanto que los republicanos son los "enemigos". Pero los demócratas tienen que borrar la imagen del Deportador en Jefe, el responsable del "Holocausto Inmigrante", Barack Obama, para mantener el apoyo de los votos sobre los que influye la comunidad migrante.

Al presidente le tienen sin cuidado los inmigrantes. Le queda un año de presidencia, independientemente de cuál sea el resultado de las elecciones de noviembre. Desde su punto de vista, el cambio para peor sería que los republicanos mantengan su mayoría en el Senado (considerado difícil), y el cambio para mejor que los demócratas ganen la mayoría en la Casa de Representantes (punto menos que imposible). Ninguna de las opciones hace una diferencia gigantesca para el representante del gobierno de las corporaciones y los ultramillonarios.

¿Los inmigrantes? Bien, gracias. O mal. No importa. No cambian la correlación de fuerzas.

Al cerrar (después de haberlo "cerrado" diez veces con anterioridad), este libro, más de mil menores de edad, entre 5 y 17 años, están hacinados en los centros de detención = campos de concentración de la migra en la frontera, del lado de Arizona. Son, en su mayoría, hijos de inmigrantes indocumentados en Estados Unidos, originarios de Centroamérica, que quieren reunirse con sus padres, o son jóvenes que huyen de la violencia de sus países, huérfanos o separados de sus padres.

La "próxima presidenta" de Estados Unidos, Hillary Clinton, ya pintó su raya: "Hay que mandar un mensaje muy claro a América Central: aunque sus hijos lleguen a la frontera, no los vamos a dejar pasar".

Barack Obama aprovechó magistralmente la "crisis humanitaria" (que ya lleva años pero acaba de ser "descubierta"): El Congreso debe darle facultades extraordinarias inmediatamente para deportarlos a todos de manera exprés y resolver rapidito la crisis; meter más guardias a la frontera y volver a demostrar lo "fuerte" que es contra la inmigración, para ganarse los votos republicanos que necesitaba para aprobar en la Casa de Representantes la "Reforma Migratoria Integral". No le valió de nada. Los republicanos simplemente esperaron a las elecciones intermedias, y le quitaron la mayoría demócrata en el Senado. La comunidad latina se mantuvo alejada de las urnas, mostrando un desprecio total a quien les había mostrado un desprecio total.

Perdidas las elecciones, Obama terminó por emitir a medias una serie de medidas administrativas, ni siquiera una Orden Ejecutiva, para dejar de deportar gente a lo bestia, y para dar permisos temporales de trabajo a más o menos unos tres millones de inmigrantes sin papeles. Los republicanos, por supuesto, se oponen y amenazan con legislaciones que prevengan estas medidas administrativas, pero Obama podrá ejercer convenientemente su poder de veto y no dejarlas avanzar.

El riesgo obvio es que en 2016 los republicanos se apoderen de la Casa Blanca y tengan el registro de millones de inmigrantes, deshagan estas medidas y se dediquen a deportar de nuevo a quien les venga en gana.

El movimiento, lo que queda de él, o las organizaciones que supuestamente lo forman, tendrán la responsabilidad de que esto suceda o no. Para mí, la mejor estrategia seguirá siendo organizar a la comunidad. Después de explicar claramente los riesgos, tendremos que esforzarnos porque cada inmigrante que se arriesgue pueda procesar sus papeles, pero no en un estilo *administrativista*, sino de organización. En vez de individuos, tenemos que organizar grupos de trabajadores, con sindicatos o no, que tramiten sus documentos al mismo tiempo que se organizan para enfrentar a los patrones como lo que son y lo que seguirán siendo: Trabajadores Internacionales.

Primero de Mayo de 2007, en el Parque Grant

Obreros de Cygnus en huelga, que aprendieron que podían parar la fábrica cuando quisieran

Autores

Omar López Zacarías. Convocador principal de la marcha del 10 de marzo del 2006. Activista desde su juventud, fue miembro fundador de organizaciones como LADO (Latin American Defense Organization), OLAS (Organization of Latin American Students), y MTO (Mexican Teachers Organization). Fungió como Ministro de Información de los Young Lords Organization, organización aliada al Partido de las Panteras Negras en la década de 1960.

López dirige hoy una organización comunitaria de salud que combate la epidemia del VIH/SIDA entre los latinos en Chicago, y fue consejero del Instituto de los Mexicanos en el Exterior de 2006 a 2009, y de 20012 a 2015.

Carlos Arango Juárez. Director Ejecutivo de Casa Aztlán, organizador de la lucha por los derechos plenos de los trabajadores inmigrantes desde la década de 1970. Fue uno de los organizadores de la marcha del 10 de marzo de 2006. En 1996 fue el coordinador del Medio Oeste para la marcha Latina del 12 de Octubre en Washington D.C.

Consejero del Instituto de los Mexicanos en el Exterior 2012–2015, trinchera desde la cual ha trabajado para lograr la ampliación de los derechos políticos de los mexicanos en el exterior.

Arango ha contribuido a la creación de distintas organizaciones a nivel local y nacional, colabora en varias publicaciones y es reconocido por su activismo y liderato en el movimiento estudiantil mexicano entre 1968 y 1973, participación que motivó que se refugiara en Estados Unidos, desde donde ha trabajado para la comunidad mexicana y otras comunidades inmigrantes. Arango ha recibido múltiples reconocimientos por su trabajo.

Jorge Mújica Murias. Uno de los tres convocantes de la histórica marcha de Chicago del 10 de marzo de 2006. Con casi 30 años de activismo político en Chicago, Mújica se ha ganado el respeto de promotores de los derechos del trabajador y del inmigrante y de miembros de la comunidad trabajadora.

Emigró a Estados Unidos en 1987, en donde ha trabajado como periodista en varios semanarios y para Univisión y Telemundo en Chicago. Por su trabajo, ha sido premiado dos veces por la Asociación Nacional de Editores Hispanos. En los últimos 15 años ha laborado extensamente con sindicatos de trabajadores y organizaciones comunitarias. Actualmente es organizador de campañas laborales estratégicas con Arise Chicago, un centro de trabajadores que organiza obreros de bajos ingresos.

En 2009, Mújica se postuló para la posición de congresista federal, y en el 2015 figuró como candidato socialista para la posición de concejal del Ayuntamiento de Chicago, del distrito altamente mexicano del barrio de Pilsen. Mújica fue Consejero del Instituto de los Mexicanos en el Exterior entre 2009 y 2012

Kari Lydersen. Periodista en Chicago, dirige el Programa de Reportajes en Justicia Social de la Escuela Medill de Periodismo de la Universidad Northwestern. Escribe sobre temas del medio ambiente, movimiento obrero, salud y cómo unos temas inciden en otros y cómo impactan a las comunidades más vulnerables. Ha colaborado con publicaciones como *Midwest Energy News*, *In These Times*, *The New York Times*, *The Economist* y *The Christian Science Monitor*. Ha escrito varios libros, entre ellos *Mayor 1%: Rahm Emanuel and the Rise of Chicago's 99%* y *Out of the Sea and Into the Fire: Latin American-U.S. Immigration in the Global Age*, sobre la experiencia de los migrantes latinoamericanos en un mundo global.